Thomas M. Stein

Gesagt, getan

Thomas M. Stein
mit Sibylle Auer

Gesagt, getan

Autobiografie

Ehrenwirth

Ehrenwirth in der Verlagsgruppe Lübbe

Originalausgabe

Textredaktion: Heike Rosbach
Umschlaggestaltung: Gisela Kullowatz
Umschlagmotiv: Peter von Felbert, München
Satz: Dörlemann Satz, Lemförde
Gesetzt aus der Adobe Garamond
Druck und Einband: Friedrich Pustet, Regensburg

Printed in Germany
ISBN 978-3-431-03804-0

5 4 3 2

Sie finden uns im Internet unter: www.luebbe.de
Bitte beachten Sie auch: www.lesejury.de

Bildnachweis

Dr. R. Tautenhahn *Nr. 1*
Foto Schwarz *Nr. 3*
Teldec/Bildarchiv *Nr. 5*
Stefan Gregorowius *Nr. 20, 22*
Götz Schwan/Rolling Stone Germany *Nr. 23*
Miguel Perez *Nr. 26*
Fotoagentur Sabine Brauer *Nr. 27*
Alle anderen Bilder: privat

Meinen Mädels

Inhalt

Der Startschuss

In wenigen Minuten wird er fallen. Der Startschuss. An das Gefühl Sekunden davor erinnere ich mich genau: Ich stehe auf dem Startblock und sehe unter mir die spiegelglatte Wasserfläche, dieses künstliche, nach Chlor riechende Blau.

Atme tief und gleichmäßig, versammle dein ganzes Denken auf einen Punkt, einen einzigen. Die Geräusche um dich herum werden immer leiser werden, irgendwann wirst du nur noch das Rauschen in deinen Ohren und deinen gleichmäßigen Herzschlag hören.

Gleich wird es losgehen, das alles entscheidende Rennen. Es fühlt sich jetzt immer noch genauso an wie vor vierzig Jahren, als ich im Finale über zweihundert Meter Lagen bei den württembergischen Meisterschaften um den Sieg schwamm. Diese Spannung, diese Konzentration auf die nächsten Sekunden, der ungewisse Ausgang, die Hoffnung, der Zweifel, die Anspannung und der Wille zu gewinnen.

Im Unterschied zu damals werde ich heute Abend allerdings nicht ins 25-Meter-Becken springen, sondern ins Rampenlicht einer Live-Fernsehsendung. Die Prügel, die ich bei Nichterreichen der erhofften Quote würde einstecken müssen, wären jedoch kaum weniger schmerzhaft als die harte Hand meines Vaters während meiner Schulzeit, wenn ich wieder mal mit schlechten Noten nach Hause kam. Denn heute Abend geht es um nichts Geringeres als um den Startschuss für ein Format, das den Anspruch erhebt, eine völlig neue Fernsehwelt zu erschaffen. Zum Glück hat RTL dafür Top-Profis an den Start geschickt, die gelernt haben, sich auch in unruhigen Gewässern sicher zu bewegen: die Produzentin Ute Biernat, eine resolute, aber ungeheuer lustige Person, und RTL-Unterhaltungschef Tom Sänger, dem es stets gelingt, den Jahrmarkt der Eitelkeiten in seiner ruhigen, konzentrierten Art unter Kontrolle zu halten. Zudem soll die neue Sendung helfen, eine kränkelnde Plattenfirma wieder in die Gewinnzone zu führen. Entsprechend hoch ist die Nervosität bei allen Beteiligten.

Ein Scheitern hätte Folgen, die ich mir jetzt lieber nicht ausmalen möchte. Mir ist sehr deutlich bewusst, dass einige meiner Bertelsmann-Kollegen mein öffentliches Erscheinen vor Millionen von Fernsehzuschauern ganz und gar nicht goutieren werden. Es muss einfach klappen, da gibt es kein Vertun.

»Noch fünf Minuten!«, kommt es von der Regie.

Die Stimmung hinter den Kulissen ist angespannt, wie beim Countdown eines Raketenstarts wird die Zeit rückwärts gezählt. Gleich werden wir alle, Kandidaten und Jurymitglieder, vor den blauen Vorhang treten. Der Warm-upper draußen im Zuschauerraum hat die Stimmung der Studiogäste bereits kräftig aufgeheizt, sodass die Gladiatoren in Kürze den Löwen zugeführt werden können.

Tom Sänger, Gerhard Zeiler, Dieter Bohlen, Shona Frazer, Thomas Bug, ich selbst und das ganze Team, vom Kabelträger bis zum Regisseur, sind nervös wie Rennpferde in der Startbox. Überall Kabel, Scheinwerfer, es riecht nach Mensch, offenbar hat bei einigen das Deo versagt. Es ist heiß, Schweiß rinnt über die Gesichter, die Maskenbildner sind die meistbeschäftigten Menschen in diesen Minuten. Puderquasten fegen über glänzende Stirnen und Nasen, Fettstift wird auf vor Nervosität trockene Lippen gestrichen. Licht- und Tontechniker prüfen ein letztes Mal die Einstellungen ihrer Geräte. Es müssen Hunderte von Leuten sein, die hier wie in einem Ameisenhaufen durcheinanderrennen, jeder mit einer Mission betraut, die anscheinend nur er selbst kennt. Ein Chaos, aber eines mit System.

Mit dem sachlichen Interesse eines Insektenforschers, der einen Schwarm seltener Käfer beobachtet, stelle ich fest, dass es hier backstage nicht viel anders zugeht als bei den großen »Rock Pop in Concert«-Livekonzerten, die ich Anfang der Achtzigerjahre für das ZDF in der Westfalenhalle organisierte. Die Technik mag in den vergangenen zwanzig Jahren enorme Fortschritte gemacht haben, das menschliche Nervenkostüm scheint aber seit dem Neandertaler unverändert empfindsam und anfällig für jede Art von äußeren Reizen.

»Noch vier Minuten!«

Dieter grinst mich an mit seinem Sonnyboy-Zahnpastalächeln, das heute Abend auf mich erstmals seltsam eingefroren wirkt. Auch für ihn, den die Medien schon längst zum »Pop-Titanen« gekürt haben, steht viel auf dem Spiel, wenngleich er sich das ganz offensichtlich nicht anmerken lassen möchte. Er hat sich in ein jugendlich-beschwingtes Outfit geschmissen, an das sich das Fernsehpublikum mit Sicherheit noch lange erinnern wird. Da zwei bunte Vögel in einer Livesendung meiner unmaßgeblichen Meinung nach dann doch einer zu viel sind, habe ich mich entschieden, ein Gegengewicht zu Dieter zu bilden. Anzug und Krawatte erschienen mir dem heutigen Anlass und meiner Position als CEO der bedeutenden Bertelsmann Music Group angemessen. Dass ich mir damit dauerhaft das Etikett »Krawattenmann« einhandeln würde, konnte ich, als ich vor der Sendung bei der Garderobiere stand und meine Wahl traf, freilich nicht ahnen.

Einer nach dem anderen treten die Kandidaten jetzt vor den zuständigen Tontechniker, um sich verkabeln zu lassen. Wie in einem Western, wenn der Sheriff vor dem großen Showdown die Waffen ausgibt. Ob diese jungen Menschen ähnlich empfinden? Sind wir, die Jurymitglieder, die darüber entscheiden werden, ob sie eine Runde weiterkommen, für sie die Bösen oder die Guten?

Wir beäugen uns gegenseitig wie Kontrahenten, kein Wort fällt zwischen den Parteien.

»Noch drei Minuten!«

Wie werden sich diese jungen Männer und Frauen in den kommenden zweieinhalb Stunden fühlen? Für mich nicht so einfach nachzuempfinden. Aber sicherlich mindestens so, wie ich mich fühlte, als ich einst von meiner hinterhältigen Musiklehrerin verdonnert wurde, vor meiner eigenen Schulklasse eine Kantate von Johann Sebastian Bach vorzutragen. Eigentlich hätte das kein Problem sein müssen, ich war ja schließlich Sänger im Kirchenchor. Doch als sich die Augen all meiner Klassenkameraden – zum Glück wenigstens nur Jungs, kein einziges Mädchen – auf mich richteten, bekam ich vor Lampenfieber ganz heiße Backen, meine Hände wurden feucht, in meinen Ohren rauschte es, und der Knödel in meinem Hals wurde dick und dicker. Es war ein einziges Desaster. Ich brachte fast keinen Ton raus, und das, was ich hervorbrachte, konnte man kaum als Singen bezeichnen, so falsch war es. Vor Scham wäre ich am liebsten auf der Stelle im Boden versunken.

Etlichen der Kandidaten, die nachher vor die Jury treten werden, wird es mit Sicherheit noch viel schlimmer ergehen. Mein Auftritt fand vor gerade mal fünfunddreißig Schuljungen statt; die Blamage war für mich persönlich zwar fürchterlich, hatte aber keine weiterreichenden Folgen. Daniel, Juliette, Alexander, Gracia und wie sie alle heißen, bieten heute Abend ihre Sangeskünste jedoch via Liveschaltung vor ungefähr acht Millionen Menschen dar! Das Lampenfieber, das sie innerlich fast auffressen muss, kann ich mir nur ansatzweise vorstellen.

Doch Mitleid und Verständnis ist das Letzte, was die Fernsehgemeinde von Dieter, Shona, Thomas und mir erwartet. Hier geht es um Brot und Spiele, um Show und Unterhaltung, um alles oder nichts. Mit Empathie lässt sich keine Quote machen. Daumen rauf oder Daumen runter, nur das Publikum kann den einen oder den anderen Kandidaten noch in die nächste Runde retten.

Die Kids, die bald auf der Bühne stehen werden, erhoffen sich von ihrem Auftritt nichts Geringeres, als dass sie am Ende gewinnen, ein Star werden und Unsummen verdienen. Die wenigsten haben eine fundierte musikalische Ausbildung, dafür jede Menge Selbstbewusstsein, bisweilen könnte man es auch Selbstüberschätzung nennen. Doch selbst ohne Ausbildung werden sich hier Talente zeigen. Denn Musik ist ein menschliches Grundbedürfnis, etwas, das nie aus der Mode gekommen ist, das allerdings heute auch nicht mehr wirklich gefördert wird.

Ich schaue mir die Kandidaten an, einen nach dem anderen. Hübsche bis sehr hübsche, aber auch ein paar weniger hübsche Mädchen, überwiegend gut aussehende Jungs, alle noch blutjung, und doch möchten sie schon so erwachsen sein. Vanessa Struhler ist vor Kurzem süße siebzehn geworden, der schrille Daniel Küblböck ebenfalls. Kaum vorstellbar, dass ich nur wenig älter war, als ich zum ersten Mal heiratete, weil meine damalige Freundin schwanger war.

Fast vierzigtausend haben sich beworben, gerade mal achtzig sind nach den Vorcastings und den Mottoshows übrig geblieben, aber nur eine Handvoll Kandidaten hat es bis in die erste Livesendung geschafft.

»Noch zwei Minuten!« Der Countdown läuft unerbittlich.

Auch für mich bedeutet das, was nun kommt, eine vollkommen neue Erfahrung, eine gänzlich neue Dimension. Aber ich habe wenigstens eine vage Vermutung, was danach sein wird.

Wer kennt bis jetzt eigentlich mein Gesicht, wer kennt meinen Namen und weiß damit etwas anzufangen? Sicherlich einige. Sänger, Musiker, Showkünstler, weltberühmte und weniger berühmte. Mit allen Wassern gewaschene Medienanwälte. Agenten, Musikmanager, Promoter, Journalisten. Alles, was in der Musikbranche mitmischt. Eine kleine, aber dicht besiedelte Welt, vielleicht tausend, zweitausend Leute. Heute Abend werden es jedoch millionenfach mehr sein. Mein Graukopf wird erstmals auf der Mattscheibe auftauchen, und je nachdem, wie die Sendung läuft, werden die Menschen mich lieben oder hassen.

Schnell winke ich noch einmal die Maskenbildnerin mit der großen Puderquaste herbei, meine Stirn fühlt sich verdächtig feucht an. Sie staubt mich mit einer dermaßen dicken Puderschicht ein, dass ich fast einen Niesanfall bekomme und mich fühle wie ein Plattenleger beim Steinesägen. Diese Extraportion muss jetzt bis zur Werbepause reichen.

Was wohl mein Vater sagen würde, wenn er noch leben und mich heute Abend auf dem Bildschirm sehen würde? Womöglich wäre er doch überrascht über seinen einzigen Sohn, mit dem er sich lange Zeit seines Lebens so schwergetan hat. Meine einundachtzigjährige Mutter hat mir schon am Nachmittag telefonisch alles Gute gewünscht. »Junge, ich wusste ja immer, dass du mal berühmt werden würdest!« Wenn sie wüsste, dass sie die Latte damit mal eben noch ein paar Zentimeter höher gelegt hat … Und ganz bestimmt hat sie ihren Videorekorder programmiert und schneidet die Sendung mit, ein Kunststück, das ich in diesem Leben vermutlich nicht mehr fertigbringen werde.

»Noch eine Minute!«

Meine Frau Margret wird jetzt zu Hause vor dem Fernseher sitzen und mitfiebern. Sie weiß genau, was für uns beide auf dem Spiel steht. Sicherlich schaut auch Moritz zu und setzt sich vor den Bildschirm, um sein Herrchen, das so komisch klein und kalt ist und überhaupt nicht nach Herrchen riecht, ganz von Nahem zu sehen. Wie so häufig wird Margret ihre liebe Mühe haben, den Hund von der Mattscheibe wegzulocken, damit er ihr nicht die Sicht versperrt auf das, was nun kommen wird: die erste Livesendung von »Deutschland sucht den Superstar«.

»Jetzt!«, ertönt die Stimme des Regieassistenten neben mir.

Er greift nach der Kante des Vorhangs, hebt den schweren Stoff ein wenig an, gerade so viel, dass ich durch die Lücke passe, legt mir die Hand auf den Rücken und schiebt mich mit leichtem Druck nach draußen ins gleißende Scheinwerferlicht.

Es ist der 9. November 2002. Ein Datum, das meinem Leben eine entscheidende Wendung geben wird, eine in einer ganzen Kette von Wendungen, die mich zu dem gemacht haben, was ich heute bin.

Jugend forscht

Auch ich hatte eine Kindheit, eine Jugend, eine Schulzeit und habe einen anständigen Beruf erlernt. Details dazu würde ich am liebsten ganz übergehen, doch wie in den meisten Lebensgeschichten ist vieles in meinem späteren Leben nur richtig zu verstehen, wenn man diesen Hintergrund kennt. Ich sage aber immer: Mein eigentliches Leben begann im März 1968, als meine Tochter Daniela zur Welt kam und ich mit einem Schlag erwachsen wurde. Mit gerade mal neunzehn Jahren wurde ich Ehemann und Vater und hatte eine Familie zu ernähren. Kein ganz einfaches Unterfangen, wenn man Lehrling ist, nicht das Schwarze unter den Fingernägeln hat und eigentlich am liebsten die Nase in den Wind strecken möchte. Hier nun – in der gebotenen Kürze – der Reihe nach, wie es dazu kam.

Ich wurde am 28. Februar 1949 in einem Krankenhaus in Stuttgart-Sonnenberg geboren. Meine Eltern kamen aus dem Osten. Auf dem Bahnhof von Sonneberg in Thüringen, wo sie beide auf den Zug Richtung Westen warteten, hatten sie sich Hals über Kopf ineinander verliebt, kurz darauf geheiratet und waren schließlich in Stuttgart gestrandet. Dort baute sich mein Vater ein kleines Taxiunternehmen auf und hielt damit seine kleine Familie – meine Mutter, mich, zehn Jahre später kam noch meine Schwester Ulrike hinzu – schlecht und recht über Wasser.

Mein Vater war der typische Vertreter einer Generation junger Männer, die im Krieg groß geworden waren, sich früh zur Wehrmacht meldeten aus Angst, der Krieg könnte ohne sie zu Ende gehen, die keine Chance hatten, etwas Vernünftiges zu lernen, und nach Kriegsende schauen mussten, wie sie sich durchschlugen. Da blieb kein Raum, um sich Träume zu erfüllen und lang gehegte Berufswünsche zu realisieren.

Er hatte im Krieg eine Ju 52 geflogen, war mehrmals abgeschossen worden und wäre später liebend gerne Lufthansa-Pilot geworden, doch dafür hätte er noch einmal die Schulbank drücken müssen. Mit Frau und Kind und ohne Geld ein aussichtsloses Unterfangen. Der Frust darüber saß tief bei ihm, so tief, dass er ihn häufig in Alkohol ertränkte. Im nüchternen Zustand war er ein ausgesprochen witziger, intelligenter und liebenswerter Mensch, der neben seiner Muttersprache Tschechisch weitere sieben Sprachen beherrschte und ein glänzender Unterhalter war. Doch wenn bei uns zu Hause der Jägermeister auf dem Tisch stand, wurde Vater laut und handgreiflich, auch mir und meiner Mutter gegenüber.

Obgleich mein Vater meistens klamm auf der Naht war, war er durchaus den Dingen zugetan, die das Leben verschönern. Er war das, was man wohl als stattlichen, gut aussehenden Mann bezeichnet, liebte schicke Kleidung, liebte Italien, liebte das Meer und schöne Boote. Eines Sommers – ich war zwölf, und wir verbrachten, wie es damals der letzte Schrei war, die Sommerferien an der Adria bei Jesolo, in einer Pension, wo die Übernachtung zwei Mark fünfzig kostete – beschloss er, dass wir ein Boot haben müssten. Ein wunderschönes Mahagoniboot. Grace Kelly hatte ein ähnliches.

Herausgeputzt wie die Pfingstochsen begab sich die ganze Familie eines schönen Sommertags zu der Werft, in der der Traum meines Vaters lag, um diesen zu besichtigen, mit der erklärten Absicht, ihn zu kaufen. Wie immer, wenn wir im Süden waren, sah mein Vater aus wie Othello auf Urlaub: kräftige Statur, geschätzte hundertzwanzig Kilo, weißes Hemd, weiße Hose, weiße Schuhe, weiße Strümpfe, braun gebrannt, mit schwarzem Haar, durch das sich ein paar silberne Strähnen zogen. Dass er rein gar nichts auf der hohen Kante hatte, konnte bei dieser imposanten Erscheinung wirklich niemand ahnen.

Das Boot lag an einem Holzsteg in einem der kleinen Zuflusskanäle, die schnurgerade direkt ins Meer flossen und dabei alles Mögliche mit sich führten, unter anderem die gesammelten ungeklärten Abwässer der umliegenden Ortschaften. Es roch entsprechend, was zu der Zeit in Italien jedoch gang und gäbe war.

Erwartungsfroh betrat mein Vater den Steg, gefolgt von dem beflissenen Verkäufer, und steuerte zielsicher auf das Boot zu. In diesem Moment gab es zwei kleine Geräusche, die mir heute noch in Erinnerung sind: *klong, klong*. Und wie auf einer Theaterbühne versank mein Vater aufrecht stehend langsam bis zur Hüfte in der braunen Brühe. Die Pfähle des Stegs hatten unter seinem Gewicht nachgegeben und waren eingeknickt.

Meine Mutter und ich schauten uns nur an. Wir mussten in solchen Fällen unter allen Umständen bierernst bleiben, weil sonst bei meinem cholerischen Vater Explosionsgefahr bestand, wie wir genau wussten. Uns liefen vor unterdrücktem Lachen die Tränen über die Wangen, während er buchstäblich der Scheiße entstieg, oben weiß und ab der Hüfte braun. Der Bootskauf fand dann aus nachvollziehbaren Gründen nicht statt.

Trotz meines strengen Vaters waren meine Kindheit und Jugend im Großen und Ganzen völlig intakt, die Kümmernisse der Eltern wegen der schwierigen wirtschaftlichen Verhältnisse habe ich nur rudimentär gespürt. Das ist einzig und allein das Verdienst meiner Mutter Erika. Ich kenne keinen anderen Menschen, der sich so unerschütterlich positiv und unerschrocken den Unwägbarkeiten des Lebens stellt wie meine Mutter. Sie breitete ihre ganze Liebe über uns Kinder aus, hat immer zu mir und meiner Schwester gehalten. In erzieherischen Dingen kannte sie allerdings keine Nachsicht. Meine Schwester und ich wurden sehr liebevoll, aber auch pragmatisch und streng erzogen, das prägt. Wir sind mit Grundsätzen aufgewachsen, die Dinge waren so zu nehmen, wie sie kamen.

Heute wird in den meisten Familien bei vielen Dingen noch tausendmal diskutiert. Ich aber habe im Lauf meines Lebens etliche Situationen erlebt, wo ich mich nicht noch einmal umgedreht habe und in tiefschürfenden, tiefenpsychologischen inneren Austausch mit mir selbst gegangen bin. Wenn etwas beschlossen war, dann musste es auch getan werden. Und wenn etwas erledigt war, dann war es erledigt. Rückwärts zu schauen führt zu nichts. Du musst versuchen, weniger geglückte Dinge zu begradigen, und wenn sie nicht zu begradigen sind, musst du weitermachen – das habe ich früh von meiner Mutter gelernt.

Das, was meiner Mutter mit ihren ein Meter fünfzig Körpergröße an optischer Präsenz fehlt, macht sie locker durch Unerschrockenheit, Witz und Charme wett. Ohne dass sie es groß drauf anlegen würde, gelingt es ihr, in jedes Konzert, jedes Theater, jedes Fußballstadion zu kommen, ohne vorher ein Ticket erstanden zu haben. Entweder bekommt sie am Eingang eine Karte geschenkt, oder sie guckt den Kartenverkäufer mit ihren wachen Augen so lange treuherzig an, bis der doch noch einen Platz für sie auftut. Wenn meine Mutter eine Kur macht, findet sich garantiert jemand, der ihr einen Zusatztag Wellness mit Massage, Kosmetik und allem Drum und Dran schenkt, nur um dieser reizenden alten Dame eine Freude zu bereiten. Und natürlich hat sie auch schon einmal im Lotto gewonnen. Nicht nur ein bisschen, sondern eine sehr anständige Summe: fünf Richtige mit Zusatzzahl, siebentausend Mark, Anfang der Sechzigerjahre ein Haufen Geld. Die Möbel, die sie sich davon kaufte, hat sie heute noch.

Die grundsätzlich positive Lebenseinstellung meiner Mutter hat ihr sicherlich geholfen, auch die schweren Zeiten mit meinem Vater zu überstehen und durch die schwierigen Kriegs- und Aufbaujahre zu finden. Sie putzte ab morgens um fünf Büroräume, um die knappe Haushaltskasse aufzubessern. Als mein Vater so plötzlich und früh starb, war sie selber knapp fünfzig, meine Schwester ging noch zur Schule. Also musste meine Mutter schauen, wie sie über die Runden kam. Sie nahm eine Stelle als Verkäuferin in einem Modegeschäft an und war später bis zu ihrer Pensionierung Buchhalterin im Amt für öffentliche Ordnung in Stuttgart. Sie kleidet sich bis heute auffallend gut und achtet sehr auf ihr Äußeres.

Auch nach ihrer Pensionierung kostete sie das Leben in vollen Zügen aus. Ihr letzter ernsthafter Verehrer war Amerikaner. Sie hatte ihn in ihrer unnachahmlichen Art in Stuttgart an einem Fußgängerüberweg angesprochen, weil sie ihn kennenlernen wollte. Der gut aussehende Mittachtziger war so entzückt von ihrem Charme, dass er sie nach Amerika einlud und ihr einen Heiratsantrag machte. Aber sie lehnte ab mit der Begründung: »Weißt du, Thomas, der will ja nur des Eene!« Bis zu seinem Tod blieben sie in Kontakt. Lange Zeit schickte sie ihm Briefe und später, als er erblindete, besprochene Musikkassetten nach Los Angeles, er schickte ihr regelmäßig Kassetten zurück.

An Verehrern und Freunden hat sie auch mit achtundachtzig keinen Mangel: Von den 2000 Bewohnern der Anlage, in der sie lebt, kennt meine Mutter geschätzte 1998. Sie besteht aus Charme mit einer ordentlichen Portion Dickkopf und kratzt mit ihrer Art selbst dann noch die Kurve, wenn es mal eng wird. Ein Vorbild, dem nachzueifern sich lohnt.

Über meine Schulzeit möchte ich hier gerne den gnädigen Mantel des Vergessens breiten. Nur so viel: Es gelang mir wider Erwarten, die Stuttgarter Schloss-Realschule mit einem Zeugnis der mittleren Reife zu verlassen, allerdings nicht ohne mir zu schwören, nie wieder einen Fuß über die Schwelle dieser unsäglichen Einrichtung zu setzen. Schule und ich, das ging gar nicht zusammen. Sport, vor allem Leistungsschwimmen, und natürlich Mädchen waren viel spannendere Zeitvertreibe, denen ich mich gerne und ausführlich widmete.

Meine mangelnde Ernsthaftigkeit in Bezug auf schulischen Ehrgeiz quittierte mein Vater regelmäßig mit schlagenden Argumenten der ziemlich schmerzhaften Sorte, aber meist nur mit kurzfristigem Erfolg. Mit siebzehn hatte ich endgültig die Nase voll: Nach einem entsetzlichen Streit mit meinem Vater, bei dem ich erstmals selber handgreiflich wurde, weil ich mich meiner Haut erwehren musste, zog ich Knall auf Fall von zu Hause aus und in ein billiges Hotel, das ganz zufällig in der Nähe der Wohnung meiner Angebeteten Joyce lag, einer wunderschönen, exotischen Erscheinung, Tochter eines Hawaiianers. Mit meinem Vater habe ich danach außer dem Allernotwendigsten kein Wort mehr gesprochen, bis drei Wochen vor seinem Tod im Sommer 1972.

Die Streitereien mit meinem Vater hatten sich immer häufiger und heftiger an der Frage entzündet, welchen Beruf ich denn ergreifen sollte. Er wollte unbedingt, dass ich Einzelhandelskaufmann würde und einen Obst- und Gemüseladen aufmachte. Es konnte ja wieder ein Krieg kommen, und da wäre es doch gut, wenn etwas zu essen im Haus wäre. Die Aussicht, als Gemüsetandler für den Rest meines Lebens jeden Morgen um vier oder fünf aufzustehen, fand ich für mich allerdings alles andere als reizvoll, und ich weigerte mich rundheraus, sehr zum Missfallen meines Erzeugers.

Als Nächstes stand das Thema Ölhändler an. Heizöl, fand mein Vater, war ja auch etwas, das man immer brauchte. Er hatte den Geschäftsführer einer großen Heizölfirma in einer Kneipe kennengelernt und hielt es für eine gute Idee, dass ich mich dort vorstellte. Zudem hatte der Ölhändler eine Tochter und hätte mich sofort als Lehrling genommen. Doch die Vermutung, dass Vaters Kneipenbekanntschaft die eigene Tochter loswerden wollte, hielt mich dann davon ab, das Projekt weiterzuverfolgen.

Schließlich hatte meine Mutter die glänzende Idee, ich könnte doch Dentalkaufmann werden. In einer Zeitung hatte sie eine Anzeige gefunden. »Die Leute brauchen immer was in der Gusche«, versuchte sie mir in schönstem Sächsisch diesen Beruf schmackhaft zu machen. Doch mein Leben lang als Ersatzteillieferant für falsche Zähne agieren? No way.

Durch Zufall entdeckte ich schließlich eine Jobanzeige des Stuttgarter Ehapa Verlags, der eine Ausbildung zum Verlagskaufmann anbot. Ich bewarb mich, wurde wundersamerweise genommen und war nun ordentlicher Lehrling mit einem festen, wenn auch äußerst überschaubaren Gehalt – und einer schwangeren Freundin.

Meine Mutter nimmt wahrscheinlich heute noch an, dass es gelegentlich auch die unbefleckte Befruchtung gibt, denn ich konnte das ja eigentlich nicht gewesen sein, der im zarten Alter von achtzehn mit Joyce ein Kind zeugte. Ein uneheliches Kind? Ende der Sechzigerjahre ein absolutes No-go. Es war gar keine Frage: Joyce und ich mussten und wollten heiraten, und zwar schleunigst. Zu diesem Zwecke musste ich jedoch erst einmal für volljährig erklärt werden, da damals die Volljährigkeit noch mit einundzwanzig begann. Es war eine ganz und gar elende und umständliche Prozedur, doch auch die brachten wir schließlich hinter uns.

Unsere Hochzeit im Februar 1968 war eine eher nüchterne Angelegenheit: Ich lud die engste Familie und ein paar Freunde zum Essen ein, mein Vater sagte nur das Nötigste, und damit war das Thema Hochzeit durch. Einen Monat später waren Joyce und ich Eltern einer kleinen Tochter.

Nun hieß es für mich, mit den verschiedensten Nebenjobs Geld zu verdienen, um Frau und Kind zu ernähren. Es war wie Seepferdchen, Freischwimmer, Jugendschwimmer und Rettungsschwimmer in einem. Wir lebten in einer sage und schreibe zwölf Quadratmeter winzigen Dreizimmerwohnung, im Stockwerk unter uns wohnte meine Schwiegermutter und passte auf die kleine Daniela auf, wenn Joyce und ich arbeiteten. Beklemmende Verhältnisse, die dazu führten, dass ich jede sich bietende Gelegenheit nutzte, der häuslichen Enge und der Fuchtel meiner Schwiegermutter zu entkommen.

Ich trug Zeitungen aus, putzte Arztpraxen, überführte Leihwagen, verditschte Abonnements der Fachzeitschrift »Öl und Gas« an wissbegierige Japaner, die weit genug weg lebten, dass die Abos lange genug hielten und ich die Provision behalten konnte. Ich machte alles, was mir unterkam und Geld brachte. Doch ich bedaure es keine Sekunde, dass ich anscheinend weniger Freiheit hatte als andere in meinem Alter. Ich habe eine wunderbare Tochter und möchte keinen Tag mit ihr missen. Wahrscheinlich aber tue ich deshalb heute noch vieles, was nicht zum Lebensstil eines gesetzten Erwachsenen passt, hole nach, was ich damals nicht ausleben konnte.

Vielleicht wäre mein Leben ganz anders verlaufen und ich wäre heute ein erfolgreicher Künstlermanager, wenn ich etwa zur gleichen Zeit Gotthilf Fischers Angebot angenommen hätte, sein Management zu übernehmen. Gotthilf, den ich irgendwann durch eine blonde Erscheinung kennengelernt hatte, ist ungefähr zwanzig Jahre älter als ich. Er war für mich vielleicht sogar so etwas wie ein Vaterersatz, und er ist bis heute einer meiner engsten Freunde. Mit ihm und seinen Fischer-Chören zog ich durch die Lande, wann immer es meine Zeit erlaubte. Mit den Chören umherzuziehen hatte sehr positive Aspekte für einen Mann, nicht zuletzt deshalb, weil so ein Chor hauptsächlich aus Frauen besteht.

Schon damals gab es so etwas wie Castingshows, Wettbewerbe, bei denen hoffnungsvolle Nachwuchsbands gegeneinander antraten. Und schon damals war Marketing gefragt, um ganz nach oben zu kommen.

Ein paar Kumpels von mir hatten eine Band gegründet, in der ich ein bisschen mitsang und mitpfiff. Aber so richtig behagte es mir nicht, im Rampenlicht auf der Bühne zu stehen. Ich agierte lieber im Hintergrund, kümmerte mich um Auftritte und verhandelte Konditionen.

Es war 1968, ich hatte gerade frisch den Führerschein erworben, und es stand ein Band-Wettbewerb in Blaubeuren an. Er war nicht schlecht dotiert, also war klar: Wir mussten hin, und wir mussten uns etwas einfallen lassen, um ganz vorne zu landen. Da kam uns zugute, dass einer in unserer Gruppe schneidern konnte. Er steckte uns in selbstgenähte Sergeant-Pepper-Uniformen, und wir traten in Blaubeuren als Beatles-Kopie an.

Das Publikum tobte, und wir waren fest davon überzeugt, dass wir gewonnen hatten. Hinterher waren wir zwar nur Dritte, aber dafür um ganze vierhundert Mark reicher, denn ich hatte mit den Veranstaltern vereinbart, dass wir für unseren dritten Platz Geld erhielten. Die anderen bekamen »nur« Naturalien: Der Erste erhielt die Chance eines zweiten Auftritts, der Zweite ein Abendessen. Ich fand, ich hatte gut verhandelt, meine Kumpels fanden das auch. Als Gotthilf mich irgendwann fragte, ob ich das Gleiche nicht auch für ihn und seine Chöre machen wolle, winkte ich jedoch ab. Ich traute mir diese Aufgabe einfach noch nicht zu, auch wenn das Geschäft damals vermutlich einfacher war als heute.

Es war die Zeit, in der die Fischer-Chöre gerade anfingen, einem größeren Publikum bekannt zu werden. Eines Abends saßen wir im Restaurant Eule am Rathaus in Stuttgart. Große Kerzen standen auf dem Tisch, wir hatten gut gegessen und kräftig getrunken. Plötzlich knallte Gotthilf sein Glas so auf eine der Kerzen, dass das Wachs in alle Richtungen spritzte und auf unseren Klamotten landete.

»Des macht nix«, rief er laut in seinem schwäbischen Idiom und verkündete lachend: »I hab heut mei erschte Gema bekommen. I wois zwar net, für was, aber die versaufet mer. Und die Reinigung zahl i au!«

Wenig später trat er mit den Chören erstmals im Fernsehen bei Wim Thoelke auf und wurde danach rasch berühmt. Seitdem sind die Gema-Einnahmen, vermute ich, nur so gesprudelt, und Gotthilf wird genau wissen, wofür er sie bekommen hat.

Gotthilf ist ein lustiger Vogel und herrlich spontan. Wichtige Dinge überlässt er allerdings ungern dem Zufall. Deshalb fällt der erste Blick eines Besuchers in seinem riesigen Haus im schwäbischen Remstal auf ein antikes Grabkreuz im Hauseingang, das er dort Ende der Sechzigerjahre aufgestellt hat. Es ist Gotthilfs eigenes Grabkreuz. »I möcht nix auf'm Kopf haben, was mer andre draufstellet«, findet er. Ich hoffe, das Kreuz steht noch lange im Hauseingang, rechts, wenn man reinkommt.

Das stabile Fundament, auf dem meine gesamte spätere berufliche Laufbahn aufbaute, hat zweifellos der Ehapa Verlag gelegt, der mich gründlich und sorgfältig zum Verlagskaufmann ausbildete. Mit dem damaligen Vertriebsleiter Wolfgang Obleser bin ich heute noch sehr gut befreundet, er war es, der mir schon während der Lehrzeit direkte Vertriebsverantwortung übertrug.

Vielleicht bedingt durch die schwedischen Wurzeln, war das Unternehmen schon damals immer ein bisschen liberaler als andere Verlage. Ehapa verlegte vierzehntägig erscheinende Zeitschriften, darunter die Zeitschrift »Hobby«, vergleichbar heute ungefähr mit »auto motor sport«, außerdem wunderbare Kunstbände, Fotobücher und natürlich »Micky Maus« und »Asterix«.

»Hobby« fiel die Aufgabe zu, in der Manier klassischer Cross-Promotion für die Produkte des Hauses zu werben. So begab es sich, dass »Hobby« die erste Zeitschrift war, die in den Sechzigerjahren das Foto einer nackten Frau auf dem Cover abbildete, um den neuen Bildband eines renommierten Fotografen zu bewerben. Es war eine meisterhafte Aufnahme und zeigte die Frau von der Seite. Man sah nicht einmal die Andeutung irgendeines Details. Heute würde man sich totlachen, aber damals war es ein Skandal, der dazu führte, dass viele Händler sich weigerten, die Ausgabe zu verkaufen und die bereits ausgelieferten Exemplare an den Verlag zurückschickten.

Begleitend zur Veröffentlichung dieses Bildbands war eine große Ausstellung der Fotos in Bonn-Bad Godesberg geplant. Das gesamte Ausstellungsinventar wurde in einen klapprigen Ford Transit verladen, dem die Kotflügel links und rechts abstanden und der unter der Last fast zusammenbrach. Und wer sollte diesen Schrotthaufen nach Bonn fahren? Richtig – der Lehrling Thomas Stein, der war lange Überführungsfahrten von seinen Nebenjobs her ja gewohnt.

Aber nicht mit mir. Unmissverständlich machte ich meinen Vorgesetzen klar, dass ich mich da nicht hineinsetzen würde. Es war ein Elendstheater, das damit endete, dass wir einen 7,5-Tonnen-Lkw mieteten, der letztlich ebenfalls bis oben hin voll wurde. Mit ziemlicher Verspätung kam ich schließlich in Bonn an, lieferte den lahmen Lkw samt Inhalt ab und ging mit dem Typen, der für die Ausstellung zuständig war, erst mal in eine Kneipe einen trinken. Und wie es das Schicksal will, war da eine unglaublich hübsche junge Frau, mit der ich mich sehr angeregt unterhielt. Sie kam aus Skandinavien, aus Schweden oder Norwegen – jedenfalls war die Balzstufe eins bereits in vollem Gange, als sie irgendwann erklärte, sie müsse jetzt aber nach Hause.

»Ich kann dich heimfahren, wenn du möchtest«, bot ich ihr hoffnungsfroh an.

»Oh, du hast ein Auto dabei?«, erwiderte sie sichtlich beeindruckt. Ein Auto war damals wirklich noch etwas ganz Dolles.

»Äh, ja, aber ein etwas größeres …«

Kurz und gut: Sie nahm mein Angebot an.

»Wo soll es denn hingehen?«, wollte ich wissen, nachdem sich der Siebeneinhalbtonner in Bewegung gesetzt und meine Begleiterin sich mit der Erkenntnis abgefunden hatte, dass es sich bei ihrer Mitfahrgelegenheit nicht um die Karosse eines Märchenprinzen handelte.

»Da hoch, auf den Venusberg!« Sie zeigte in Richtung eines Hügels. Schließlich hielten wir vor einer imposanten Toreinfahrt, hinter der Wachleute auf und ab gingen. Mich beschlich ein etwas mulmiges Gefühl. Wo um Himmels willen war ich da nur hingeraten?

»Du wohnst ja ganz schön vornehm«, meinte ich in einer Mischung aus Neugier und Unbehagen. »Was ist denn das für ein Haus?«

Da eröffnete sie mir, dass sich hinter dem Zaun der Wohnsitz von Außenminister Willy Brandt verberge und sie dessen Haushälterin sei.

Ich bekam eine ganz trockene Kehle. Es war klar: Balzstufe eins musste augenblicklich zurückgefahren werden. Ich setzte die Schöne vor Willy Brandts Hauseingang ab, verabschiedete mich etwas wehmütig und dieselte von dannen.

Nach drei Jahren ging mit meiner Lehrzeit auch meine Ehe zu Ende. Ich hatte das Gefühl, dass ich weiter müsste, und musste eine Entscheidung treffen, sowohl privat als auch beruflich. Als Lehrling im dritten Jahr hatte man mir bei Ehapa bereits echte Verantwortung übertragen: Ich war zuständig für den Vertrieb von »Micky Maus«-Taschenbüchern, »Asterix«-Heften und Bildbänden, hatte drei Mitarbeiter und das Angebot, in der Firma zu bleiben. Liebend gerne hätte ich es angenommen, wenn ich dort genügend Geld verdient hätte. Denn Geld war, bedingt durch Frau und Kind, in den letzten Jahren meine Haupt-Triebfeder geworden. So aber musste ich dankend ablehnen und heuerte bei der Zeitschrift »Öl und Gas«, für die ich bereits so erfolgreich Abos an Japaner verkauft hatte, als Abonnementbetreuer mit der hochtrabenden Bezeichnung »Stellvertretender Vertriebsleiter« an.

Kein Mensch kann sich vorstellen, wie grauenvoll langweilig dieser Job war. Ich stapelte die Karteikästen, in denen sich die Unterlagen der Abonnenten befanden, links und rechts von mir zu einer Sichtschutzwand auf und schlief jeden Morgen erst einmal zwei Stunden am Schreibtisch, denn durch meine diversen Nebenjobs und sonstigen Aktivitäten hatte ich ein chronisches Schlafdefizit. Nach zwei Monaten war mir klar: Es ging nicht mehr. Ich wollte Stuttgart verlassen, ich wollte die Familie, Frau, Kind und Schwiegermutter verlassen, ich wollte weiterziehen, ich wollte mich auf neue Abenteuer einlassen.

Es gibt immer Gründe, warum eine Ehe nicht funktioniert. Bei uns lag es in erster Linie daran, dass unser Umfeld es uns nicht erlaubte, die Selbstständigkeit zu leben, die wir als junge Eltern eigentlich gebraucht hätten. Wir hatten die wirtschaftlichen Möglichkeiten nicht, daran war nun einmal nichts zu rütteln. Das ändert jedoch nichts an der Tatsache, dass ich Joyce nach wie vor sehr schätze. Sie ist eine liebenswerte Frau, und sie ist die Mutter unserer wunderbaren Tochter.

Die Scheidung von Joyce ging rasch über die Bühne, wir haben bis heute ein entspanntes und sehr gutes Verhältnis. Joyce ist bei sämtlichen Familienfeiern wie zum Beispiel meiner Hochzeit mit Conny im Sommer 2007 und anderen Anlässen in unserem Haus herzlich willkommen und gehört selbstverständlich dazu.

Nun war ich ein geschiedener Mann von einundzwanzig Jahren. Ich hatte keine Familie mehr, dafür aber monatliche Unterhaltsverpflichtungen in nicht unbeträchtlicher Höhe und jede Menge Unternehmungsgeist.

Die spinnen, die Glaser

Quietschend und kreischend schnitt die Blechschere in das feste Metall. Mühsam arbeiteten sich die scharfen Klingen Zentimeter für Zentimeter voran. Ein Schweißtropfen bahnte sich langsam seinen Weg über meine Schläfe, das Hemd klebte mir am Rücken, die Hände waren feucht. Es war Hochsommer, genau gesagt der 2. August 1972, Freibadwetter.

Vor mir ein Sarg, außen Holz, innen Zink, frisch eingetroffen per Flugzeug aus Griechenland. Der Sarg meines Vaters. Am 1. August, elf Tage vor seinem 50. Geburtstag, war er gestorben, einfach so. Tot umgefallen am Strand von Thessaloniki, während er Freunden einen Witz erzählte. Herzversagen, wahrscheinlich durch Spätfolgen seiner Kriegsverletzungen, aber auch durch Alkohol und Übergewicht. Einfach so, einfach vorbei. Erst vor drei Wochen hatten wir uns endlich ausgesprochen und in den Armen gelegen, nachdem wir jahrelang nur das Nötigste miteinander geredet hatten.

Ich stand gerade an der Kasse der Montanus-Filiale an der Frankfurter Hauptwache, um mich herum dröhnte Rockmusik, der Laden war voller Leute. Da rief mir in dem Lärm ein Mitarbeiter zu, ich solle mal bitte ans Telefon kommen. Ungeduldig nahm ich den Hörer zur Hand.

»Ein Anruf aus dem Ausland für Sie, Herr Stein«, sagte die Telefonistin aus der Zentrale am anderen Ende. »Einen Moment bitte, ich verbinde Sie weiter!«

Es dauerte ein Weilchen, dann vernahm ich eine männliche Stimme, die mir vollkommen unbekannt war und mir ohne Umschweife nüchtern und unpersönlich eröffnete: »Machen Sie mal die Musik leiser, Ihr Vater ist gestorben!« Es war ein Mitarbeiter der deutschen Botschaft in Griechenland.

Ich war wie vom Donner gerührt. Wie konnte das sein, was

war da passiert? Niemand wusste Genaueres, auch der Typ von der Botschaft konnte mir mit solchen Nebensächlichkeiten nicht weiterhelfen.

Also rein ins Auto und ab nach Stuttgart. Meine Mutter fiel aus allen Wolken, als sie nach Hause kam und mich auf dem Treppenabsatz vor ihrer Wohnung erblickte, wo ich auf sie wartete.

»Junge, was machst du denn hier!?« Sie hatte noch keine Ahnung, weil sie gerade erst von einem Kurtag im Thermalbad zurückgekommen war. Da musste ich ihr sagen, dass der Mann, mit dem sie fünfundzwanzig Jahre verheiratet gewesen war, urplötzlich gestorben war. Meine damals dreizehnjährige Schwester Ulrike schien noch gar nicht richtig zu begreifen, was passiert war.

Also musste ich mich um alles kümmern, ich war ja jetzt der Mann im Haus mit meinen dreiundzwanzig Jahren und bereits selber Vater einer vierjährigen Tochter.

Mit meinem holprigen Schulenglisch begann ich, telefonisch mit der deutschen Botschaft in Athen und dem griechischen Bestattungsunternehmer zu organisieren, was für die Überführung nach Deutschland notwendig war. Es gab natürlich jede Menge Kommunikationsprobleme – woher sollte ich wissen, ob mein Vater einbalsamiert werden sollte, welche Art von Sarg genommen werden sollte und wie er am besten nach Deutschland transportiert würde? Heute würde ich mich ins nächste Flugzeug setzen. Aber damals fehlte mir schlicht das Geld.

Und nun stand ich da im Büro des Bestattungsunternehmers in Stuttgart-Bad Cannstatt und wusste selber nicht so genau, was mich beim Öffnen des Zinksargs erwarten würde.

Mit seinen kräftigen Händen packte der Mann schließlich den aufgeschnittenen Metalldeckel und zog ihn mit einem Ruck nach hinten. Es war, als würde er eine überdimensionale Sardinenbüchse öffnen.

»Ha, der schaut aber no gut aus!«, dröhnte er im nächsten Moment in breitestem Schwäbisch.

Mir zog es fast die Schuhe aus. Das da in der Sardinendose war immerhin mein Vater und nicht irgendein Stück Holz! Ich war baff über so viel Unsensibilität, auch wenn ich begriff, dass der Mann ja nur seinen Job tat und mit solchen Situationen tagtäglich konfrontiert war. Doch ich ahnte, dass Sensibilität etwas ist, das viele Menschen in erster Linie für sich selbst einfordern, und das hat sich im Lauf meines Berufslebens leider immer wieder bewahrheitet.

Montanus, diese linke und unkonventionelle Ladenkette, in der es Bücher, Schallplatten und Zeitschriften gab, war mein neuer Arbeitsplatz. Das Unternehmen war ursprünglich aus dem Buchhandel heraus entstanden. Hermann Montanus, der Inhaber, besaß die Bahnhofsbuchhandlungen in Frankfurt und führte dort auch Zeitschriften. Als drittes Standbein im Sortiment kamen Schallplatten hinzu. Anders als andere Läden ähnlichen Zuschnitts hatte Montanus aber ein stark verdichtetes Angebot, es wurde gezielt ausgewählt und konzentriert. Der Schwerpunkt lag auf linker Literatur, Bestsellern bis hin zu Softpornos und Schallplattenhits. Für damalige Zeiten war das ein revolutionär neues Konzept – Montanus stand in den Sechziger- und Siebzigerjahren für Modernität und Zeitgeist. Der traditionelle Buchhandel schielte neidisch auf Montanus' Erfolg: Während der Lagerumschlag beim konventionellen Buchhandel bei 1,2 lag, konnte sich Montanus über sechs bis acht im Jahr freuen.

Ich war durch meine alten Verbindungen aus meiner Lehrzeit bei Ehapa zu Montanus gekommen. Als ich nach zwei Monaten zwischen den Karteikästen der »Öl und Gas«-Abonnementverwaltung mein chronisches Schlafdefizit endlich ausgeglichen hatte, griff ich zum Telefonhörer und rief den damaligen Montanus-Verkaufsleiter an, der gleichzeitig Filialleiter des Ladens in der Münchner Leopoldstraße war. Er war zu Ehapa-Zeiten einer meiner guten Kunden gewesen. Offenbar hatte er mich in nicht allzu schlechter Erinnerung, denn er lud mich spontan zu einem Vorstellungsgespräch nach München ein.

Um es kurz zu machen: Das Gespräch lief zur allseitigen Zufriedenheit, er bot mir den Job des Leiters der Montanus-Filiale in Karlsruhe an. Dass er mich tatsächlich genommen hat, ist allerdings erstaunlich. Ich trug ein rosa Hemd mit einer rosa Krawatte, dazu eine Jacke mit einem filigran verschlungenen Paisley-Muster in auffälligen Farben und muss ausgesehen haben wie ein Vorhang von Laura Ashley. Der Job stimmte jedenfalls, das Geld stimmte auch – 1300 Mark würde ich verdienen, für meine damaligen Verhältnisse eine stattliche Summe. Ich schlug sofort ein, wenngleich ich zugeben muss, dass ich mit der Art des Geschäfts, das da auf mich zukam, nur rudimentär vertraut war.

Also wurde ich Leiter der Karlsruher Filiale und lernte hier erstmals intensiver das Geschäft mit Büchern, Zeitschriften und Schallplatten kennen. Da ging es dann für mich richtig zur Sache: Wir hatten 1303 Zeitschriften und Tageszeitungen im Programm. Jeden Morgen musste ich mit meinem Dienstwagen, einem VW-Käfer mit ausgebauter Rückbank, zur Post fahren, vier große Säcke Zeitschriften und Zeitungen abholen, in den Laden bringen, dort auspacken, einsortieren, Retouren und Remittenden aussortieren und verpacken. Das war mühsam, echte Kärrnerarbeit. Drei Leute gingen mir dabei zur Hand: ein Zeitschriftenverkäufer, ein Buchverkäufer und ein Schallplattenverkäufer.

Obwohl ich von dem Geschäft anfangs wirklich wenig Ahnung hatte, kann ich nicht alles falsch gemacht haben, denn innerhalb von fünf Monaten war aus der kleinen Montanus-Filiale in Karlsruhe ein brummender Laden geworden, der vor allem bekannt dafür war, dass es hier ausgefallene Platten gab, die man nirgendwo sonst kaufen konnte, weil es unsere persönlichen Geheimtipps waren. Außerdem waren wir immer für eine einfallsreiche Marketingaktion gut. Da konnte es schon einmal vorkommen, dass sich in der Kaiserstraße, der Fußgängerzone, die noch heute von gesichtslosen und zweckmäßigen Nachkriegsbauten gesäumt ist, riesige Menschentrauben vor der Montanus-Filiale bildeten, aus denen ein Wikingerhelm mit Hörnern ragte und daneben, kaum zu sehen zwischen all den Menschen, ein zweiter, kleinerer. Die Helme gehörten zu zwei bärtigen Figuren. Der Große hatte die Ausmaße eines Gérard Depardieu in seinen besten Zeiten und trug eine blau und weiß gestreifte Hose. Der Kleinere war blond, mit roter Hose und schwarzem Hemd. Asterix und Obelix inmitten einer friedlichen Menge in der badischen Hauptstadt. Rundherum Polizei, wir schrieben Anfang der Siebzigerjahre, die Hoch-Zeit von Flower Power, Friedensbewegung und Ostermärschen.

Anlass für den Menschenauflauf war aber nicht schon wieder eine Demonstration gegen das Establishment, sondern das Eintreffen des neuesten »Asterix«-Bandes bei Montanus. In den beiden Kostümen steckten Schauspieler, die ich angeheuert hatte, damit sie auf die Neuerscheinung aufmerksam machten. Die Folge dieses Marketinggags: Die Leute stürmten den Laden und rissen uns die Hefte förmlich aus den Händen, kaum dass wir sie ausgepackt hatten.

»Asterix« war zu der Zeit purer Kult, ein Boom-Objekt. Um jedes neue Heft entstand ein unglaublicher Hype, ich wüsste nicht, dass es vorher oder auch später bei Comics je einen vergleichbaren Erfolg gegeben hätte. »Asterix« war damals Zeitgeist. Der Comic funktionierte, weil er so herrlich subversiv war.

Auch mit unseren Schallplatten bedienten wir höchst erfolgreich den Zeitgeist: Ich ging in die angesagten Diskotheken und ließ dort unsere Plattenempfehlungen auflegen, anschließend musste der DJ durchsagen, dass es diese super Platte bei Montanus auf der Kaiserstraße zu kaufen gab.

Wir veranstalteten Lesungen mit links orientierten Schriftstellern, ich traf Größen wie Gerhard Zwerenz und Heinrich Böll, und natürlich hatten wir Kontakt mit der ganz linken Szene. Es war eine wilde, spannende Zeit, ich lernte eine mir völlig neue Welt kennen.

Vor allem aber hörte ich jede Menge Platten. Bei Montanus begann meine Liebe zur Musik fast aller Richtungen.

Musik prägte damals das Leben stärker als heute. Es war die Flower-Power-Zeit, die Zeit der Hippie-Bewegung. Musik wurde zu dem bestimmenden Lebensgefühl und auch zu einem Ausdruck von Protest. Anfang der Siebzigerjahre gab es in der Szene vielleicht zwei, drei verschiedene Musikrichtungen, heute gibt es mindestens zwanzig, eine ungeheure Vielfalt.

Musik war für mich seit meiner Kindheit immer ein wichtiges Thema gewesen, ich bin gewissermaßen mit Caterina Valente, Lale Anderson und Freddy Quinn aufgewachsen. Mein Vater hörte besonders gerne Schallplatten von Karel Gott in der Landessprache, sie erinnerten ihn an seine böhmische Heimat. Und wie oft latschten wir zu Sudetendeutschen-Treffen, weil dort Ernst Mosch mit seinen Egerländer Musikanten auftrat, mit dem ich später sogar zusammengearbeitet habe.

Und dann kam plötzlich die Popmusik mit den Beatles. Ein Schulkamerad, dessen Vater Kontakte zur englischen Musikszene hatte, brachte eines Tages ein Weißmuster, also eine erste Anpressung, mit Beatles-Songs mit, etwas ganz Schickes. Wir hörten uns die Musik im Jugendhaus auf einem quäkenden Plattenspieler an, aber meine Begeisterung hielt sich ehrlich gesagt in Grenzen. Die Beatles waren toll, trotzdem wurde ich kein richtiger Fan von ihnen und auch nicht von den Rolling Stones. Platten waren ja teuer, und ich hatte damals kaum Geld für solche Spirenzchen. Aber jetzt, bei Montanus, saß ich an der Quelle.

In dieser Zeit lernte ich auch Peter Horton kennen, mit dem ich bis heute befreundet bin. Peter war und ist ein sensationeller Gitarrist, und er ist, was viele nicht wissen, ein begnadeter Songwriter. Seine Texte sind von einem unglaublichen Witz und Humor. Und Peter war es auch, der mir damals schon nahelegte, in der Musikbranche zu arbeiten. Er empfahl mich sogar seinem Plattenboss Peter Kirsten.

Doch das war mir nun doch zu dünnes Eis. Bei Montanus lief es gut, ich hatte Spaß und Erfolg. Das fanden meine Vorgesetzten offenbar auch. Nach vier Monaten jedenfalls boten sie mir den Job des Verkaufsleiters der bestehenden vier Montanus-Läden in München, Karlsruhe, Köln und Hamburg an. Ich hatte einen ganz klaren Auftrag: Montanus wollte expandieren, ich sollte diese Expansion vorantreiben.

Also zog ich wieder um, dieses Mal von Karlsruhe nach Frankfurt, in die Nähe der Montanus-Zentrale. Mit meinen Siebensachen, die in ein paar Jaffa-Kisten passten, quartierte ich mich erst einmal bei meiner Oma in Großkrotzenburg bei Hanau ein, um von dort aus Deutschland für Montanus zu erobern. Ich wusste, ich würde so viel in der Bundesrepublik unterwegs sein, dass es ganz unerheblich war, wo ich wohnte.

Der Zufall wollte es, dass ich gewissermaßen in letzter Minute in Karlsruhe Waltraud kennenlernte, meine spätere zweite Frau. Es war in einer Diskothek, ich wollte mich von ein paar Freunden verabschieden, bevor ich mich nach Frankfurt aufmachte. Plötzlich stand sie da, mit ihrer Zwillingsschwester, zwei große, schlanke blonde Feen. Da war es um mich geschehen. Ein Jahr später zog ich nach Karlsruhe zurück, zu ihr, vier Jahre später heirateten wir.

Doch erst einmal war Frankfurt angesagt. Von dort schwärmte ich aus, um neue Läden für Montanus-Filialen aufzutun. Ich suchte die infrage kommenden Objekte in besonders guten Lagen aus, stellte mich an die Straße, zählte Passanten, um herauszufinden, ob der Standort unseren Ansprüchen genügte. Ich betrieb Basisarbeit, das, was man eben macht, wenn man einen Laden eröffnen möchte.

Montanus ist auch der Grund, weshalb ich Deutschland fast wie meine Westentasche kenne. Wir vergrößerten uns innerhalb von vier Jahren von vier auf fünfundvierzig Filialen in fast allen größeren Städten, und als Verkaufsleiter war es meine Hauptaufgabe, diese Läden im Griff zu behalten. Ich fuhr jedes Jahr mehr als hunderttausend Kilometer mit dem Auto kreuz und quer durch die Republik und erfuhr auf diese Weise, was Deutschland für ein wunderschönes Land ist. Ich kann jedem nur empfehlen, Deutschland zu bereisen – es lohnt sich! Und heute noch viel mehr als zur Zeit der deutschen Teilung.

Wo immer wir einen neuen Laden eröffneten, ließen wir keine Gelegenheit aus, um durch ungewöhnliche Aktionen auf uns aufmerksam zu machen. Wenn wir dadurch aneckten, nahmen wir das billigend in Kauf: Das konnte fürs Geschäft nur gut sein. In Kiel beispielsweise stand die Eröffnung unmittelbar bevor. Alles war bereit. Das Einzige, was noch fehlte, waren die großen Eingangstüren aus Glas. Hässliche Nottüren aus Holz zierten die Ladenfront. Was tun? So machte das Ganze nun wirklich nichts her. Wie sollten wir mit solchen Türen aufmachen?

Kurzerhand ließ ich die Figuren der beiden berühmten Gallier auf die Holzbretter malen und »Die spinnen, die Glaser!« in die Sprechblasen schreiben. Die Folge dieses Asterix-Gags: Der Laden brummte, die Glaservereinigung beschwerte sich öffentlich, der Laden brummte noch mehr.

Mit dem Erfolg wuchsen aber auch die Probleme, mit denen ich mich als Verkaufsleiter herumschlagen musste. Das Wichtigste war Ladendiebstahl. Montanus mit seinem linken Programm war damals *die* Adresse für die 68er-Generation, die viele Ideen hatte, aber wenig Geld. Die Folge: Die Leute klauten wie die Raben. Es waren aber nicht nur unsere geschätzten Kunden, die Ware in immensem Ausmaß mitgehen ließen, sondern es gab, wie ich zu meinem Leidwesen feststellen musste, auch jede Menge Schwund durch das Personal.

In meiner Not griff ich zu ungewöhnlichen Mitteln. An Warensicherungssysteme, wie sie heute in jedem Tante-Emma-Laden selbstverständlich sind, war damals ja noch nicht zu denken.

In Karlsruhe schlug ich zwei Fliegen mit einer Klappe: Ich hatte zu der Zeit ein wunderschönes Dobermannweibchen, das tagsüber allein in meiner Wohnung bleiben musste. Ich packte Honey einfach ein, nahm sie mit in den Laden und postierte sie neben der Kasse. O Wunder: Die Diebstahlquote sank gegen null, sowohl im Laden als auch in der Kasse, aus der bis dahin regelmäßig ansehnliche Beträge verschwunden waren.

Auch in der Filiale in Hamburg, an der Hamburger Straße, herrschte unglaublicher Schwund. Ich war neugierig, wollte gerne wissen, warum dort so viel geklaut wurde. Irgendetwas Besonderes musste an dem Laden wohl dran sein. Die Angestellten sagten immer, es seien die Menschen draußen, die die Sachen mitgehen ließen.

Montanus-Ware schien überhaupt eine unglaubliche Anziehungskraft auf die Leute auszuüben. Die Filialleiterin des Ladens in der Münchner Leopoldstraße wurde eines Tages sogar von Einbrechern mit der Pistole bedroht. Es war durchaus eine raue Zeit.

Um dem permanenten Schwund in den Läden auf den Grund zu gehen, beschloss ich, etwas zu tun, was mir zwar unangenehm war und außerdem eine mörderische Arbeit bedeutete, aber einen anderen Weg sah ich nicht. Ich ging dazu über, nachts alleine eine komplette Inventur eines besonders vom Ladendiebstahl heimgesuchten Geschäfts zu machen, ohne den Mitarbeitern etwas davon zu sagen. Das bedeutete beispielsweise, dass ich morgens um sechs, drei Stunden vor Öffnung, den kompletten Warenbestand des Ladens in der Hamburger Straße durchzählte, ein paar Stunden Schlaf nachholte, am späten Vormittag unangemeldet in der Filiale auftauchte und fragte: »Na, wie sieht's denn mit dem Diebstahl aus?« – »Alles in Ordnung«, hieß es dann, »alles bestens.«

Dann kam gegen Mittag neue Ware, alles Friede, Freude, Eierkuchen.

Am nächsten Morgen um sechs machte ich wieder eine komplette Inventur – und siehe da: Es fehlten sage und schreibe Waren im Wert von zehntausend Mark. Eine Platte kostete damals ungefähr zwanzig Mark, es mussten also um die fünfhundert Platten sein, eine Menge Vinyl.

Die Lösung des Rätsels war ziemlich einfach: In Altona gab es die »Fabrik«, ein damals ziemlich wüstes Lokal, in dem sich eine ganz linke Szene herumtrieb und wo auffallend gute Musik lief. Ich war oft abends dort und stellte immer wieder mit Zufriedenheit fest, dass auf vielen Platten, die gespielt wurden, unsere schicken Montanus-Aufkleber prangten.

Das wäre ja alles schön und gut gewesen, wenn diese Platten tatsächlich über unseren Ladentisch gegangen wären. Das Gegenteil war der Fall, wie ich schließlich herausfand: Der Plattenverkäufer in der Hamburger Straße bekam am späten Vormittag die Ware. Er packte sie gar nicht erst aus, sondern verfrachtete sie kartonweise original verpackt in sein Auto, während die Filialleiterin in der Mittagspause war, und schaffte die Kartons direkt in den Laden in Altona. Diese Art von Montanus-Werbung war mir dann doch zu viel und zu teuer, der Kerl hatte die längste Zeit bei uns gearbeitet.

In Köln in der großen Filiale in der Schildergasse bemerkte ich eines Tages, wie ein älterer Herr zwei Softpornos in die Manteltasche steckte und hoch erhobenen Hauptes den Laden verließ, natürlich ohne zu zahlen. Ich lief ihm hinterher auf die Straße, hielt ihn fest und durchsuchte seinen Mantel. Insgesamt fand ich fünf oder sechs unserer Bücher bei ihm, die er hatte mitgehen lassen. Mir reichte es.

»So, mein Lieber, und jetzt gehen wir zur Polizei!«, erklärte ich ihm stinkwütend und hatte fest vor, mich von seinen Ausreden nicht erweichen zu lassen. Es sei das erste Mal, dass er so etwas getan habe, ich möge doch Nachsicht haben, er werde es bestimmt nicht wieder tun, jammerte er. Die üblichen Ausreden eines Ladendiebs eben.

Der alte Mann – er war vielleicht siebzig, mir kam er aber vor wie hundert – fing an, mir leid zu tun, die ganze Sache war mir schon fast peinlich.

Da kam mir eine Idee. »Okay, dann machen wir es eben anders«, erklärte ich ihm. »Ich lasse die Polizei aus dem Spiel, dafür gehst du mit und gibst mir deinen Personalausweis. Ich hätte da eine Aufgabe für dich.«

Der Alte kam tatsächlich mit, überließ mir seinen Ausweis als Sicherheit und musste nun gegen Stundenlohn Preisaufkleber abpulen, so lange, bis er den Gegenwert der geklauten Bücher verdient hatte. Wir hassten diese Arbeit, die immer dann getan werden musste, wenn wir Platten, Bücher und sonstige Ware zurückschicken wollten. Da die Stundenlöhne damals relativ niedrig waren, lohnte sich das für beide Seiten. Und er machte seine Arbeit mit so viel Hingabe, dass wir ihn hinterher sogar wiederholt frei beschäftigten. Seinen Bedarf an Lesefutter konnte er auf diese Weise ganz legal und zu Mitarbeiterkonditionen decken.

Auch Väterchen Alkohol, der mir in meiner Kindheit und Jugend durch meinen Vater schon zu schaffen gemacht hatte, verfolgte mich bei Montanus. Ein leitender Mitarbeiter in Köln beispielsweise hatte ständig zwanzig, dreißig Glas Kölsch unter dem Tresen. Logisch, dass dort Ware geklaut wurde, wenn der Chef ständig sein Hirn benebelte. Ich wollte ihm eine zweite Chance geben und versetzte ihn in eine andere Stadt. Aber da soff er weiter. Also legte ich ihm nahe, eine Entziehungskur zu machen, wohl wissend aus der Erfahrung mit meinem Vater, wie er reagieren würde.

Es kam, wie ich vorausgesehen hatte: »Das lass ich mir nicht gefallen!«, schrie er mich an. »Das ist eine Unverschämtheit, ich kündige!«

Das war's dann. Ich gab ihm eine Schreibmaschine, ließ ihn darauf seine eigene Kündigung verfassen und warf ihn raus.

Damit sollte das Problem jedoch noch längst nicht gelöst sein. Als Nachfolger hatte ich ein Pärchen eingestellt, eine junge Frau und einen jungen Mann. Ziemlich bald begann ich mich über die hohen Telefonrechnungen aus der Filiale zu wundern. Außerdem war seltsamerweise immer nur einer von beiden im Laden, wenn ich anrief oder vorbeikam. Irgendwann fand ich es heraus: Die beiden Schätzchen hatten direkt gegenüber einen Schuhladen aufgemacht und wickelten die Bestellungen der italienischen Designerschuhe munter über das Montanus-Telefon ab, um Kosten zu sparen. Die Arbeits- und Kostenteilung funktionierte prima: Einer war immer im Schuhladen, einer bei uns, bezahlt hat Montanus aber beide. Glücklicherweise gelang es mir, mit Ralph und Geli Pisch zwei Experten in Sachen Musik und Verkauf als Nachfolger einzustellen, sodass die Probleme dauerhaft gelöst waren.

Zum Glück erschienen aber auch Leute in unseren Läden, die nichts klauen wollten, sondern uns Dinge anboten, die wir gut gebrauchen konnten. Eines Tages zum Beispiel, es war im Jahr 1972, ich war gerade in der Filiale in Köln, kam ein junger Typ herein, ungefähr in meinem Alter, vielleicht auch etwas jünger. Er trug einen Katzenfellmantel – oder aus was für einem Viech das Ungetüm auch immer bestand – und Clogs, steuerte geradewegs auf mich zu und sprach mich an:

»Ey, ich bin der Manfred. Mal 'ne Frage: Könntest du vielleicht 'ne

Autogrammstunde mit 'ner guten Band machen, das passt doch hier zu dem Laden?«

Es war Manfred Schmidt, heute einer der größten Organisatoren weltweiter Events, mit dem ich später bei Bertelsmann oft zusammengearbeitet und viel Spaß gehabt habe, eine Freundschaft, die bis dato hält. Er bot mir an, eine Autogrammstunde mit der Hamburger Rockband Frumpy und der Sängerin Inga Rumpf zu veranstalten. Wir wurden handelseinig, und an besagtem Tag gab es einen Riesenbohei im Laden. Es kamen jede Menge Leute, die Gruppe Frumpy war vollzählig erschienen, aber Inga Rumpf war die unumstrittene Hauptperson.

Irgendwann schlurfte ein Typ aus der Band, der in dem ganzen Getümmel etwas verloren herumstand, auf mich zu und näselte: »Ey, du, ich gehör auch dazu, ich bin der Schlagzeuger!«

Der Typ hieß Udo Lindenberg. Er war Anfang zwanzig, ein noch völlig unbekannter Musiker und nuschelte schon damals genauso vor sich hin wie heute. Wir redeten ein bisschen über dies und das, es gab Kaffee und Kuchen, nichts wies darauf hin, dass mir hier ein Mann gegenüberstand, der einmal einer der größten deutschen Rockmusiker werden sollte. Ein Jahr später brachte Udo sein erstes eigenes Album »Daumen im Wind« bei Teldec heraus. Die Single-Auskoppelung »Hoch im Norden« wurde Udos erster großer Hit und der Start für seine einzigartige Karriere.

Auch meinen späteren Geschäftspartner und Freund Marcel Avram, den Gründer der berühmten Konzertagentur Mama Concerts, lernte ich in dieser Zeit kennen. Marcel und sein Partner Marek Lieberberg holten die absoluten Topgruppen nach Deutschland, unter anderem die unvergleichliche Rockband Pink Floyd. Mit Marcel und den Jungs von Pink Floyd versackten wir nach einem sagenhaften »Dark Side of the Moon«-Konzert in der Frankfurter Festhalle ganz fürchterlich in einer Bar. Roger Waters und seine Bandkollegen hatten die Manie, dass sie grundsätzlich nur aus frischen Gläsern tranken, sie durften zwischendurch nicht gespült werden. Mit dem Ergebnis, dass morgens um fünf die zwanzig Meter lange Bar voller gebrauchter Gläser stand, die der Wirt mitten in der Nacht von allen möglichen anderen Kneipen herbeischaffen musste, weil ihm das eigene Material ausgegangen war.

Als der Barbesitzer uns schließlich im Morgengrauen doch hinauskomplimentierte, rief ich kurzerhand Waltraud an: »Wally, ich komme jetzt gleich mit fünfzehn Leuten zum Frühstück, es ist dir doch recht?« Was sie antwortete, ist nicht überliefert. Tatsache ist, dass ein Teil der Truppe sternhagelvoll bei mir zu Hause aufschlug. Es endete damit, dass irgendwann alle auf dem Boden lagen und wie in einer Ausnüchterungszelle ihren Rausch ausschliefen.

Mitten in diese wilde, turbulente, kreative Zeit krachte die Nachricht vom Tod meines Vaters. Ein im Guten wie im Schlechten prägendes Kapitel meines Lebens war damit unwiderruflich zu Ende. Auch wenn ich es mir nur schwer eingestand: Dieser Einschnitt belastete mich mehr, als ich erwarten konnte und als ich nach außen hin zeigte. Es war ein Schock, der bis heute nachhallt. Mir war klar: Darüber konnte ich nicht einfach so hinweggehen, ich brauchte eine Auszeit, ich musste mal so richtig für mich allein sein, eine Erfahrung, die ich noch nie gemacht hatte. Immer waren andere Menschen um mich gewesen, hatten mein Leben und meinen Alltag geteilt.

Kurzentschlossen nahm ich ein Darlehen auf und kaufte mir für 7500 Mark, was damals ein Schweinegeld war, ein Motorrad, eine schwere BMW R 60–5, nahm drei Fahrstunden und fuhr zur Fahrprüfung, um den Motorradführerschein zu machen – auf meiner eigenen Maschine. Für die Zeitschrift »Hobby« war ich oft als »Testfahrer« mit allen möglichen Zweirädern unterwegs gewesen – ohne Motorradführerschein, versteht sich. Also fiel es mir nicht wirklich schwer, dieses Papier kurzfristig zu erwerben. Hilfreich könnte auch noch die Tatsache gewesen sein, dass ich zufällig mit dem Besitzer der Fahrschule befreundet war …

Nach der Beerdigung meines Vaters kam ich nach Hause und erklärte meiner verdutzten Freundin Waltraud: »Es tut mir leid, aber du musst den Urlaub, den wir eigentlich gemeinsam geplant haben, alleine verbringen. Ich fahre mit dem Motorrad irgendwo in den Süden, ich muss jetzt einfach mal für mich allein sein.« Sprach's, packte den Seesack, schnallte ihn auf den Gepäckträger und fuhr von Frankfurt mit dem Motorrad geradewegs ins Blaue an die Côte d'Azur.

Es war eine wunderbare Fahrt. Ich fuhr die Route Napoléon hinunter, die damals noch aus schmalen, idyllischen Sträßchen bestand, und kam erstmals auf den Geschmack von wirklich gutem Essen.

Schließlich landete ich in Nizza und verbrachte dort eine herrliche Woche. Trotz meiner begrenzten Finanzen ging ich selbstverständlich im ersten Haus am Platz, dem legendären Hotel Negresco, ein und aus. Genau gesagt: Ich ging vorne rein und hinten wieder raus, geradewegs in ein winziges Hotel, dessen Hintereingang direkt neben dem Negresco lag. Dort hatte ich mich für ein paar Francs in einem fensterlosen Minizimmer direkt neben dem Fahrstuhl eingemietet.

Ein Erbe meiner Südfrankreich-Reise ist mein Interesse an Spielcasinos. Ich bin seitdem in nahezu jedem Casino der Welt gewesen. Dabei habe ich in all den Jahren vielleicht höchstens 150 Mark verloren, denn ich spiele selber nicht. Mich fasziniert vielmehr die Atmosphäre der Casinos, mich fasziniert das Verhalten von Menschen, die spielen. Ein nicht ganz unwesentlicher Nebeneffekt ist die Tatsache, dass ich dabei gelernt habe, wie sehr man auf sein Geld achten muss.

So kam ich auch in das Casino von Nizza. An einem der Roulettetische saß eine auffallend schöne Frau. Sie konnte kaum die Arme heben, so viel Gold hing ihr an Fingern und Handgelenken. Ich stellte mich neben den Tisch und beobachtete interessiert ihr Spiel. Sie spielte immer für ein paar Tausend Francs und verlor ständig.

Irgendwann sagte ich: »Na ja, das ist vielleicht ein bisschen reichlich!«

Sie erwiderte nichts, machte nur ihre Handtasche auf, und es quollen Unmengen von Dollarscheinen heraus.

Das war wie ein heilsamer Schock. Das konnte ja gar nicht sein, dachte ich mir. Wenn Leute wie diese Frau, die so viel Geld hatten, ihr Vermögen so konsequent verspielten, dann brauchte ich, der ich fast nichts hatte, gar nicht erst damit anzufangen.

Fünf oder sechs Jahre später war ich dienstlich in London und übernachtete im Interconti-Hotel. Im Gebäude nebenan gab es im ersten Stock ein kleines Spielcasino. Nachmittags gegen vier Uhr ging ich hinein. Da saß ein Araber und spielte Roulette. Nachts um zwölf ging ich wieder hinein. Da saß der Araber immer noch, allein, und setzte in jedem Spiel sage und schreibe dreihunderttausend Pfund.

Im Casino in Montreux lief ein Mann herum, der in der rechten Innentasche seines Smokings Zwanzigtausender-Chips hatte, in der linken Innentasche Fünfzigtausender-Chips. Er rannte zwischen den Spieltischen hin und her wie ein Hamster im Rad, war schweißgebadet, die Brühe lief ihm nur so runter, er war sichtlich fertig. Er verlor ständig. Und je mehr er verlor, desto stärker lief ihm der Schweiß. Doch er konnte offensichtlich nicht aufhören.

Diese Art von »menschlichem Leid« fasziniert mich bei jedem Casinobesuch immer wieder aufs Neue. Es ist für mich einfach unvorstellbar, wie Menschen so leichtfertig ihr Geld zum Fenster hinauswerfen können, auch wenn sie so viel haben, dass sie das möglicherweise gar nicht spüren.

Ich käme nie auf die Idee, in ein Spielcasino zu gehen und zu erwarten, dort etwas zu gewinnen. Nicht so mein Freund Ernst Mosch, der drei Leidenschaften hatte: Tauben züchten, Ernst Mosch und die Egerländer – und Spielcasinos. Er setzte stets auf dieselben fünf Zahlen. Und er gewann fast immer.

Ein einziges Mal habe auch ich etwas gewonnen: Es war im Kitzbüheler Spielcasino, ich wartete auf eine Preisverleihung nach einem Golfturnier. Neben mir piepsten und ratterten verschiedenste Spielautomaten. Spaßeshalber und weil mir langweilig war, warf ich ein paar Münzen auf einen Spieltisch und bekam plötzlich fünfhundert Mark Gewinn ausgezahlt. Ich war baff. Bis heute weiß ich nicht, wie ich das geschafft habe. Und um das Maß voll zu machen, gewann ich eine halbe Stunde später auch gleich noch den ersten Preis bei der Tombola des Golfturniers: eine Flugreise auf die Bermudas für zwei Personen. Die schenkte ich später meiner Exfrau Joyce. Sie verwechselte allerdings Bermudas mit Bahamas, und es war dort deutlich kälter, als sie erwartet hatte.

Neben dem Spielcasino gibt es aber noch einen zweiten Ort, den ich in jeder größeren Stadt besuche, die ich noch nicht kenne: den Zoo. Denn im Zoo stellt man häufig fest, wes Geistes Kinder die Menschen in der Stadt sind, der der Tierpark gehört. Sind die Tiere in engen Käfigen eingekerkert, oder haben sie große Freigehege? Sehen sie zufrieden aus, oder laufen sie unruhig auf und ab?

An ihrem Zoo zeigt sich die Großzügigkeit einer Stadt, denn der Zoo ist wahrscheinlich immer ein Verlustgeschäft. In Atlanta zum Beispiel, dieser reichen amerikanischen Coca-Cola-Stadt, mussten die Tiere in winzig kleinen Käfigen vor sich hin vegetieren. Heute, nach den Olympischen Spielen von 1996, ist es vielleicht anders, aber damals erschien mir der Zoo von Atlanta wie ein Spiegelbild der Menschen, die in der Stadt lebten.

Der Beginn der Siebzigerjahre war eine Zeit, in der ich viel lernte, beruflich und privat. Es war eine gute Zeit, man konnte viel bewegen, in Deutschland herrschte eine ungeheure Aufbruchstimmung. In gewisser Weise war diese Zeit eine Fortsetzung des Wirtschaftswunders. Und es war die Zeit des Protests, der Friedensbewegung, der Kriegsdienstverweigerung. Böse Menschen könnten unterstellen, meine häufigen Umzüge in dieser Zeit hätten etwas mit Flucht zu tun gehabt – vor dem Dienst für das Vaterland, der Einberufung zur Bundeswehr. Und es könnte sein, dass dieser Verdacht nicht ganz unberechtigt ist.

Mit Marx im Spind

Am 1. Mai 1974 fuhr eine schwere BMW R 600 in Dunkelblaumetallic vor der Kaserne der Fernmelder in Diez an der Lahn vor. Soldat Thomas Stein meldete sich an der Pforte, um mit fünfundzwanzig Jahren seinen Grundwehrdienst anzutreten.

Der Wachhabende schaute mich vollkommen irritiert an, wühlte in Papieren, telefonierte. Ich wartete, an den Lenker meines Motorrads gelehnt, erst mal in Ruhe ab. Schließlich erschien einer, der offenbar einen höheren Rang bekleidete, und bellte mich an: »Stein? Thomas Stein? Warum kommen Sie erst jetzt, haben Sie Ihren Einberufungsbescheid nicht gelesen? Sie hätten sich schon vor drei Wochen zum Dienstantritt melden müssen!«

»Ja, ich weiß«, erwiderte ich. »Ich habe mich ein bisschen verspätet, weil ich noch Termine hatte. Aber jetzt bin ich ja hier. Hat meine Sekretärin Sie nicht angerufen?«

Der Diensthabende schaute mich mit offenem Mund an, als sei ich ein vollkommener Idiot, was ich für die beiden wahrscheinlich in irgendeiner Weise in diesem Moment auch war.

Das war mein Einstand beim Fernmeldebataillon 5. Der deutsche Staat und damit die Bundeswehr hatten beschlossen, mit mir einen wertvollen neuen Mitarbeiter gewinnen zu müssen, und hatten mit dem Einberufungsbescheid meine Zeit bei Montanus abrupt beendet.

Natürlich hatte ich überhaupt keine Lust, zum Bund zu gehen. Ich hatte ja meinen Beruf, war Verkaufsleiter, hatte hundert Leute unter mir und ein durchaus spannendes Leben. Fünfzehn Monate Grundwehrdienst konnte ich da überhaupt nicht gebrauchen. Etliche meiner Freunde übersiedelten damals aus ebendiesem Grund nach Berlin, da dort die männliche Einwohnerschaft vom Bund verschont wurde. Das kam für mich aus den verschiedensten Gründen nicht infrage. Also zog ich um, was das Zeug hielt, damit sie mich nicht erfassen konnten, wie man das in jener Zeit eben so tat. Es half nichts – irgendwann lag er dann doch da, der Musterungsbescheid.

Es war ganz klar, dass ich verweigern würde. Teilweise, weil ich tatsächlich Sorge hatte, dereinst auf meine eigenen Verwandten im Osten schießen zu müssen, hauptsächlich aber, weil ich ganz einfach keinen Bock hatte. Ich wollte arbeiten, wollte Geld verdienen, hatte ja wirtschaftlich mein Päckchen zu schleppen.

Also machte ich auf einer meiner zahlreichen Dienstreisen quer durch Deutschland zu meinen Montanus-Filialen Station in Offenbach. Dort sollte ich in einem Anhörungsgespräch meine Verweigerung begründen. Ich hatte meinen großen roten Reisekoffer dabei, ein bleischweres Monster, vollgepackt mit Unterlagen für die Filialen.

Da stand ich nun vor einem langen, kargen Tisch, hinter dem stocksteif fünf Zivilisten mit knurrigen Mienen saßen. Sie hatten mich über meine Verweigerungsgründe auszufragen und die Ernsthaftigkeit meiner Ansichten zu beurteilen.

»Nun, Herr Stein, haben Sie hier schon Ihre Kleidung mitgebracht?«, fragte mich ein weiblicher Knurrhahn mit einem Blick auf meinen Riesenkoffer.

»Nein«, erwiderte ich, »das sind Unterlagen, die ich für meine Tätigkeit als Verkaufsleiter einer Ladenkette benötige!«

Sie lachte etwas ungläubig und verfiel dann unvermittelt in einen strengen Ton, der mir so gar nicht zusagte. »Koffer auf!«, befahl sie mir. »Ich möchte wissen, was Sie da drin haben!«

Ich tat, wie mir befohlen war. Dass ich innerlich bereits kochte, schien sie nicht weiter zu beunruhigen. »Wenn Sie wirklich wissen wollen, was da drin ist, schauen Sie es sich doch selber an!«, entgegnete ich, nahm den Koffer, öffnete ihn und kippte den gesamten Inhalt auf ihren Schreibtisch. Mit dieser Spontanaktion brachte ich mich im Handumdrehen um jegliche Chance, als Kriegsdienstverweigerer anerkannt zu werden.

Das Ganze endete damit, dass ich zwar zum Bund musste, aber es immerhin erreichte, »Dienst ohne Waffe« schieben zu dürfen. Schließlich führte Montanus als linke Buchhandlung sämtliche einschlägige Literatur zum Thema Wehrdienstverweigerung, und durch die hatte ich mich sorgfältig durchgearbeitet. So war ich auf diese nervenschonende Form des Wehrdienstes gestoßen.

Durch meinen verspäteten Dienstantritt und die mir eigene, besonders »verbindliche« Art machte ich mir bei der Bundeswehr vom ersten Moment an einige Freunde. Ich war genervt, die anderen waren genervt. Bund und ich passten definitiv nicht zusammen, das war ganz schnell klar. Das Problem war: Ich war mit meinen fünfundzwanzig Jahren einfach zu alt für den Laden. All meine vorgesetzten Offiziere waren jünger als ich, die meisten um die neunzehn oder zwanzig. Und so einer wollte mich doch tatsächlich im Grundwehrdienst durch den Matsch jagen? Das konnte einfach nicht gut gehen. Also war erst mal Anscheißen angesagt. Relativ unmissverständliche Äußerungen meinerseits wie: »Pass mal auf, mein Lieber, du kriegst gleich eins auf die Fresse, wenn du mich nicht sofort in Ruhe lässt!«, waren allerdings auch nicht gerade dazu angetan, dass sich das Klima zwischen mir und meinen Vorgesetzten wesentlich verbesserte. Das erkannte ich recht bald.

Auch mit meiner Literaturauswahl waren meine Vorgesetzten alles andere als einverstanden, und es machte mir diebischen Spaß, ihnen das auf die Nase zu binden, auch wenn ich damit Zoff riskierte. Jeder Soldat hatte in seinem Spind ein Fach für persönliche Sachen, das für den Vorgesetzten tabu war. Hier lagerte ich meine Literatur, ganz bewusst das Linkeste, was das Montanus-Programm hergab: Trotzki, Karl Marx, Lenin, Solschenizyn. Das Fach ließ ich absichtlich immer ein wenig offen stehen, sodass der Vorgesetzte bei der Kontrolle verbotenerweise hineinschauen konnte. Bei nächster Gelegenheit outete er sich vor allen:

»Na, Stein, mal wieder beim Lesen? Was lesen Sie denn heute?«

»Sie haben es ja gesehen«, erwiderte ich. »Trotzki! Haben Sie den in der Schule auch durchgenommen?« Wieder gab es ein vom Schreien rot angelaufenes Gesicht und einen Hals, an dem die Adern hervortraten. Und wieder hatte ich einen Freund fürs Leben gefunden.

Ich konnte nicht anders – immer wieder legte ich mich mit den höheren Rängen an, was durchaus unangenehme Konsequenzen hätte haben können. Um trotzdem einigermaßen ruhig schlafen zu können, beschloss ich, mir einen Bewacher zuzulegen. Und der war rasch gefunden: In meinem Zimmer gab es einen Kopfschlächter, einen Metzger, der im Akkord den Schlachttieren den Hals durchschnitt. Ein baumlanger Kerl, geistig nicht ganz so beweglich, aber mit Bärenkräften ausgestattet. Er war in der Lage, mit dem kleinen Finger einen Kanaldeckel anzuheben. Diesen Menschen suchte ich mir als Freund aus und hatte auf diese Weise nichts zu befürchten. Im Gegenzug half ich ihm ein wenig über die Klippen des praktischen Lebens, schrieb Briefe für ihn und half ihm, die richtigen Worte gegenüber seiner Freundin zu finden. Sobald mir einer krumm kommen wollte, rief ich meinen Kopfschlächter. Und wenn dann dieses Gebirge neben mir stand, war ganz schnell Ruhe.

Eine wichtige Hürde hatte ich durch mein Zuspätkommen zum Grundwehrdienst – das in Wirklichkeit nicht durch meine Arbeit, sondern durch eine Tournee mit Peter Horton und Daliah Lavi, auf der ich meinen Freund Peter begleitet hatte, begründet war – genommen: Ich hatte damit die Grundwehrzeit fast schon überstanden, in der man einen Monat lang ständig durch den Schlamm kriechen muss. So musste ich nur noch eine Woche mitlaufen, bekam aber außer den üblichen Blasen an den Füßen wenig von dieser unerfreulichen Zeit mit.

Trotzdem musste ich mir etwas überlegen, wie ich die noch vor mir liegenden vierzehn Monate einigermaßen erträglich geregelt bekäme. Den Dienst ohne Waffe hatte ich ja immerhin schon durchgesetzt. Es war eine bizarre Situation: Ich musste dienstlich keine Waffe zur Hand nehmen, aber ich hatte eine Waffe, und die musste ich reinigen. Das gelang mir immer besonders gut, indem ich den Lauf verbotenerweise mit kochendem Wasser durchspülte, sodass nicht das geringste Staubfleckchen mehr darin zu sehen war. Einziger Nachteil dieser Methode: Die Dinger rosteten irgendwann, aber darüber sollten sich andere den Kopf zerbrechen. Mir war wichtig, dass da nicht jedes Mal so ein Schnösel kommen, durch den Lauf schauen und triumphierend sagen konnte: »Stein, da sehe ich ja schon wieder einen Elefanten drin!«

Aber ich brauchte eine richtige Aufgabe – es konnte ja nicht sein, dass ich ab jetzt wie ein Depp durch die Landschaft marschierte und Dienst ohne Waffe schob. Also überlegte ich mir, was ich tun konnte, um dem Ganzen ein besseres Bild zu verleihen. Wieder bemühte ich die einschlägige Montanus-Literatur und stieß auf den Sachverhalt »innendienstkrank«. Das klang gut. Man war in der Lage, Innendienst zu machen, für Außendienst war man aber zu krank. Also bekam ich eine Krankheit, wie sie in meinen Büchern stand: relativ schwer nachzuweisen, irgendetwas mit den Nieren. Dafür würde ich regelmäßig alle drei Wochen zu Untersuchungen in das nächste Bundeswehrkrankenhaus fahren müssen. Das befand sich in Koblenz, achtzig Kilometer von Diez an der Lahn entfernt.

Es funktionierte erstaunlich gut. Ich bretterte morgens in aller Herrgottsfrühe mit meinem Motorrad nach Koblenz zur Untersuchung, stand um acht Uhr da, war um neun Uhr fertig und fuhr nach Hause zu Waltraud, mit der ich damals in Dörnigheim bei Frankfurt eine Vierzimmerwohnung bewohnte. Auf diese Weise verschaffte ich mir einen zusätzlichen fast freien Tag, den ich gemütlich mit meiner Frau verbringen konnte. Am nächsten Morgen trat ich dann wieder in der Kaserne an. Bis zum Schluss meiner Bundeswehrzeit hielt ich diese Nummer durch. Irgendwann hatten sich alle daran gewöhnt, und keiner fragte mehr so richtig nach, wenn ich wieder mal nach Koblenz ins Krankenhaus fuhr.

Das Abstruse an der ganzen Geschichte war, dass ich bei der Bundeswehr mehr verdiente als bei Montanus, obwohl ich für den Dienst am Vaterland nur sehr eingeschränkt nützlich war. Der Staat übernahm alle Kosten: Ich hatte eine Frau, ein Kind, eine eigene Wohnung, auf einmal auch eine Garage – alles Mögliche, wofür die Bundeswehr die Kosten übernehmen musste. Sie zahlten mir mein Wehrgehalt, den Verdienstausfall bei Montanus und die komplette Miete. Was für ein Schwachsinn, wegen einem wie mir so viel Geld auszugeben, dachte ich mir oft. Es war für die Bundeswehr ein viel höherer Aufwand, mir brav all meine Kosten zu bezahlen, als einen jungen Kerl vom Gymnasium zu nehmen. Aber sie wollten es ja nicht anders.

Der Grundwehrdienst war schließlich vorüber, und ich bekam eine verantwortungsvolle Aufgabe zugewiesen: Ich wurde zum Leiter der Poststelle berufen. Dieser Job hatte eine Menge Vorteile. Als Postvorsteher hatte ich nützliche Kontakte zur Außenwelt und war überdies für die Verwaltung der Parkplätze zuständig, eines äußerst kostbaren Gutes. Das machte mich bei den Kollegen ungemein beliebt. Wichtige Punkte bei meinen Vorgesetzten konnte ich sammeln, indem ich beispielsweise die Uniform eines Oberstleutnants oder Hauptmanns zur Reinigung brachte. Im Gegenzug erhielt ich dann schon einmal einen Stapel auf Vorrat blanko unterschriebene Nachtausgangsausweise – über die ich als Herr der Poststelle ebenfalls zu wachen hatte – und verteilte diese großzügig unter meinen Kameraden. So kamen die armen Kerle auch mal in den Genuss einer Nacht zu Hause, und ihrer Dankbarkeit konnte ich sicher sein.

Als Postvorsteher stand mir eine Sekretärin zu, die für die Schreibarbeiten zuständig war. Und es war viel Papier, das dort zu bewältigen war. Jedes Schriftstück musste mit Durchschlagpapier in fünffacher Ausfertigung erstellt werden. Eine durchaus anstrengende Arbeit, wenn sie auf einer mechanischen Schreibmaschine wie unserer erledigt werden musste. Die Sekretärin lag mir deshalb ständig damit in den Ohren, dass es doch so gute elektrische Schreibmaschinen gäbe, mit denen alles viel einfacher gehe. Außerdem sei die mechanische Maschine kaputt, die Tasten blieben ständig hängen.

Irgendwann hatte ich das Gejammer satt. Ich nahm die altersschwache Maschine, warf sie auf den Boden und erklärte: »So, jetzt ist das Ding kaputt, wir müssen einen Ersatzantrag stellen.« Sie sah mich überglücklich an und füllte den Antrag aus. Die Freude hielt allerdings nicht lange an: Vier Wochen später erhielten wir eine neue Schreibmaschine. Sie war noch original verpackt, und es stellte sich heraus, es war exakt das gleiche Modell wie das, das ich in Stücke geschmissen hatte. Auf eine elektrische Maschine warteten sie noch viele Jahre.

So versuchte ich, das Beste aus den fünfzehn Monaten zu machen. Damit auch meine Kameraden, die Dienst an der Waffe leisteten, hin und wieder ein wenig Spaß hatten, sorgte ich, wo es möglich war, für etwas Entertainment. Ganz groß kam ich raus, als eines Abends Peter Horton live in der Kaserne auftrat. Es hatte mir ja niemand glauben wollen, dass ich ihn tatsächlich kannte und sogar mit ihm und Daliah Lavi auf Tournee gewesen war. Also bat ich Peter, mir diesen Freundschaftsdienst zu erweisen, und es wurde ein sensationeller Erfolg. Die Kameraden waren hingerissen, als dieser phantastische Musiker mit seiner Gitarre auftrat, und wollten ihn schier nicht mehr gehen lassen.

Es war aber natürlich nicht nur der pure Altruismus, der mich zu solchem Engagement veranlasste. Das galt als Sonderdienst, und dafür gab es einen freien Tag zusätzlich. Den brauchte ich, denn ich hatte schließlich ein Privatleben, das durch meine langen Abwesenheiten ziemlich aus der Bahn zu geraten drohte. Sowohl Waltraud als auch ich suchten – und fanden – hin und wieder grünes Gras auf der anderen Seite des Zaunes. Ich wollte es jedoch nicht so weit kommen lassen, dass unsere Beziehung ganz auseinanderging, dafür liebte ich Waltraud zu sehr und fühlte mich für sie verantwortlich.

Also suchte ich immer wieder Möglichkeiten, mir und Waltraud zusätzliche gemeinsame Zeit zu schaffen. Dafür eignete sich hervorragend der freiwillige Wochenenddienst im Verteidigungskreiskommando. Ein toller Job: Im Gebäude des Verteidigungskreiskommandos lagerten wichtige militärische Unterlagen, und weil ja jederzeit der böse Feind kommen konnte, musste das Gebäude auch übers Wochenende besetzt sein. Im konkreten Fall handelte es sich um eine wunderschöne alte Jugendstilvilla mit Salons, Küche, Bad und allem, was es in der Kaserne nicht gab. Alle fragten sich, warum Soldat Stein immer bereit war, den Dienst am Wochenende zu schieben. Das war ganz einfach: Ich war dort allein, lud eine weibliche Person ein – meistens handelte es sich um Waltraud –, und wenn eine Kontrolle auftauchte, was nur selten passierte, schob ich die Dame für zwanzig Minuten in den Spind, bis die Kameraden wieder weg waren. Ansonsten gönnten wir uns ein schönes Wochenende: Wir konnten fernsehen, gemütlich essen, guten Wein trinken und es uns nett machen. Zur Belohnung gab es immer noch einen Tag frei.

Sehr gerne betätigte ich mich auch als Ordonnanz – vulgo: Kellner – auf Unteroffiziersfeiern. Ich hatte die Unteroffiziere zu bedienen und den Dienst an der Bar zu versehen. Dafür gab es wieder einen Tag frei.

Hin und wieder waren auch die Frauen und Freundinnen der kleinen Offiziere zu solchen Feiern eingeladen, manche von ihnen kamen öfter, weil sie in der Nähe wohnten. Da gab es einen Feldwebel, der ständig seine Frau anschiss, eine hübsche, aber sichtlich unglückliche Person. Ich beobachtete das wiederholt von meiner Bar aus, die Frau tat mir einfach nur leid.

Eines Abends begann der Kerl wieder seine Frau anzupöbeln. Er hatte einen ziemlichen Pegel, schwankte und lallte und stieß die ordinärsten Beschimpfungen aus.

Da hielt es mich nicht mehr. Ich kam hinter meinem Tresen vor, stellte mich vor ihn hin und sagte laut und vernehmlich: »Sie sind zwar Oberfeldwebel und ich nicht, aber wie Sie hier vor uns allen mit Ihrer Frau umgehen, ist einfach das Allerletzte!« Und ohne lang über die Konsequenzen nachzudenken, nahm ich mir die Freiheit, die Frau zum Tanz aufzufordern.

Da stürzte der Kerl, betrunken wie er war, sich auf mich und wollte mich verprügeln. Dass ich, ein einfacher Soldat, ihn vor allen dermaßen bloßstellte, durfte einfach nicht angehen. Seine Kameraden konnten ihn gerade noch zurückhalten. Den Tanz mit der Soldatenfrau absolvierte ich trotzdem, wenn auch mit ziemlich weichen Knien, denn diese Aktion konnte durchaus unangenehme Folgen haben, das hatte ich im Eifer des Gefechts nicht wirklich bedacht.

Lange Zeit passierte gar nichts, ich dachte schon, es sei Gras über die Sache gewachsen. Ein paar Wochen später zitierte der kleine Oberfeldwebel mich dann doch zu sich. Vielleicht wollte er die Angelegenheit endgültig ad acta legen? Aber nein. Die Schmach saß offenbar doch noch tief, denn kaum hatte ich den Raum betreten, fing er an, mir in bester Offizierssprache und ziemlicher Lautstärke die Leviten wegen meines Verhaltens zu lesen und mich im wahrsten Sinn des Wortes zur Sau zu machen. Ich ließ seinen Wortschwall ruhig über mich ergehen, was sollte ich auch anderes tun? Das schien ihn allerdings nur noch mehr aufzuregen.

Plötzlich zeigte er auf meinen Hals und brüllte: »Machen Sie die mal ab! Wie laufen Sie hier eigentlich rum?« Er meinte meine Kette. Damals trug ich zu meiner Bundeswehruniform eines dieser angesagten Kettchen aus winzig kleinen Glasperlen zu meinen langen Haaren – die ich im Übrigen immer kunstvoll mithilfe von Drei Wetter Taft so einzurollen verstand, dass sie vorschriftsmäßig genau über dem Kragen endeten.

Jetzt langte es mir wirklich, das war reine Schikane. Ich tat, wie mir geheißen, nahm die Kette, riss sie mir mit einem Ruck vom Hals und warf ihm die Perlchen vor die Füße, sodass es knirschte, sobald er drauftrat.

»Melde mich ab!«, sagte ich nur, grüßte vorschriftsmäßig und verließ den Raum.

Einzig mein für viele Kameraden und Offiziere hilfreicher Verbleib in der Poststelle hat mich vor weiteren Repressalien bewahrt, nehme ich an.

Meine ominöse Krankheit, die mich bis zum Ende meiner Bundeswehrzeit zum Innendienst verdonnerte, war mir eigentlich nur einmal hinderlich: Ich wollte unbedingt beim Bundeswehraustausch mit den Amerikanern dabei sein. Dieser Austausch sollte das gute Verhältnis zwischen amerikanischen und deutschen Soldaten fördern. Zu diesem Zweck zog man drei Wochen lang zu der amerikanischen Einheit in deren Kaserne, um bei gemeinsamen Übungen und sportlichen Wettkämpfen den Gemeinschaftsgeist zu stärken. Das interessierte mich, nicht zuletzt deshalb, weil die Kaserne nur zehn Kilometer von meiner Wohnung entfernt lag.

Jetzt war guter Rat teuer – ich war ja innendienstkrank und damit für derlei Aktivitäten nicht vorgesehen. Also hieß es, kreativ zu werden, und zwar im wahrsten Sinn des Wortes. Bei derlei Veranstaltungen war es nämlich üblich, dass man sich gegenseitig Geschenke machte. Immer gern gesehen waren handgemachte Plaketten mit einer Grußadresse, die sich die andere Seite zur Erinnerung an die Wand nageln konnte. Ich bin wirklich nicht besonders praktisch veranlagt, aber das musste doch hinzukriegen sein. Also schlug ich dem zuständigen Oberleutnant vor, man könnte doch eine schöne Holzscheibe machen, sie mit Leder beziehen und darauf die Namen aller Teilnehmer von deutscher Seite einbrennen.

»Großartige Idee, Stein!«, antwortete der Oberleutnant, sichtlich froh, dass sich jemand so engagiert dieser unbequemen Aufgabe annahm. »Und wer kann so was?«

Ich überlegte anstandshalber kurz. »Ich kann das, aber dafür brauche ich einen oder zwei Tage frei, zu Hause habe ich alles, was ich dafür brauche.«

»Kein Problem, Stein«, kam prompt die Antwort. »Sie bekommen frei, machen Sie mal!«

Also fuhr ich nach Hause und fing an zu basteln. Es war ganz furchtbar, ein echtes Opfer. Ich sägte ein Brett zurecht, bezog es, so gut es ging, und fummelte irgendwie mit dem Brennpeter die Namen drauf. Aber es funktionierte, das Ergebnis schien meinen Auftraggeber zufriedenzustellen. Nun kam es darauf an, ob der zweite Teil meines Plans auch hinhauen würde.

Die Frage des Oberleutnants kam postwendend: »Und wen schicken wir hin, der den Amerikanern unser Geschenk überreicht?«

Das war meine Chance, meiner Innendienst-Krankheit zu entfliehen: »Nun, ich habe das Ding gemacht, ich könnte vielleicht als Pressesprecher hingehen und es überreichen. Ich kann ja ein bisschen Englisch.« Dass mein Englisch eher rudimentär war, brauchte er ja nicht zu wissen.

»Gut, Stein, Sie fahren da hin!«, entschied der Oberleutnant, und damit war die Sache geregelt.

Also kam ich zu den Amis und brachte drei angenehme Wochen in deren Kaserne zu. Eine meiner schwersten Aufgaben – zu der ich mich selbst vorgeschlagen hatte – war die des offiziellen Fotografen beim Sportwettbewerb. Ich suchte mir ein sonniges Plätzchen in der

Nähe eines Hindernisses mit Pfütze und lag dort den ganzen Tag auf der Lauer, drückte ab und zu den Auslöser und verbrachte ansonsten eine entspannte Zeit an der frischen Luft. Wenn doch mal ein Vorgesetzter vorbeikam und meinte, ich solle gefälligst auch etwas tun und mich an der Übung beteiligen, war ich unversehens wieder innendienstkrank. Nichts zu machen mit dem Stein.

Irgendwann hatte ich es geschafft – die fünfzehn Monate waren rum, mein altes Leben hatte mich wieder. Ich war heilfroh, dem Bund Lebwohl zu sagen, und ich war sicher, meine Vorgesetzten waren es auch. Doch weit gefehlt: Sie unterbreiteten mir doch tatsächlich das Angebot, dabeizubleiben und Berufssoldat zu werden! Was sie mit einem innendienstkranken Offiziersanwärter – ich war inzwischen wider Erwarten Obergefreiter geworden – anfangen wollten, war mir ein Rätsel. Aber es hätte keinen Sinn gehabt, ich war einfach zu alt, um diese Ochsentour von ganz unten mitzumachen, und ich hatte auch gar keine Lust dazu. Außerdem wäre ich ständig angeeckt, es war mir einfach nicht möglich, mich hundertprozentig einzusortieren, mein Hirn auszuschalten und Befehle zu geben und entgegenzunehmen. Lieber nahm ich mein Geschick in die eigenen Hände.

Dennoch habe ich die Bundeswehrzeit in guter, vor allem amüsanter Erinnerung. Für mich hat es sich eindeutig gelohnt, dass ich mich nicht völlig unterordnete, sondern etwas selbstbewusster auftrat. Ich hatte keinen Stress, war ein entspannter Postvorsteher, genoss alle erdenklichen Privilegien, konnte Parkplätze verteilen, Nachtscheine ausgeben, meine Kameraden bei Bedarf mit dem beliebten, inzwischen aus dem Handel genommenen Aufputschmittel Catovit versorgen, wovon ich als Poststellenleiter wahre Berge zu verwalten hatte, und ich hatte durch meine »Krankheit« jederzeit Anspruch auf medizinische Versorgung.

Es war alles in allem eine witzige Erfahrung, und sie hat mir gezeigt, wie es ist, von anderen befehligt zu werden. Aber es reichte, ganz klar. Ich wollte zurück in mein altes Leben, zurück zu Waltraud und zurück zu meinem Job bei Montanus.

Nachdem ich endlich die Bundeswehrzeit hinter mich gebracht hatte und mich gerade noch beherrschen konnte, das Ansinnen, Berufssoldat zu werden, anzunehmen, kehrte ich in den Schoß von Montanus zurück. Laut Gesetz hatten sie mich dort für die Zeit meines Wehrdienstes beurlaubt und mussten mich nun wieder einstellen. Natürlich war mein Verkaufsleiter-Job dort inzwischen weg, eine solche Stelle kann man nicht einfach fünfzehn Monate frei halten und darauf warten, dass der Inhaber vom Dienst am Vaterland zurückkehrt. Das Geschäft muss ja weiterlaufen, der Posten muss besetzt sein. An solchen Regelungen zeigt sich auch, wie betriebsblind der Gesetzgeber manchmal sein kann.

Also wurde ich Assistent der Geschäftsleitung, das war der schönste Titel, den sie für mich finden konnten, und widmete mich administrativen Dingen. Meine Aufgabe war es, die vielen Filialen der Ladenkette neu zu ordnen und sauber zu strukturieren. Das ist allerdings eindeutig eher anderer Leute Ding, ich war doch besser fürs operative Geschäft geeignet, wie ich bei dieser Gelegenheit zweifelsfrei feststellte.

Der Charakter von Montanus hatte sich während meiner Bundeswehrzeit ziemlich geändert: Hermann Montanus hatte sich durch das schnelle Anwachsen auf vierzig Filialen innerhalb von drei oder vier Jahren finanziell übernommen und brauchte Geld. So kam es, dass sich der Zeitschriftengigant Gruner + Jahr zu fünfzig Prozent an Montanus beteiligte. Die Interessenlage war klar: Montanus hatte Ladengeschäfte in den besten Lagen und war mit seinem großen Bestand an Zeitschriften und Zeitungen ein wichtiger Kunde von Gruner + Jahr.

Doch das, was nun folgte, war für meine Begriffe albern und führte weg vom ursprünglichen Branding – linksorientierte Literatur, Bestseller, Schallplattenhits und Abstecher in ungewöhnliche Musikrichtungen. Wir hatten Titel im Sortiment, die im normalen Plattenhandel nicht erhältlich waren, und 1303 Zeitungen und Zeitschriften. Dafür liebte und schätzte uns unsere Klientel. Durch die Beteiligung von Gruner + Jahr wurde jedoch das Geschäftsmodell von Montanus verwässert und dem Unternehmen seine wahre Substanz entzogen. Aus der Kette kleiner, aggressiver Läden für Jugendliche der 68er-Generation mit links orientiertem Programm und kleinem, aber zielgruppengerechtem Warenbestand wurde ein behäbiger Tanker, dessen Regale zentral bestückt wurden und wo es neben Büchern, Zeitschriften und Platten inzwischen auch Wasserbälle und Transistorradios zu kaufen gab – alles Dinge, die in keiner Weise zu dem geprägten Bild von Montanus und zu der Klientel passten. Irgendwann war es sogar so weit, dass wir Bilder bei Foto Porst entwickeln lassen mussten.

Montanus wurde ein Gemischtwarenladen, der eigentlich zum Tode verurteilt war. Die Kette steuerte später logischerweise der Pleite entgegen. Firmengründer Hermann Montanus musste den Offenbarungseid leisten und verlor sein gesamtes Vermögen, weil er bis zum Schluss an das System glaubte.

Ich sah das ganze Unheil kommen und sprach das wiederholt klar und deutlich aus, mit der Folge, dass man mich zu einem offenen Meinungsaustausch mit der Geschäftsleitung über die künftige Firmenpolitik bat. Wieder einmal, wie so oft vorher und nachher in meinem Leben, marschierte ich mit geradem Rücken und hoch erhobenem Kopf, aber gleichzeitig mit Pudding in den Knien und Kribbeln in der Magengegend in das noble Büro des Firmeninhabers. In der Zentrale in Frankfurt saß ich nun Hermann Montanus, John Jahr jr. und Montanus-Geschäftsführer Dr. Guth gegenüber, erklärte ihnen, dass die Firma meiner Meinung nach den Bach runtergehen würde, wenn sie so weitermachten, und dass ich nicht mehr mit von der Partie sein wolle, wenn sie diesen Prozess nicht umkehrten. Die drei Herren hörten sich das alles interessiert an, bedankten sich höflich für meine Einschätzung, gaben mir aber unmissverständlich zu verstehen, dass das so war und auch so bleiben würde.

Jetzt hatte ich genau zwei Möglichkeiten: die Entscheidung der Firmenleitung zu akzeptieren und weiterzumachen, nun aber als zahnloser Tiger, oder meine Drohung wahr zu machen und meine Kündigung einzureichen, sicheres Einkommen hin oder her. Ich entschied mich für Letzteres. Es musste doch möglich sein, einen anderen Job zu finden, der meinen Vorstellungen entsprach! Ich war jung, hatte durchaus Erfolge vorzuweisen und auch Lust, mich neuen Herausforderungen zu stellen. Also fasste ich mir ein Herz und schickte Hermann Montanus meine Kündigung, ohne zu wissen, was danach sein würde.

Lange überlegte ich, wie ich die Mission Jobsuche angehen könnte, ich hatte mich ja noch nie aktiv umgetan. Dann kam mir die Idee: Eigentlich bedeutete es nichts anderes, als dass ich eine Ware anbieten und einen Käufer finden musste. Nur dass die Ware in diesem Fall keine Schallplatten oder Bücher waren, sondern meine Arbeitsleistung. Ich musste versuchen, die potenziellen Käufer auf mein Angebot aufmerksam zu machen und ihr Interesse zu wecken, und das tat ich in einer folgerichtigen, aber für die damalige Zeit sehr ungewöhnlichen Art: Ich schaltete eine großformatige Anzeige in der guten alten »Frankfurter Allgemeinen Zeitung« – dem Medium, das zu meiner linksgerichteten Montanus-Vergangenheit passte wie die Faust aufs Auge – und pries mich in den höchsten Tönen an.

Und siehe da: Es funktionierte. Ich erhielt mehrere attraktive Angebote. Eines davon sprach mich besonders an: Ein innovativer Zeitschriftenverlag in Neu-Isenburg, der mich ein wenig an Montanus erinnerte, suchte einen geschäftsführenden Anzeigenleiter für ein neues Medium namens »Musik + Medizin«. Es war die erste Zeitschrift, die sich in den Siebzigerjahren mit Musiktherapie beschäftigte. Das war etwas Neues, so etwas gab es noch nicht auf dem Markt.

Der Firmeninhaber hieß Helmut Niessner, ein Entrepreneur, wie er im Buche steht. Ein sympathischer Kerl, groß und stattlich, der mein Vater hätte sein können. Er war der Erfinder der »Gelben Liste«, einem durch Anzeigen finanzierten Parallelprodukt zur »Roten Liste«, dem offiziellen Arzneimittelverzeichnis für Deutschland. Seine verlegerischen Aktivitäten finanzierte er aus dem Geld, das er mit diesem erfolgreichen Nachschlagewerk für Ärzte und Apotheker machte.

Die Aufgabe war spannend, also schlug ich ein und wurde geschäftsführender Anzeigenleiter für »Musik + Medizin«.

Heute würde man eine solche Firma vermutlich als Startup bezeichnen, und sie bekäme finanzielle Hilfe vom Staat. Damals gab es solche Finanzierungswege nicht, mit der Folge, dass »Musik + Medizin« ständig klamm war. Zu merken war das daran, dass die Gehälter statt zu Monatsbeginn schon mal zwei, drei Wochen später eintreffen konnten, manchmal bekam ich auch zwei gleichzeitig. Eine gewisse Flexibilität seitens der Mitarbeiter war also unabdingbar. Hin und wieder mussten wohl auch die Kunden tat- und finanzkräftig unter die Arme greifen. Da konnte es tatsächlich passieren, dass Niessner zu mir sagte: »Fahr mal schnell nach Köln und hol hundertfünfzigtausend Mark ab!« Gesagt, getan. Ich fuhr nach Köln, erhielt bei einer bekannten Adresse der pharmazeutischen Industrie ein dickes Bündel Geldscheine in die Hand gedrückt, düste wieder nach Neu-Isenburg zurück, und die nächsten Gehaltszahlungen waren gesichert.

Der ersten Ausgabe von »Musik + Medizin« sollte eine klassische Schallplatte beigelegt werden, um die Ärzte-Klientel zu animieren, die Zeitschrift zu abonnieren. Also begab ich mich auf die Suche nach einem geeigneten Titel – Klassik war für mich durchaus neues Terrain –, klapperte Plattenfirmen ab, holte Angebote ein und kam dadurch erstmals näher mit der Musikindustrie in Kontakt. Für die Ärzte musste es etwas Anständiges sein, denn es ging immerhin um insgesamt vierzigtausend Platten. Wir hatten herausgefunden, dass laut Statistik jeder vierte Arzt ein Instrument spielte, meistens Geige und Klavier. Und diese Zielgruppe wollten wir mit unserer Aussendung erreichen. Schließlich entschieden wir uns für ein Klavierkonzert der wunderbaren Clara Haskil, der führenden Mozart-Interpretin.

So ging das ungefähr ein halbes Jahr. Doch bei aller Sympathie für Niessner und seine Aktivitäten – die Schwankungen auf meinem Gehaltskonto waren ein Problem, und ich spürte, dass die wirtschaftlichen Probleme der Firma eher größer als kleiner wurden. Also beschloss ich, abermals meine Fühler auszustrecken.

Da traf es sich bestens, dass einer meiner damals besten Freunde, Horst Streffing, mit dem ich jede Menge Quatsch unternahm, inzwischen beim Niedrigpreislabel Music for Pleasure gelandet war. Horst war der ehemalige Leiter der Montanus-Filiale in Köln.

»Willst du nicht zu uns kommen?«, fragte Horst mich eines Tages, als ich mal wieder auf mein Gehalt von Niessner wartete und darob etwas beunruhigt war. »Wir suchen jemanden für den Vertrieb im Südwesten. Lass uns doch gemeinsam ein Haus in Ulm nehmen! Ich übernehm den Süden, du übernimmst den Westen, wir wohnen zusammen in Ulm, und dann können wir Halligalli machen.«

Die Idee hatte was, ich konnte ja zumindest mal mit den Leuten reden. Das Label Music for Pleasure kam aus England, der Plattenriese EMI war daran beteiligt. Hier ging es vor allem um Umsatz-Schrubben: In jedem Schuhgeschäft, jedem Kiosk – überall standen die »Music for Pleasure«-Drehständer, querbeet bestückt mit allem Möglichen: Billigpreisware zu 6,95 DM pro Platte.

Also fuhr ich nach Köln-Ehrenfeld in die Zentrale von Music for Pleasure – gleich neben dem Schlachthof –, um mich beim großen EMI-Vertriebsleiter Franz Staudinger vorzustellen, der auch für Music for Pleasure verantwortlich war. Ein wahnsinnig komischer Typ, der nach jedem Satz laut und vernehmlich schnaubte und prustete. Wir unterhielten uns ungefähr eine Stunde. Plötzlich lehnte sich Staudinger in seinen Sessel zurück, machte *»brrrr«* und erklärte zu meiner Verblüffung: »Also dann fangen Sie jetzt bei uns als Verkaufsleiter an, *brrrrr*. Ist doch alles klar, oder?«

Da fühlte ich mich dann doch etwas überrumpelt und wandte ein, ich müsse mir das erst noch mal in Ruhe überlegen.

»Brrrr«, erwiderte Staudinger und haute mit der flachen Hand auf den Tisch, »ich hab Ihr Sternzeichen nachgeschaut, *brrrrr*. Sie sind Fisch, *brrrr*. Sie fangen bei uns an, da diskutieren wir gar nicht lange.«

Ich sagte trotzdem nicht gleich zu, sondern ließ mir das Ganze noch mal durch den Kopf gehen. Horsts Idee, gemeinsam von Ulm aus loszuziehen, hatte durchaus ihren Charme, auch wenn ich damals mit Waltraud in Frankfurt wohnte. Schlussendlich sagte ich zu, weil das mit Niessner einfach nicht besser wurde. Tragischerweise verunglückte dieser eine Woche nach meinem Weggang von »Musik + Medizin« tödlich auf der Autobahn. Er hatte bei Regen einen Reifen gewechselt und war überfahren worden.

Mein Arbeitsvertrag bei Music for Pleasure sah mich wie geplant als Verkaufsleiter für den Südwesten vor, die Zentrale der Firma war wie gesagt in Köln-Ehrenfeld. An meinem ersten Arbeitstag trat ich dort also bei Franz Staudinger an, um mich in das Verkaufsgebiet Südwest einweisen zu lassen. Und wieder überrumpelte der mich mit einer seiner spontanen Ideen: »So, *brrrrrr*, wir haben uns das jetzt anders überlegt, *brrrrrr*. Sie werden Verkaufsleiter für den Westen, nicht für den Südwesten.«

»Wie, Westen?«, fragte ich und schaute wohl etwas dämlich aus der Wäsche. »Ich wollte doch in den Süden, deshalb habe ich diesen Job überhaupt angenommen!«

»Papperlapapp, *brrrrrr*«, wischte Staudinger meinen Einwand vom Tisch, »Sie machen jetzt den Westen, und Ruh is'!«

Was sollte ich da groß machen? Also auf nach Westen. Das war zwar nicht mein erklärtes Ziel gewesen, aber Verkaufsleiter war Verkaufsleiter. So war der Plan unserer Männer-WG bereits jämmerlich gescheitert, noch bevor wir überhaupt ernsthaft begonnen hatten, ihn in die Tat umzusetzen. Ich beschloss, das Beste draus zu machen: Der Westen Deutschlands – mein Gebiet reichte von Aschaffenburg bis Saarbrücken, von Aachen bis Münster – war die einwohnerstärkste Region, da konnte ich sicherlich etwas lernen.

Bei Music for Pleasure ging es dann richtig los mit Plattenverkaufen, ich war noch mehr mit dem Auto unterwegs als bei Montanus. »Verkaufsleiter« klang zwar gut, aber es hieß damals noch, dass man sehr viel selbst Hand anlegen musste. Ich transportierte die Ware mit einem Kleintransporter direkt zu meinen Kunden und sortierte sie vor Ort in die Drehständer und Regale ein. Es war ein lupenreines Rackjobbing-System. Also reiste ich in meinem riesigen Gebiet herum wie ein Verrückter, trotz meiner vier Mitarbeiter, war ständig auf Achse, lernte diesen wunderschönen Teil Deutschlands kennen wie meine Westentasche und hatte am Ende eines Jahres mindestens 120000 Kilometer mehr auf dem Tacho meines Transporters. Es war eine harte, aber auch gute Zeit, die Branche war im Aufschwung, das Geschäft mit Schallplatten brummte nur so.

So kutschierte ich munter durch die Republik, heiratete 1976 nach unserer bewegten »Verlobungszeit« meine angebetete Waltraud und war alles in allem guter Dinge. Doch es wäre ja mit dem Teufel zugegangen, wenn es bei mir beruflich länger als ein oder zwei Jahre bei diesem Zustand geblieben wäre.

Plattenriese EMI, der wie erwähnt bereits seit einiger Zeit an Music for Pleasure beteiligt gewesen war, beschloss, das Niedrigpreislabel ganz zu übernehmen und daraus ein »richtiges« Musiklabel zu machen. Der erste Schritt dorthin war ein neuer Name: Aus Music for Pleasure wurde Crystal Records. Und aus Verkaufsleiter Thomas Stein sollte, so der Wunsch von Vertriebsleiter Staudinger, im Zuge dessen ein Marketingmann werden. Davon erfuhr ich, als ich gerade aus einem meiner seltenen Urlaube zurückkehrte. »Pass mal auf, *brrrr*, EMI hat Music for Pleasure übernommen, wir brauchen jetzt jemanden für Marketing, für Promotion, *brrrr*. Du warst unser erfolgreichster Verkaufsleiter, du machst jetzt Marketing und Promotion.«

Was machst du da? Ich hatte ja keine Ahnung von dem Job, weder vom einen noch vom anderen. Meine Begeisterung hielt sich deshalb in engen Grenzen, außerdem mochte ich meinen Rackjobber-Job und hatte keine Lust, schon wieder etwas Neues anzufangen. Meine Einwände wischte Vertriebsleiter Staudinger, wie ich es bereits von ihm gewohnt war, kurzerhand vom Tisch. »Stein, du machst das jetzt, da diskutieren wir gar nicht lange, *brrrr*. Wir bauen neue Künstler auf und brauchen Leute, die das tun.« Sprach's, machte noch mal abschließend *brrrr*, und damit war ich Marketingmann.

Was tut ein Marketingmann? Das wusste ich auch nicht so genau. Glücklicherweise bekam ich in Peter de Burba einen Vorgesetzten, der das ganz genau wusste. Ein sehr lustiger Zeitgenosse, auch schwer am Tropf hängend, wie damals durchaus üblich. Wir hatten viel Spaß zusammen, oft war jede Menge Alkohol im Spiel.

Bei einer unserer feuchtfröhlichen Runden eröffnete er mir: »Pass mal auf, ich hab da eine Idee. Ich bin ab jetzt Marketingleiter, und du gibst unter mir den Promotionchef, was hältst du davon?«

»Ah«, sagte ich, »Promotionchef, was ist denn das nun wieder?« Ich hatte wirklich nicht die geringste Ahnung.

»Also, das ist ganz einfach«, klärte er mich auf. »Du musst mit unseren neuen Produkten zu Rundfunk- und Fernsehanstalten gehen und sie dort vorstellen. Im Prinzip ist das nichts anderes als verkaufen, du musst nur dafür sorgen, dass die Sender das Zeug anschließend auch spielen.« Aha.

Also erhielt ich die wohlklingende Bezeichnung »Rundfunk-Promotion-Leiter« und musste zusehen, wie ich diesen Titel mit Leben erfüllte.

Zum Glück für mich gab es Heidi Esser. Sie war früher bei EMI beschäftigt gewesen und eine wahre Promotion-Ikone. Heidi kannte alle Leute, von denen wir Crystal-Neulinge bislang überhaupt nicht wussten, dass es sie überhaupt gab. Heidi Esser war es, die mich in das diffizile und gleichzeitig knochenharte Geschäft der Rundfunk- und Fernsehpromotion einführte. Sie erzählte mir, welcher Redakteur gern welchen Rotwein trank, welcher Redakteur gern wo zum Essen ging, welche Redakteurs-Ehefrau gern welche Schallplatte wollte, damit eine bestimmte Tankstelle ihr Auto umsonst wusch, und versorgte mich dadurch mit den lebenswichtigen Basisinformationen, ohne die dieses Geschäft überhaupt nicht funktioniert. Heidi kannte die wirklich wichtigen Informationen. Ich hingegen kam bei den Rundfunkredakteuren wohl teilweise nicht ganz so gut an. Meiner manchmal durchaus direkten Art konnte es schon einmal etwas zuwiderlaufen, irgendeinem Fernseh- oder Rundfunkmenschen Honig ums Maul zu schmieren, damit der unsere Platten spielte.

Damals war mir noch nicht klar, dass man in dem Geschäft nur über intensive Kontaktpflege, auch über gemeinsames Essen und vor allem Trinken, einen Fuß auf den Boden bekommt. Aber ich lernte dazu, und allmählich trat bei mir ein gewisser Wandel im Bewusstsein ein: Ich sagte mir, wenn alle nur essen gehen wollen und das offenbar ein wesentliches Merkmal dieses Jobs ist, dann gehen wir eben nur essen. Also aß und trank auch ich ordentlich mit den einschlägigen Redakteuren und gewann allmählich Spaß an der Arbeit.

Und siehe da, die regelmäßige Nahrungsaufnahme in fester und flüssiger Form trug Früchte: Der Schlager »Im Wagen vor mir fährt ein schönes Mädchen« von Henry Valentino und Uschi wurde der erste richtige Hit im Rahmen meiner Tätigkeit als Rundfunk-Promoter.

Crystal hatte nach der Übernahme durch EMI ein breites Repertoire, das noch nicht so richtig Form und Fassung gefunden hatte. Wir verkauften alles Mögliche, auch Heino-Platten und Howard Carpendale. Aber plötzlich tauchten dank EMI im Crystal-Repertoire bis dato völlig unbekannte Namen auf, die wir als neue Künstler promoteten. Einer davon war Chris Rea mit dem Album »Whatever happened to Benny Santini«.

Einer der wichtigsten Künstler bei Crystal war damals der Ire Gilbert O'Sullivan. Er verkaufte Millionen von Platten, war daher durchaus verwöhnt und legte gerne die entsprechenden Starallüren an den Tag.

Gilbert sollte in der Sendung »Der große Preis« mit Wim Thoelke auftreten und seine neue Platte bewerben. Zu diesem Zweck hatten wir ihm ein siebenminütiges Medley von mehreren Titeln zusammengestellt.

Am Tag vor der Sendung erreichte mich ein Hilferuf aus Berlin: Herrn O'Sullivan gefalle der Zusammenschnitt nicht, er wolle deshalb nicht bei Wim Thoelke auftreten. Ob ich nicht kommen und mit ihm reden könne, weil ich der Einzige sei, der Gilbert ein bisschen näher kenne.

Also flog ich nach Berlin und versuchte herauszufinden, wo unseren Star denn der Schuh drückte. Fehlanzeige. Mehr als ein »Ich mag es einfach nicht« war nicht aus ihm herauszubekommen.

»Dann bauen wir das Medley eben um!«, war mein etwas ratloser Vorschlag. Ich hatte ja keine Ahnung, was ihn eigentlich störte.

»Nein, umbauen reicht nicht, ich will etwas ganz anderes!«

Was also tun?

Nun hatte ich ja hinlänglich erlebt und gelernt, dass gemeinsames Essen und Trinken wahre Berge versetzen kann. Also schlug ich Gilbert vor, abends in eines der damals raren Berliner Sternelokale zu gehen und noch einmal in Ruhe zu reden. Ich wusste, dass er gutes Essen und guten Wein sehr schätzte.

Es wurde ein wirklich netter Abend. Ich lud ein, Gilbert suchte auf meine Bitte hin den Wein aus. Wir unterhielten uns prima und aßen hervorragend, aber alles für die Katz: Der irische Dickschädel war nicht umzustimmen und bestand darauf, am nächsten Tag nicht aufzutreten. Es war, als würde man auf Granit beißen, irischen Granit.

Der Frust saß tief, aber es kam noch dicker. Als ich die Rechnung erhielt, traf mich fast der Schlag: Der Rotwein, den Gilbert ausgesucht hatte, kostete sage und schreibe siebenhundert Mark pro Flasche! Ich wäre fast ausgerastet. Dass jemand so nonchalant eine Flasche Rotwein für siebenhundert Mark bestellte und mich bezahlen ließ, ging definitiv über meinen Horizont. Zumal es damals für mich noch keinen großen Unterschied gab zwischen Amselfelder und Château Mouton. Aber es half ja nicht. Also zückte ich mein Scheckbuch und zahlte. Mein Zähneknirschen müssten eigentlich alle Umstehenden deutlich vernommen haben.

Außer Spesen also nichts gewesen, die Sendung fand ohne Gilbert O'Sullivan statt. Aber es wäre keine richtig runde Geschichte, wenn sie nicht eine Fortsetzung hätte: Ein paar Monate später traf ich mich mit Roswitha Amend, der damaligen Redakteurin der ZDF-»Drehscheibe« in Wiesbaden, einem populären Ratgeber- und Boulevardmagazin, um die Präsentation unserer Titel in der nächsten Folge der Sendung zu besprechen. Wir verabredeten uns zum Abendessen, vorausgesetzt, der Künstler, den ich im Gepäck hatte und der in der »Drehscheibe« auftreten sollte, käme mit. Dieser Künstler war – man ahnt es schon – kein anderer als Gilbert O'Sullivan.

Also rief ich in Frankfurt an, wo ich Gilbert in einem feudalen Hotel untergebracht hatte, um ihn und seinen Manager zum Essen einzuladen. Die beiden fanden das eine prima Idee. Wir verabredeten, dass ich sie rechtzeitig abholen und wir gemeinsam ins Restaurant nach Wiesbaden fahren würden. Ich war froh, denn mit dem großen Gilbert O'Sullivan zum Essen zu gehen, war auch für die erfahrene Fernsehfrau Roswitha Amend etwas Besonderes. Indem Gilbert uns die Ehre seiner Gesellschaft angedeihen ließ, konnte er vielleicht auch ein bisschen was von der Geschichte mit dem Wein wiedergutmachen.

Pünktlich zur verabredeten Zeit stand ich also im Foyer. Wer nicht da war, war – mein Künstler. Stattdessen erwartete mich sein Manager: »Der Gilbert hat sich's überlegt, er geht jetzt doch nicht mit zum Essen mit der ZDF-Redakteurin«, lautete die lapidare Erklärung. Da stieg mir doch allmählich die Galle hoch, und ich sah mich vor die Aufgabe gestellt, dem sensiblen Iren unmissverständlich klarzumachen, was ich von dem ganzen Theater hielt. Dabei wirkte Gilbert auf mich eigentlich alles andere als arrogant, im Gegenteil: Im Gespräch – mein Schulenglisch hatte sich mittlerweile stark verbessert – war er mir durchaus sympathisch und verhielt sich mir gegenüber äußerst zuvorkommend. Am Ende der kurzen Diskussion erklärte sich mein Künstler denn auch bereit, doch mitzugehen.

Ich also wieder runter ins Foyer. Wer sich alle Zeit der Welt ließ – ja, ganz richtig. Es war klar, wir würden viel zu spät zu unserer Verabredung kommen, kein gutes Signal in Richtung ZDF, »Drehscheibe« und Roswitha Amend.

Schließlich saßen wir doch im Auto. Als ich in Wiesbaden vor dem Restaurant hielt, schaute mich Gilbert fragend an: »Und, was machen wir jetzt hier?«

Ich glaubte, ich hätte mich verhört, und erwiderte mit einer mir eigentlich nicht gerade angeborenen Eselsgeduld: »Das ist das Restaurant, in dem wir zum Abendessen verabredet sind!«

»Ach«, Gilbert schaute mich mit großen Augen an, »ich würde jetzt aber eigentlich doch lieber ins Hotel zurück und duschen!«

Da reichte es mir. Star und Millionen von Platten hin oder her, ich hatte die Nase gestrichen voll von seinen Mätzchen.

»Gilbert, pass mal auf«, erklärte ich ihm ruhig, aber bestimmt, »da vorne ist ein Taxistand. Wenn du ins Hotel und duschen möchtest, dann steigst du jetzt mit deinem Manager in ein Taxi, fährst nach Frankfurt, und ich will von euch beiden nichts mehr hören. Ihr habt ja sicherlich Geld fürs Taxi dabei. Ich gehe jetzt jedenfalls hier zum Essen, wir haben schließlich eine Verabredung einzuhalten.«

Was für ein Sakrileg! Das verletzte alle Usancen, wie man üblicherweise mit Künstlern umging. Einen Künstler ins Taxi setzen! Und dann noch Gilbert O'Sullivan! Das durfte es eigentlich gar nicht geben. Entsprechend ungläubig schauten Gilbert und sein Manager mich an, stiegen aber brav aus dem Auto aus und gingen hinüber zum Taxistand.

Das Essen war mir an diesem Abend herzlich egal. Ich hätte wahrscheinlich gar nicht gemerkt, wenn man mir statt des exquisiten Fleisches gebratenen Bierdeckel vorgesetzt hätte, so stark flatterten meine Nerven. Auch die folgende Nacht ist mir eher ungemütlich in Erinnerung geblieben, denn ich musste mir nach dem Vorfall mit Gilbert ernsthafte Sorgen um meinen weiteren Verbleib bei Crystal machen. Ein Lob von meinem Chef konnte ich in dieser Angelegenheit wohl kaum erwarten, wenn er davon erfuhr. Umso größer war meine Erleichterung, als am nächsten Tag etwas geschah, das im Showgeschäft echten Seltenheitswert hat: Gilbert rief mich an und entschuldigte sich.

Trotz seiner Ticks habe ich Gilbert O'Sullivan alles in allem als nicht unsympathischen Zeitgenossen erlebt. Und er blieb mir treu, trotz des Rotweins für siebenhundert Mark und des Taxis, das er selber zahlen musste. Als ich ihn ein paar Jahre später für Teldec unter Vertrag nahm, schenkte ich ihm zur Unterzeichnung eine Flasche Rotwein, die teuerste, die ich finden konnte. Er verstand den Hinweis sofort, lachte sich halb tot und setzte seine Unterschrift unter den Vertrag.

Rock Pop in Concert

»Herr Stein, Herr Gerlach hätte Sie gerne gesprochen. Es geht um die Liveveranstaltung in der Westfalenhalle«, kam die freundliche Stimme der Sekretärin des ZDF-Unterhaltungsdirektors aus dem Hörer. »Können Sie morgen um vierzehn Uhr bei ihm im Büro sein?«

Ich sollte also bei meinem obersten Chef antreten, dem legendären Peter Gerlach, der leider 2007 gestorben ist. Eines war klar: Wenn er mich extra von München nach Mainz zitierte, wollte er bestimmt nicht nur gemütlich eine Tasse Kaffee mit mir trinken.

Gespannt und etwas aufgeregt betrat ich den Aufzug und fuhr in den siebten Stock des ZDF-Gebäudes, wo mich Peter Gerlach in seinem nüchternen Büro freundlich begrüßte.

»Nun, Herr Stein, wie läuft es denn mit dem neuen Format?«, fragte er und schaute mich erwartungsvoll an. »Wen haben Sie alles in der ersten Sendung?«

Ach, das war es, er war neugierig darauf, welche großartigen Künstler wir verpflichtet hatten! Da brauchte ich mir ja überhaupt keine Sorgen zu machen. »Eine gute Mischung, würde ich sagen«, erwiderte ich deshalb gut gelaunt und mit stolzgeschwellter Brust. »Als Liveacts haben wir Dire Straits, Roxy Music, Talking Heads und Spliff.«

Stille im Raum. Das Herz klopfte mir bis zum Hals, ich machte mich schon auf einen anerkennenden Schlag auf die Schulter gefasst. Diese Namen in der ersten von mir und meinem Kollegen Peter Baalcke zusammengestellten und konzipierten Livesendung! »Rock Pop in Concert« hieß das neue Format, das wir aus der erfolgreichen Studiosendung »Rock Pop« entwickelt hatten. Im Herbst 1980 sollte es erstmals live aus der Dortmunder Westfalenhalle übertragen werden.

Gerlach sah mich mit hochgezogenen Augenbrauen an. »Wie«, sagte er schließlich, »mit denen wollen Sie die Halle füllen? Das sind doch keine Namen! Und in die Halle passen fünfzehntausend Leute!«

Ich glaubte, ich hätte mich verhört. Gut, die Gruppen waren vielleicht noch nicht ganz vorne, aber ich kannte die Branche und wusste, dass das funktionieren würde.

»Herr Gerlach, an wen hatten Sie denn gedacht?«, fragte ich vorsichtig und versuchte, mir meine Beunruhigung nicht anmerken zu lassen.

»Na, an richtige Hausnummern wie die Rolling Stones, die Beatles oder Stevie Wonder.«

»Tut mir leid«, erwiderte ich, »aber damit können wir nicht dienen. Die Beatles sind vor zehn Jahren auseinandergegangen, und die Rolling Stones sind unbezahlbar. Aber ich versichere Ihnen, wir haben da ein gutes Programm beisammen, es wird funktionieren!«

»Gut«, erwiderte Peter Gerlach, »wenn Sie da so sicher sind, dann geben Sie mir bitte schriftlich, dass Sie das ZDF verlassen werden, wenn die Halle nicht ausverkauft wird. Wir können uns ein solches Risiko nicht leisten.«

Tja, was machst du da? Er betrachtete etwas als Risiko, das mir wie eine sichere Bank erschien. Also gab ich es ihm schriftlich, ohne zu zögern. Das Ende vom Lied: Nach der ersten Sendung bekam ich ein Belobigungsschreiben, weil die Halle zwei Mal ausverkauft war, einmal zur Generalprobe, einmal zur eigentlichen Sendung. In der Halle herrschte während des Konzerts wegen der vielen Menschen eine solche Hitze, dass sich an der Decke Wasserdampf bildete und als Tropfen auf das Publikum herabregnete. Außerdem herrschte bei der ersten Sendung eine solche Lautstärke, dass das ZDF für die nächste einen speziellen Beauftragten schickte, der die Dezibelzahl messen musste. »Rock Pop in Concert« bedeutete auch den Durchbruch für das Konzept großer kommerzieller Open-Air- und Live-Konzerte in Deutschland.

Das Format, mit dem wir einen solch sensationellen Erfolg landeten, war ursprünglich als Konkurrenzveranstaltung zum legendären »Rockpalast« der ARD in der Essener Grugahalle geplant gewesen. Es sollte die Live-Version der erfolgreichen ZDF-Studiosendung »Rock Pop«

werden, für die mein Kollege Peter Baalcke und ich als Redakteure zuständig waren. Der kleine, feine Unterschied lag darin, dass die Grugahalle gerade mal sechstausend Leute fasste, die Westfalenhalle dagegen mit fünfzehntausend Zuschauern mehr als das Doppelte. Sie war damals Europas größte Veranstaltunghalle.

Peter Gerlach hatte uns eines Tages aufgefordert, uns ein Konzept für eine Konkurrenzveranstaltung zum »Rockpalast« zu überlegen. Wir wussten auch genau, was wir anders machen würden: Beim »Rockpalast« gab es zwischen den Auftritten der einzelnen Gruppen lange Umbaupausen, die in der Liveübertragung ziemlich störten. Deshalb würden wir bei »Rock Pop in Concert« zwei Bühnen haben, die abwechselnd bespielt wurden: Während die eine Gruppe auftrat, wurde auf der anderen Bühne für den nächsten Liveact umgebaut. Es war ein absolutes Novum in der Szene, technisch extrem aufwendig und auch nur möglich, weil die Westfalenhalle so riesig war. Das voraufgezeichnete Livekonzert fing abends um elf Uhr an und hörte morgens um drei Uhr auf. Für die Zuschauer war es der Hit, ein monumentales Ereignis.

Um eine solche Sendung zu organisieren, benötigten wir allerdings die professionellste Hilfe, die wir kriegen konnten. Schließlich sollte die Veranstaltung einmal im Jahr stattfinden, mit drei bis vier Gruppen je Sendung. Anfang der Siebzigerjahre hatte ich wie schon erwähnt Marcel Avram kennengelernt, den Gründer und Besitzer von Mama Concerts, damals einer der weltgrößten Konzertveranstalter. Ich ging zu Marcel in sein Büro in der Sendlinger Straße in München und besprach mit ihm unser Projekt. Später hatte ich deswegen viel Ärger mit anderen Veranstaltern, darunter dem damaligen Avram-Konkurrenten Fritz Rau. Es gab mehrere Beschwerdebriefe, weil wir mit Avram arbeiteten, der zweifellos ein besonders schlauer und geschäftstüchtiger Zeitgenosse ist. Der Erfolg ließ die Neider bald verstummen – und ein Teil dieses Erfolgs von »Rock Pop in Concert« geht zweifellos auf das Konto der guten Organisation von Marcel und seinem Kompagnon Marek Lieberberg.

Zum ZDF war ich gelangt wie die Jungfrau zum Kind. Für meinen Promoterjob bei Crystal kam ich viel in Deutschland herum und lernte jede Menge interessanter Leute aus der Rundfunk- und Fernsehbranche kennen. Thommy Gottschalk machte damals noch Verkehrsdurchsagen, Fritz Egner war Moderator bei AFN. Ich hatte viel Spaß, und trotzdem behagte mir die Arbeit als Promoter auf Dauer nicht so richtig. Mir fehlten da die sichtbaren, nachvollziehbaren Ergebnisse. Es musste doch etwas Anderes, Spannenderes, Greifbareres geben.

Durch Zufall sah ich eines Tages am Schwarzen Brett des ZDF in Mainz eine Stellenausschreibung. Gesucht wurde ein Co-Redakteur für die Musiksendung »Rock Pop« in München, wo der Sender in Unterföhring eine kleine Dependance unterhielt.

Ein paar Wochen später, im September 1979, war ich in München, um die Crystal-Stars Gilbert O'Sullivan und Chris Rea beim ZDF zu promoten. Den zuständigen Redakteur Peter Baalcke kannte ich nur dem Namen nach, aber bald stellte sich heraus, dass der ein ungeheuer lustiger Typ war, ungefähr zwanzig Jahre älter als ich, und wir uns gut verstanden. Wir unterhielten uns über Künstler und alles Mögliche, ich redete fast anderthalb Stunden auf ihn ein, um den Boden für meine Künstler zu bereiten. Irgendwann – man kann ja schlecht über das Liebesleben der andalusischen Waldameise berichten, wenn einem als Promoter nichts mehr einfällt – fragte ich ihn so ganz nebenbei: »Und, haben Sie schon jemanden für die Redakteursstelle gefunden, die in Mainz am Schwarzen Brett hängt?«

»Nein«, erwiderte er. »Das wird auch eine Zeit lang dauern, denn erfahrungsgemäß bewirbt sich beim ZDF auf solche Aushänge leider alles, von der Küchenhilfe bis zum Fahrer. Gute Musikredakteure, die ihr Handwerk verstehen, sind nicht leicht zu finden.«

Kurz und gut: Nach weiteren zwei Stunden Fachsimpelei über Musik und Künstler schlug er mir vor, ich solle mich doch selbst auf den Job bewerben. Ich war ein wenig verdutzt, diese nahe liegende Möglichkeit hatte ich bislang nicht wirklich in Betracht gezogen. Aber warum eigentlich nicht? Ich kannte mich in der Branche aus, sprach Englisch und hatte Lust auf etwas Neues. Also bewarb ich mich, und wie das Leben so spielt: Ich wurde genommen, allerdings zu einem deutlich geringeren Gehalt als bei Crystal. Ich musste lange überlegen, schließlich brauchte ich ja das Geld: Ich hatte mit meiner Frau Waltraud gerade eine neue Wohnung in Köln bezogen. Und doch reizte mich die Aufgabe ungemein. Das Fernsehen war die kommende Medienmacht, das war mir klar, obgleich es zu der Zeit nur ARD, ZDF und die dritten Programme gab. Aber das Privatfernsehen mit seinen ungeahnten Möglichkeiten stand schon kurz vor dem Durchbruch, ich konnte es förmlich riechen. Also sagte ich zu und nahm mir eine kleine Wohnung in München. Umziehen wollten wir erst, wenn ich meine Probezeit bestanden hätte.

So wurde ich Fernsehredakteur beim ZDF. Verglichen mit meinem umtriebigen Job als Promoter, bei dem ich jeden Tag in einem anderen Hotel zubrachte und ständig auf Achse war, fühlte ich mich plötzlich, als säße ich in einem luftleeren Raum, wo jemand den Ton abgedreht hatte, oder als hätte mich Scotty von einer Hauptverkehrsstraße auf einen einsamen Berggipfel gebeamt. Da war einfach nichts los. Wenn gerade keine Sendung vorzubereiten war, herrschte in den Gängen und Büros tote Hose. Um die Zeit zwischen zwei Sendungen zu überbrücken und gleichzeitig meine Neugierde in Bezug auf das Fernsehen und seine Möglichkeiten zu befriedigen, fragte ich die Kollegen über alles aus, was mir hier neu war. Manchen hat das wohl nicht gefallen, vielleicht fühlten sie sich durch meine Aktivität auch bedroht oder bedrängt.

Es kam, wie es kommen musste – nach drei Monaten eröffnete mir die zuständige Personalchefin: »Herr Stein, ich muss Ihnen leider mitteilen, dass wir Ihre Probezeit verlängern müssen!«

Was das bedeutete, war mir klar: Irgendetwas lief nicht so, wie es sollte. Nur – was hatte ich falsch gemacht? »Sie bringen Unruhe in den Betrieb«, erklärte sie mir. »Sie arbeiten zu viel und stören damit den Betriebsfrieden.«

Ich war platt. Eine solche Begründung hatte ich noch nie gehört.

Mein erster Weg führte mich anschließend zu unserer Sekretärin Erika Heringer, bei der ich mich über das Geschehene erst mal gehörig ausheulte. »Und was soll ich Ihrer Meinung nach anders machen?«, fragte ich sie.

»Passen Sie sich einfach mehr an«, war ihr wohlmeinender Ratschlag.

Also würde ich weniger machen. Ich wollte ja etwas lernen, dann hatte ich hier eben eine gut bezahlte »Lehrstelle«. Ein halbes Jahr lang zockte und würfelte ich von da an mit den Kollegen, sobald die Sendung besetzt und nichts weiter zu tun war. Ich kam um neun Uhr morgens ins Büro, ging um fünf Uhr abends nach Hause, und am Ende hatte ich die Probezeit bestanden. Die folgenden vier Jahre lang war ich nun Mitarbeiter des öffentlich-rechtlichen Zweiten Deutschen Fernsehens. Ich lernte unglaublich viel, und in Fragen, wie man mit einer gewachsenen Administration umgeht, kann mir heute so leicht keiner etwas vormachen. Peter Baalcke, der mir diesen im Rückblick entscheidenden beruflichen Schritt ermöglicht hat, lebt leider nicht mehr. Er rauchte wie ein Schlot und starb 1987 an Lungenkrebs.

Als wir »Rock Pop in Concert« im Jahr 1980 so erfolgreich vom Stapel gelassen hatten, konnte ich wieder von meinem einsamen Berggipfel heruntersteigen und auf der Hauptverkehrsstraße weiterfahren. Die Vorbereitung auf die Sendung war sehr anstrengend, vor allem dann, wenn Künstler kurz zuvor absagten. Das geschah öfter, als uns lieb war, und brachte Peter Baalcke, Marcel Avram, Marek Lieberberg und mich manchmal an den Rand eines Nervenzusammenbruchs.

Eines Tages herrschte wieder einmal helle Aufregung: Die amerikanische Popband Heart mit den beiden Schwestern Ann und Nancy Wilson sollte bei »Rock Pop in Concert« auftreten. Normalerweise beginnen Gruppen schon Stunden vor einem Livekonzert mit den Vorbereitungen: Der Sound wird gecheckt, die Maskenbildner in den Garderoben haben alle Hände voll zu tun. Von Heart war jedoch den ganzen Nachmittag über nichts zu sehen und zu hören. Unsere Adrenalinspiegel bewegten sich stramm in gesundheitsschädliche Höhen. Wir mussten mit dem Schlimmsten rechnen, alles war in Panik. Inzwischen war es nur noch eine Stunde bis zum Auftritt, aber nichts tat sich, von der Gruppe weit und breit keine Spur, wohin wir auch ausschwärmten, wo wir auch anriefen, welche entlegenen Räume in den Katakomben der Westfalenhalle wir auch inspizierten. Als hätten sie sich in Luft aufgelöst. Wenn die Gruppe aus irgendeinem Grund wegblieb, wäre das eine Katastrophe. Wie sollten wir bei einem Livekonzert diese Lücke füllen? Es würde eine Riesenblamage werden, so viel stand fest.

Doch als es acht Uhr schlug, stand Heart auf der Bühne und legte einen astreinen Kaltstart hin, dass die Westfalenhalle nur so tobte. Ann und Nancy konnten unsere Aufregung überhaupt nicht verstehen: »Wir sollten doch um acht Uhr auftreten!«, war ihre simple Erklärung. »Warum hätten wir dann früher da sein sollen? Wir haben unsere eigene Maske, und unsere Show kennen wir in- und auswendig.«

Besonders betroffen von solchen Aufregern war naturgemäß unser Produktionsleiter Hannes Hasenbein. Hannes war ein netter Kerl, ungefähr ein Meter neunzig groß, wog geschätzte zweihundert Kilo und trank schon morgens um zehn Uhr etwas, das aussah wie gelbe Limonade.

»Willst du auch so was haben?«, fragte er mich eines heißen Sommertages.

»Gute Idee, gerne!«

Er stellte mir ein Glas hin, das ich in einem Zug hinunterkippte, weil ich Durst hatte. Für zwei Stunden haute es mir die Füße weg, ich verlor Muttersprache und Gehfähigkeit. Die vermeintliche Limonade war purer Wodka gewesen, gefärbt mit einem Hauch Sinalco. Hannes trank das Zeug regelmäßig und in großen Mengen, um seine Nerven zu beruhigen.

Unser Glück war, dass die Zuschauer es akzeptierten, wenn durch eine kurzfristige Absage ein Wechsel im angekündigten Programm stattfand und wir stattdessen einen Newcomer-Act aufnehmen mussten. Wir waren dafür bekannt, dass wir immer wieder Gruppen ins

Fernsehen brachten, die unbekannt, aber gut waren, und so sah uns das Publikum unerwartete Änderungen nach. Saga beispielsweise wurde durch »Rock Pop in Concert« weltweit populär, für viele andere Künstler begann mit dem Auftritt dort eine stabile Weltkarriere. Die Sendung setzte etliche Künstler durch, die heute weltberühmt sind. Zu ihnen gehören Mike Oldfield, Marc Knopfler und Dire Straits, Brian Ferry, Foreigner und Spliff.

Als Zugpferde heuerten wir immer wieder auch bereits etablierte Künstler an, für deren Engagement es allerdings häufig einiger Überredungs- und Verhandlungskünste bedurfte. Meat Loaf war einer dieser Wunschkandidaten. Ihn wollte ich unbedingt haben, am liebsten zusammen mit Heart und Joan Jett. Dummerweise hatte Meat Loaf auch ein Angebot vom ARD-Konkurrenten »Rockpalast«.

Die CBS, bei der Meat Loaf damals unter Vertrag stand, arrangierte einen Termin mit ihm in Paris. Ohne Autoradio und mit kaputter Scheibe, weil mir das Radio in Italien geklaut worden war, pilgerte ich in meinem braunen BMW von Venedig, wo ich eine Veranstaltung mit der pseudoklassischen Musikgruppe Rondo Veneziano gehabt hatte, in die französische Hauptstadt, um den texanischen Rocker zu überreden, bei »Rock Pop in Concert« aufzutreten.

Es war ein netter Abend, ich lernte Meat Loaf als einen unglaublich charmanten, witzigen, liebenswerten Zeitgenossen kennen. Irgendwann im Lauf des fortgeschrittenen Abends fragte er mich: »Thomas, warum soll ich eigentlich in deine scheiß Sendung kommen? Die ›Rockpalast‹-Leute sind doch ganz in Ordnung!«

Das war meine Chance. »Ganz einfach«, erwiderte ich, »›Rockpalast‹ wird in Stereo ausgestrahlt, und wenn die Leute sich das zu Hause auf Kassette aufnehmen, brauchen sie deine Platte nicht mehr zu kaufen. Wir senden aus technischen Gründen in Mono. Da ist es für die Leute uninteressant, die Stücke aufzunehmen. Demzufolge kannst du hinterher mehr Platten verkaufen.«

Diese Logik leuchtete Meat Loaf sofort ein. »Gut, dann bin ich dabei«, erklärte er. »Lass uns darauf erst mal einen saufen gehen.«

Bis morgens um fünf tanzten und feierten wir in einer Pariser Bar, es war ein rundum herrlicher Abend, und ich hatte die Sendung im Döschen.

Der große Tag kam, auch Meat Loaf kam, aber er hatte alles, nur eines nicht: die göttliche Gabe seiner Stimme. Die war ihm an diesem Tag schlicht abhandengekommen, aus welchen Gründen auch immer. Er hatte zwar riesengroßes Charisma und konnte mit der Kamera spielen, aber beim Schneiden hinterher konnten wir von einer Stunde Auftritt gerade mal fünfzehn Minuten Gesang verwenden, weil er einfach zu schlecht war. Da war nichts zu machen.

Und Meat Loaf hatte getan, was er konnte. Er hatte sich auf der Bühne vollkommen verausgabt. Selbst wenn er mal falsch sang, hatte er eine unglaubliche Bühnenpräsenz, das Publikum tobte und johlte.

Nach anderthalb Stunden war er körperlich am Ende. Bei seinem Gewicht von rund drei Zentnern ist das auch kein Wunder. Der Riesenkerl konnte sich fast nicht mehr auf den Beinen halten. Kaum war er hinter der Bühne, rannten schon Helfer herbei und setzten ihm eine Sauerstoffmaske auf, damit er überhaupt wieder Luft bekam. Irgendjemand kam mit einer Krankentrage, es war ein einziges Tohuwabohu, in dessen Mitte Meat Loaf gefährlich hin und her schwankte. Marcel Avram und Marek Lieberberg waren in heller Aufregung.

»Los, Meat Loaf, leg dich hier auf die Trage, Marek und ich schaffen dich die Stufen runter und durch den Verbindungstunnel rüber ins Hotel!«, schlug Marcel vor. Meat Loaf tat, wie ihm geheißen.

Nun muss man wissen, dass Marcel und Marek kräftige Männer sind, aber mit Sicherheit keine Gewichtheber. Gänzlich unerschrocken nahm trotzdem jeder von ihnen ein Ende der Trage, und mit vereinten Kräften und hochroten Köpfen hievten sie ihre Last die sechs Stufen zu dem Verbindungsgang runter. Gerade unten angekommen, rutschte Marcel ein Griff aus der Hand, und Meat Loaf ratterte auf der Trage wie auf einem Schlitten die Treppenstufen wieder hinunter. Es gab ein Riesengeschrei und Getue, aber zum Glück war der Ärmste gut gepolstert und hatte sich nichts getan. Ich konnte nicht anders, mir stiegen vor Lachen die Tränen in die Augen.

Marcel hechtete nach unten, sie luden Meat Loaf wieder auf und schafften es tatsächlich bis vor den Fahrstuhl des Hotels. Hier erwartete sie jedoch die nächste Hürde: Der Fahrstuhl war zu klein für die Krankentrage. Also stellten sie das Ding schräg, mit dem Erfolg, dass Meat Loaf herunterrutschte. Es war wie ein Slapstick. Ein Hotelangestellter hatte dann die erlösende Idee. Es gab noch einen zweiten Fahrstuhl, der extra für große Lasten ausgelegt war. Endlich hatten wir Meat Loaf auf dem Weg nach oben.

Als sich die Fahrstuhltür langsam hinter ihm schloss, schrie er plötzlich: »Ich möchte jetzt eine Gallone Vanilleeis und eine Gallone Schokoladeneis!« Das Bestellte wurde umgehend geordert. Ein normaler Mensch wäre wahrscheinlich an Eisvergiftung gestorben, denn eine Gallone sind schlappe dreieinhalb Liter. Nicht so Meat Loaf: Als er das Zeug in Windeseile weggebechert hatte, war er wieder ganz gut drauf.

Überhaupt waren die meisten Künstler, die ich getroffen habe, immer auffallend gut drauf. Natürlich bekam ich mit, dass da alle möglichen Dinge konsumiert wurden, und wie Heroin riecht, wenn es geschmolzen wird, hatte ich schon bei Montanus erfahren. Aber eine Veranstalterregel hatte ich schon beizeiten verinnerlicht: »Lass die mal machen.« Jeder Künstler baut sich seine eigenen Strukturen auf, und das Wichtigste aus Veranstaltersicht ist, dass er zur vereinbarten Zeit auf der Bühne steht. Kein seriöser Veranstalter wird deshalb erzählen, was er alles weiß, denn seine Aufgabe ist es, für den reibungslosen Ablauf des Konzerts zu sorgen. Und die Künstler sind wie Patienten, die einen Arzt konsultieren: Es ist eine Klientel, die es zu beschützen gilt. Der eine trinkt, der andere schluckt Tabletten, der dritte nimmt noch etwas anderes – es gibt viele Möglichkeiten, sich in die richtige Stimmung zu bringen, und das Musikgeschäft stellt hier keine Ausnahme dar.

Bei »Rock Pop« lernte ich viele Rock- und Popstars kennen, weil sie alle kamen: Kiss, Emerson Lake & Palmer, Sting – sein erster Fernsehauftritt in Deutschland war bei »Rock Pop in Concert« –, Arlo Guthrie, Roger Chapman, Deep Purple, die Commodores, Saga – alles, was Anfang der Achtzigerjahre Rang und Namen hatte und was das Herz der Musikfans begehrte. Dadurch, dass ich aus einer Plattenfirma kam und das Promotiongeschäft beherrschte, war es für mich relativ einfach, mit den Künstlern und ihren Managern in Kontakt zu kommen und mit ihren Sensibilitäten umzugehen. Elton John beispielsweise war schon damals immer ein bisschen eigen. So saß ich einen ganzen Nachmittag mit ihm in der Kantine des ZDF und unterhielt mich mit ihm über Gott und die Welt, um ihn gnädig zu stimmen, damit er nicht auf die Idee kam, noch in letzter Minute seinen Auftritt abzusagen. Wir hatten sogar extra eine Voraufzeichnung mit ihm gemacht, um sie dann später in die Sendung zu schneiden. Das überzeugte Elton offenbar, er trat auf, sagte dann aber anschließend alle anderen Termine in Deutschland ab, weil er einfach keine Lust mehr hatte.

Wir hatten die besten, kommerziellsten Acts, die man sich vorstellen kann, und boten noch eher unbekannten Künstlern eine Plattform. »Rockpalast« hatte vielleicht die bessere Reputation, doch »Rock Pop in Concert« hatte zweifellos die populäreren Künstler. Was ich damals noch nicht wissen konnte: Die Kontakte, die ich zu den Künstlern knüpfte, sollten bis weit in die Zukunft reichen, etlichen begegnete ich bei meinen späteren Tätigkeiten in anderer Konstellation wieder, und es waren häufig sehr emotionsgeladene Wiedersehen. 2008 beispielsweise traf ich Carl Leighton Poope, den Manager von Saga. Er fiel mir vor allen Leuten um den Hals, klopfte mir auf die Schulter und rief laut und vernehmlich: »Thomas, wie schön dich zu sehen, du hast mich damals mit Saga reich gemacht!«

Es war wirklich erstaunlich, was ein Auftritt bei »Rock Pop« für den Künstler bewirken konnte. Foreigner beispielsweise hatten von ihrem Album »4« gerade mal fünfzigtausend Stück verkauft, bevor sie zu uns in »Rock Pop in Concert« kamen. Der damalige Warner-Chef Sigi Loch war ziemlich sauer darüber, dass ich Foreigner in die Sendung nehmen wollte, denn die Plattenfirmen mussten den Bühnenaufbau und den ganzen Aufwand um den Auftritt herum bezahlen, es war schließlich Promotion für ihre Künstler. Und der Aufwand, den wir für die Sendung betrieben, war immens: Produktionsleitung, Redaktionsleitung, Regie, Bühnentechnik, die Veranstalter mit den Roadies und Roadmanagern – an der Sache waren insgesamt regelmäßig ein paar Hundert Mann beteiligt.

Sigi Loch bezweifelte ganz einfach, dass die Verkäufe seine Ausgaben rechtfertigen würden. Als sich das Album anschließend mehr als eine halbe Million Mal verkaufte, dürfte sein Ärger allerdings rasch verflogen sein.

Ein auch für ZDF-Verhältnisse völlig ungewohnter Künstler war Carlos Santana, den ich später bei BMG wieder traf. Ein ganz besonderer Musiker mit ganz besonderen Vorlieben. Wir mussten für seinen Live-Auftritt damals ein Zimmer speziell für ihn herrichten: Decken und Wände wurden vollständig mit Tüchern abgehängt, und Carlos, der Buddhist und alles Mögliche ist, baute darin einen kleinen Tempel auf. Dem Zimmer entströmte vor, während und nach dem Konzert der betörende Duft von Räucherstäbchen und verschiedenen anderen wohlriechenden Substanzen.

Probleme gab es natürlich auch. Eines der dauerhaftesten und am schwierigsten zu lösenden war das der Tonmischung. Hier prallten alteingesessene ZDF-Hierarchien und die Bedürfnisse der Künstler bisweilen diametral aufeinander. Es ist ja auch verständlich: Warum sollte ein Künstler, der über ein Jahr lang im Studio am richtigen Sound für sein neues Album gearbeitet hat, sich plötzlich mit den ganz anders gelagerten Mischkünsten der Techniker einer deutschen Rundfunk- und Fernsehanstalt zufriedengeben?

So ein Fall war die erfolgreiche amerikanische Rocksängerin und Gitarristin Joan Jett. Ich wollte sie unbedingt in der Sendung haben. Es gab aber ein Tonproblem, und obwohl wir erstmals zu unserem ZDF-Tonwagen einen zweiten dazugemietet hatten – einen der ersten großen schicken mobilen Ü-Wagen von Dieter Dirks, einem Studio-Guru jener Zeit –, bestanden Joan Jett und ihr Management darauf, selber zu mischen. Sie hatten neun Monate am Sound ihres Auftritts gearbeitet und konnten sich nicht vorstellen, dass die Tontechniker eines Fernsehsenders, die normalerweise für den Sound des »heute journals« zuständig waren, das genauso hinbekommen würden. Ich konnte ihr diese Bedenken nicht wirklich nehmen. Aber für Joan Jett war ich bereit, ein absolutes Sakrileg zu begehen und heiligste ZDF-Regeln zu brechen: Ich ließ nachts heimlich ihren Toningenieur in den Ü-Wagen des ZDF, damit er die Bänder nachbearbeitete.

Das gab richtig Ärger. Jemand hatte das mitbekommen, und ich wurde zu Intendant Dieter Stolte höchstpersönlich zitiert, der mir gehörig den Kopf wusch. Was mir denn einfiele, so etwas zu tun! Es war klar: Die Affäre konnte mich meinen Job kosten.

Trotzdem blieb ich relativ ruhig, denn ich hatte mir aus meiner Sicht nichts vorzuwerfen. Ich war beauftragt, eine gute Sendung zu machen, und zu einer guten Rock- und Musiksendung gehörte nun einmal ein guter Sound. So in etwa erklärte ich das auch meinem Intendanten. Es scheint, dass Dieter Stolte meine Argumente nicht gänzlich abwegig fand, denn der Fall wurde schließlich zu den Akten gelegt, und ich blieb auf meinem Posten.

So drehten Peter Baalcke und ich gemeinsam ein ziemlich großes Rad. Wir waren die Ideengeber und Initiatoren, wir entschieden, wer letztendlich in die Sendung kam. Es machte ungeheuren Spaß, genau so etwas hatte ich mir vom Fernsehen versprochen. Und die Jahre beim ZDF öffneten mir die Augen für die Usancen des internationalen Musikgeschäfts. Sie waren mein Sprungbrett in die Welt des ganz großen Plattengeschäfts.

Zartes Fleisch und fein geschnittenes Gemüse brutzelten auf dem glühend heißen Stein vor uns, der Meisterkoch des japanischen Spezialitätenrestaurants Daitokai in München, zweifellos ein Künstler seines Fachs, schwang sein furchterregendes Messer mit spielerischer Leichtigkeit knapp vor unseren Nasenspitzen.

Wir genossen das Schauspiel und unterhielten uns angeregt: Dieter Viering, der Manager und Promoter Peter Maffays, meine Wenigkeit in meiner Funktion als ZDF-Musikredakteur und eine charmante und sympathische Dame, die ich an diesem Abend über Dieter kennengelernt hatte. Ich wusste von ihr nur, dass sie ein Plattenlabel namens Big Mouth besaß. Was ich nicht wusste: Besagter Sara Dimenstein, geborene Rosengarten, gehörte außerdem die Hälfte der Plattenfirma Teldec. Die andere Hälfte hielt der Elektrogerätehersteller AEG. Es war ein netter Abend, wir machten Smalltalk, sprachen über das Musikgeschäft, über Künstler und, wenn uns gar nichts mehr einfiel, über das Wetter oder den neuen US-Präsidenten Ronald Reagan. Wie sollte ich ahnen, dass hier im Daitokai mein berufliches Leben wieder einmal eine neue Wendung nehmen würde?

Ein paar Wochen später ging mein Telefon. Es war Sara Dimenstein. Sie wolle mich gerne noch einmal treffen und mich um einen Rat in einer Personalangelegenheit bitten.

Wieder verabredeten wir uns zum Essen, wieder war es ein netter und angenehmer Abend, in dessen Verlauf sie mir erklärte: »Wir suchen einen neuen Geschäftsführer für die Firma Teldec, an der ich beteiligt bin. Der derzeitige Geschäftsführer Kurt Richter geht in Kürze in Ruhestand. Haben Sie vielleicht eine Idee, mit wem aus der Branche wir uns unterhalten sollten?«

Etwas erstaunt war ich schon, dass sie das ausgerechnet von mir, dem Musikredakteur, wissen wollte. Sicher, ich kannte die Branche und ihre Protagonisten mittlerweile recht gut, aber eigentlich gab es für ein Recruiting dieser Größenordnung andere Quellen. Wie auch immer – sie befragte mich systematisch, ich spuckte einen Namen nach dem anderen aus und erklärte ihr, was ich von dem Betreffenden hielt und warum er meiner Meinung nach infrage kommen könnte. Sie bedankte sich, und wir gingen wieder auseinander.

Ungefähr zwei Monate später rief Sara Dimenstein erneut an. »Herr Stein, vielen Dank für die guten Hinweise. Wir haben uns die Kollegen angeschaut, die Sie uns empfohlen haben. Das sind zweifellos gute Leute, aber leider nicht hundertprozentig passend. Doch wir haben uns etwas anderes überlegt: Wir möchten gerne Sie haben!«

Mir fiel fast der Hörer aus der Hand. Nie im Traum wäre ich darauf gekommen, dass sie jemanden wie mich für solch eine verantwortungsvolle Position in Erwägung ziehen könnte.

»Wie?«, fragte ich deshalb etwas einfältig. »Sie wollen mich als Geschäftsführer für Teldec!?«

»Ja«, erwiderte sie sehr bestimmt. »Sie. Wir müssen zwar noch mit unserem Partner AEG reden, aber wir, die Familie Dimenstein-Rosengarten, sind davon überzeugt, dass Sie der Richtige sind.«

Ich konnte es lange Zeit nicht wirklich fassen: Mit gerade mal dreiunddreißig Jahren sollte ich Geschäftsführer der traditionsreichen deutschen Schallplattenfirma werden! Die Verantwortlichen bei AEG waren nach gründlicher Examinierung meiner Person am Ende derselben Meinung, und so wurde ich eingestellt.

Es war wieder einmal ein Sprung in eiskaltes Wasser, den ich mir gemeinsam mit Waltraud allerdings nicht lange überlegte. Hier bot sich mir eine riesige Chance, vielleicht die Chance meines Lebens, und ich fühlte mich einfach noch zu jung, um jetzt schon genau zu wissen, welche Gehaltsstufe ich mit fünfundsechzig bei meinem Ausscheiden beim ZDF haben würde. Es war ein Risiko, aber ich war bereit, es einzugehen. Wenn das Experiment nach drei oder vier Jahren womöglich schiefging, wäre ich immer noch jung genug, um etwas Neues anzufangen. Ich musste es einfach probieren. Alles andere wäre hirnrissig gewesen.

Ein gewisses Risiko war allerdings nicht von der Hand zu weisen. Denn eines war sonnenklar: Ich hatte keine Erfahrung in dem Geschäft und nicht den blassesten Schimmer, was da auf mich zukommen würde. Aber vielleicht war das gut so. Denn was zu dem Zeitpunkt niemand wusste: Teldec befand sich in einer dramatischen wirtschaftlichen Schieflage.

Nichts ahnend und guter Dinge zogen Waltraud und ich von München in die wunderschöne Stadt Hamburg, und am 1. Juli 1982 trat ich meinen neuen Posten an. Die Branche war in hellem Aufruhr. Man beurteilte meine Inthronisation einhellig als völligen Schwachsinn, als komplette Idiotie. »Der kann das nicht, der hat doch keine Ahnung«, so der Tenor landauf, landab. Ich konnte es den Zweiflern nicht verübeln, denn sie hatten ja alle recht: Ich *hatte* keine Ahnung.

Und dann kam der 9. August 1982. Die AEG, eines der bedeutendsten Elektrounternehmen Deutschlands, musste Vergleich anmelden. Es war die erste große Firmenpleite der Nachkriegsgeschichte. Auch für mich persönlich war es ein herber Schlag. Da hatte ich nun meinen beamtenähnlichen Job aufgegeben und musste einen Monat später befürchten, dass mein neuer Job nicht von großer Dauer sein würde.

In dieser prekären Situation warf sich die Familie Dimenstein-Rosengarten in die Bresche und kaufte der AEG deren Teldec-Anteil ab. Die Firma war damit wieder zu hundert Prozent in den Händen der Nachfahren von Maurice Rosengarten, der das Unternehmen einst gegründet hatte. Das Fortbestehen des Unternehmens Teldec war durch diesen beherzten Schritt vorläufig gewährleistet, allerdings zu einem saftigen Preis: Die Familie hatte nun Bankschulden in Höhe eines hohen zweistelligen Millionenbetrags, und ein Pool von vier großen deutschen Banken kontrollierte von jetzt an jede unternehmerische Entscheidung, die wir bei Teldec trafen.

Seit dieser Zeit habe ich eine tiefe, umfassende »Zuneigung« zu Banken entwickelt. Als Geschäftsführer hatte ich jeden Morgen um sieben Uhr anzutreten und den Vertretern der Banken unsere Zahlen vom Vortag vorzulegen, damit sie erkennen konnten, wohin sich das Zünglein an der Waage bei der schwächelnden Teldec bewegte. Relativ schnell bekam ich gezwungenermaßen Einblick in kaufmännisch relevante Vorgänge. Und noch etwas lernte ich rasch: Wenn man bei einer Bank einmal schlecht dasteht, treten sie mit Füßen nach einem. Das ist heute nicht anders als damals. Die wenigsten Banken sind verlässliche Partner, und die löblichen Ausnahmen kann man an einer Hand abzählen.

Die Firma krebste unter der Aufsicht der Banken mehr recht als schlecht vor sich hin, aber der eigentliche Grund dafür war für mich nach relativ kurzer Zeit klar: Die beiden wichtigsten Künstler hatten Teldec verlassen, bevor ich dort anfing, und damit war Hängen im Schacht. Es waren Peter Maffay und Udo Lindenberg. Udo war zu Polydor gegangen, und mit Peter Maffay stritt sich die Firma vor Gericht um ein angeblich noch ausstehendes Album. Es ging um mehrere Millionen Mark – für die angeschlagene Teldec eine astronomische Summe.

Ich wusste: Wir mussten diesen Prozess beenden, und zwar so schnell wie möglich, und versuchen, das Zugpferd Maffay, das inzwischen bei Metronom unter Vertrag und dort sehr erfolgreich war, zurückzuholen.

Peters Anwalt in diesem Rechtsstreit war Axel Meyer-Wölden, einer der schlauesten, härtesten und trotzdem nicht unfreundlichsten Anwälte im Musik- und später dem Sportgeschäft, mit allen Wassern gewaschen. Mit Axel war ich schon seit meiner Zeit beim ZDF befreundet. Er hatte bereits als Student Ralph Siegel vertreten und wurde einer der ganz Großen der Branche.

Eigentlich hätte Axel ein eigenes Kapitel verdient, denn seine Geschäfte im Musikbereich und in der Sportwelt sind legendär. Wir verbrachten in dieser Zeit viele Stunden und Tage miteinander, die für mich – das weiß ich heute – unendlich lehrreich, nicht zuletzt aber auch sehr lustig waren. Von keinem Menschen habe ich mehr über Verträge und Vertragswesen gelernt als von meinem Freund Axel. Er starb leider 1997 mit gerade einmal sechsundfünfzig Jahren an Leber-

und Lungenkrebs, zwei Tage vor seinem Tod hatte ich noch mit ihm telefoniert.

Meine erste Lektion in Sachen Medienrecht erhielt ich in der Auseinandersetzung um das ausstehende Maffay-Album für Teldec. Axel pochte auf eine schwammige »Und/oder«-Formulierung im Vertrag und sagte unbeugsam Nein zu einem weiteren Album. Peter Maffays rechte Hand und späterer Manager Dieter Viering sagte ebenfalls Nein. Und ich stand da und musste irgendwie weiterkommen.

Also rief ich Peter Maffay, den ich aus ZDF-Zeiten bereits kannte, einfach an: »Peter, können wir uns nicht mal alleine unterhalten? Ich möchte diese Auseinandersetzung beenden, das bringt nichts außer Kosten. Lass uns doch zusammensetzen, vielleicht finden wir ja eine Lösung.«

Peter war mit dem vorgeschlagenen Treffen einverstanden. Also pilgerte ich eines Morgens von Hamburg nach München, um ihn unter vier Augen zu sprechen, denn ich wusste, dass sein Manager und Axel Meyer-Wölden zu dieser Zeit in Urlaub waren.

Zu meinem Glück war Peter damals durchaus noch geneigt, das eine oder andere Glas Whiskey zu trinken. Bis elf Uhr hatten wir fast eine ganze Flasche Johnnie Walker erledigt und die Vertragsauseinandersetzungen gleich mit. Peter würde die Hälfte des Geldes bekommen, das er von Teldec forderte, und damit wäre der Streit beigelegt. Allerdings musste er mir eines in die Hand versprechen: Sobald sein Vertrag mit Metronom auslief und zur Neuverhandlung anstand, hätten wir das Recht, als gleichberechtigte Partner mitzubieten. Es gab nichts Schriftliches, nur das gesprochene Wort.

Einen Mühlstein hatte ich also damit aus dem Weg geräumt, etliche andere lagen noch herum. Darunter ein sündhaft teurer Vertrag mit meinem Freund Ralph Siegel über sein Label Jupiter Records, der noch aus besseren Teldec-Zeiten stammte und auf sehr optimistischen Kalkulationen beruhte. Wir beendeten auch diesen Vertrag im gegenseitigen Einvernehmen, und Ralph fand dann bei BMG Ariola ein stabiles und vor allem dichtes Dach.

Mit der Stabilität war es dagegen bei Teldec nicht weit her. Kaum war ein Finanzloch an einer Ecke gestopft, tat sich an einer anderen ein neues auf. Mir wurde zunehmend unwohl, zumal ich den Eindruck hatte, dass im kaufmännischen Bereich einiges im Argen lag und zwangsläufig von der Hand in den Mund gewirtschaftet wurde.

Nach ungefähr anderthalb Jahren schickte ich Jack und Sara Dimenstein meine Kündigung – ich konnte als Geschäftsführer die Verantwortung für diese Zustände einfach nicht mehr mit übernehmen. Das Ende vom Lied: Der bisherige kaufmännische Geschäftsführer ging, ich blieb an Bord und bekam einen Lotsen aus Zürich, dem Sitz der Familie Dimenstein, hinzu, den unvergleichlichen Willi Zurschmiede. Gemeinsam hatten wir die Aufgabe, Teldec in ein neues Zeitalter zu führen.

Diese personelle Neubesetzung ermöglichte den Wandel, der notwendig war, um Teldec nach vorne zu bringen. Der Ballast war weg, der Knoten platzte. Gemeinsam mit Willi, der ein unglaublicher Sympathieträger ist, konnte ich mich nun auf das Wesentliche konzentrieren: auf die Frage, wie wir möglichst schnell die wirtschaftliche Seite besser darstellen und die Arbeitsabläufe in der Firma optimieren konnten.

Das größte Problem war dabei die Schallplattenfabrik in Nortorf bei Neumünster: Teldec hatte hier siebenhundert Mitarbeiter in der Vinylfertigung. Technisch war das Werk nicht mehr auf dem neuesten Stand; aus Umweltschutzgründen wäre längst ein neuer Kamin notwendig gewesen, der die Abgase filterte, denn die Vinylplatten wurden mit hohem Druck gepresst. Allein – es fehlte das dafür notwendige Geld.

Auf der Suche nach Möglichkeiten, mit denen wir Geld machen und die Fabrik retten könnten, kamen wir auf die verrücktesten Ideen. Eine der apartesten war sicherlich die Überlegung, unter die Fischhändler zu gehen: Wir wollten Aale züchten. In warmem Wasser wachsen sie ungefähr fünf Mal so schnell wie in kaltem. Und warmes Wasser hätten wir genügend produzieren können, denn mit dem

Dampf der Dampfpresse hätten wir problemlos auch große Becken erwärmen können. Mit Aalen kann man zwar auch nicht unbedingt reich werden, aber in einer solchen Notsituation überlegt man alles Mögliche. Allerdings nahmen wir von dieser Idee wieder Abstand, denn wir mussten uns eingestehen: Platten verkaufen war eine Sache. Aber Fisch? Wir waren einfach keine Aalverkäufer.

Alle Bemühungen halfen nichts, da war einfach nichts mehr zu retten. Ob wir es wollten oder nicht: Wir mussten Leute entlassen, und zwar massiv. Das Schiff Teldec wäre sonst einfach abgesoffen.

Es war alles andere als schön. Wenn ich in Nortorf vorne zum Ort hineinfuhr, wurden hinten in der Fabrik schon die Flaggen auf Halbmast gesetzt, weil ich damals zwangsweise etwas rustikal in meiner Verhaltensweise war. Willi und ich reduzierten die Belegschaft innerhalb von sechs Monaten von siebenhundert auf vierhundert Mitarbeiter, und das auch noch ohne Sozialplan – die Firma hätte ihn schlichtweg nicht bezahlen können. Es war mühsam, und es gab reichlich Ärger. Der Bürgermeister von Nortorf schaute schon immer böse, wenn ich auch nur in seine Nähe kam.

Es war das erste Mal, dass ich Mitarbeiter in dieser Größenordnung entlassen musste, und es war alles andere als witzig. Genau gesagt: Es fühlte sich beschissen an. Ich glaube nicht, dass irgendjemand mit Freude Menschen entlässt. Aber was half es? Die Amerikaner sagen: It's a dirty job, but someone has to do it – Es ist ein dreckiger Job, aber jemand muss ihn erledigen. Diejenigen, die ihn zu erledigen hatten, waren im diesem Fall Willi und ich.

Zum ersten Mal bekam ich damit bei Teldec eine Vorstellung und ein Gefühl dafür, was es heißt, Unternehmer zu sein – im Guten wie im weniger Guten. Mitarbeiter zu entlassen war die eine Sache. Mindestens ebenso wichtig war es aber jetzt, Ideen zu entwickeln, die die Zukunft des Unternehmens sicherten. Und dazu gehörte ganz eindeutig ein breites Repertoire. Wir brauchten mehr Künstler, um die Chance auf mehr Erfolge zu haben. Doch neue Verträge mit neuen Künstlern kosten Geld, und in finanziellen Dingen hatte Teldec einigen Nachholbedarf. Nun konnte ich das einbringen, was ich während meiner Verlagslehre und auf unzähligen Weiterbildungen und Lehrgängen gelernt hatte.

Zu unser aller Glück nahte bald weitere Unterstützung aus einer Branche, die ebenfalls Scheiben produziert: Im Jahr 1985 stieß Manfred Atzert als kaufmännischer Geschäftsführer zu Teldec und machte damit das Triumvirat mit Willi Zurschmiede und mir komplett. Manfred kam von Herta Wurst, wo er als kaufmännischer Geschäftsführer die Kunst erlernt hatte, Wasser schnittfest zu machen und als Wurst zu verkaufen. Wer so etwas beherrschte, würde uns bei Teldec mit Sicherheit von großem Nutzen sein.

Es war eine glückliche Fügung: Manfred, dem ich auch heute noch sehr freundschaftlich verbunden bin, hatte ein spezielles kaufmännisches Wissen, das er sich bei verschiedenen international tätigen Firmen angeeignet hatte. Dieses Wissen half uns enorm dabei, Ordnung in die Firma Teldec zu bringen. In Manfred hatte ich meine optimale Ergänzung gefunden und hatte nun die Chance, mich ganz auf den Repertoire-Bereich zu konzentrieren.

Der erste dicke Fisch schwamm mir bereits ein Jahr nach meinem Start bei Teldec um den Angelhaken: mein Freund Peter Maffay, der mir in die Hand versprochen hatte, mir bei den nächsten Vertragsverhandlungen eine Chance zu geben. Zwischenzeitlich hatte er das aber offenbar wieder vergessen, denn über irgendwelche Kanäle erfuhr ich, dass Peter dabei war, mit Metronom-Geschäftsführer Rudi Gassner über einen neuen Vertrag zu verhandeln.

Rudi hatte ich bereits während meiner Arbeit beim ZDF kennengelernt, wir waren uns schon damals sympathisch gewesen. Und nie werde ich vergessen, wie Rudi mir kurz vor meiner Inthronisierung bei Teldec Mut für den Job machte. Es war auf der Hochzeit von Axel Meyer-Wölden, wir saßen an einem Tisch: »Mach dir mal keine Sorgen, Thomas«, meinte Rudi im Brustton der Überzeugung, »du schaffst das schon. Die anderen kochen auch nur mit Wasser!« Und schon damals sagte er halb im Scherz zu mir: »Aber gib dir keine Mühe: Den Maffay kriegst du nie, nur damit du Bescheid weißt!«

Rudi und ich waren Konkurrenten, aber er sollte später einer meiner besten Freunde werden, bis zu seinem plötzlichen und viel zu frühen Tod im Jahr 2000 an Weihnachten.

Jetzt hatte ich also die Chance, Peter Maffay doch zu bekommen, auch wenn klar war, dass das Rudi Gassner ganz und gar nicht gefallen würde. Ich rief sofort Peter an und erinnerte ihn an das Versprechen, das er mir ein Jahr zuvor gegeben hatte. Und ich hatte mich nicht in ihm getäuscht.

»Ja, du hast rrrächt«, meinte er in seiner unvergleichlichen Sprache. »Ich ruf gleich den Axel an!« Kurze Zeit später meldete sich tatsächlich Axel Meyer-Wölden bei mir, um mit mir in Peters Auftrag einen neuen Vertrag zu verhandeln.

Die geforderte Summe raubte mir fast den Atem, aber nach einigem Hin und Her wurden wir uns schließlich handelseinig. Mir war sonnenklar: Nur mit einem Trick würde ich die Verantwortlichen um die Teldec-Eignerfamilie dazu bringen, diesem für unsere Verhältnisse astronomischen Betrag zuzustimmen. Aber ich war auch fest davon überzeugt: Ohne Maffay würden wir keinen Fuß auf den Boden bekommen.

Also unterschrieb ich, ohne einer Menschenseele etwas davon zu sagen, und legte mir das kostbare Dokument gewissermaßen unters Kopfkissen. Ganz so ruhig habe ich darauf allerdings nicht geschlafen, denn mir war überdeutlich bewusst, dass ich damit wieder einmal meine gerade rosig werdende Zukunft aufs Spiel setzte. Und der Ausgang dieses Spiels war ganz und gar ungewiss.

Mit zu wenig Schlaf, zu vielen Zigaretten, zu viel Kaffee, einfach zu viel von allem betrat ich im Frühjahr 1983 den Konferenzraum, in dem die nächste Sitzung mit den Teldec-Eigentümern stattfinden sollte. Wie kaum anders zu erwarten, ging es wieder darum, wie wichtig es doch sei, Peter Maffay zurückzuholen.

»Das wird sehr schwierig sein«, gab ich der Runde zu bedenken und musste dabei mit furchtbarem Unwohlsein an den Inhalt meines Aktenkoffers denken. »Ich glaube, da sind Summen im Spiel, von denen ich nicht weiß, ob wir sie uns leisten können. Aber ich habe trotzdem prophylaktisch vorgefühlt.« Und dann nannte ich den Betrag, den Meyer-Wölden verlangt hatte.

Alle im Raum zogen scharf die Luft ein. Dann brach die Diskussion los: »Vielleicht können wir das ja rechnen!« – »Das ist viel zu teuer, aber wir müssten …« – »Können wir nicht …?« – »Lasst uns doch noch einmal darüber nachdenken …« – »Wir sollten unbedingt …«

»Wollen Sie das wirklich?«, fragte ich in die aufgeregte Runde. »Wenn wir die Chance bekämen, zu diesem Preis zuzuschlagen, würden Sie denn Ja sagen?«

Alle schauten sich an. Meine innere Anspannung wuchs fast ins Unermessliche. Schließlich nickten all meine Kollegen, einer nach dem anderen. Dann kam der erlösende Satz: »In Ordnung, wenn Sie für dieses Geld den Vertrag bekommen, würden wir Ja sagen.«

Erstaunlich, dass niemand das Poltern hörte, mit dem mir der Stein vom Herzen fiel. Betont ungerührt öffnete ich meinen Aktenkoffer: »Hier ist der Vertrag, wir müssen nur noch zahlen.«

Die Anwesenden wurden fast ohnmächtig, es war aber nicht klar, ob aus Verzweiflung oder aus Begeisterung. Seit 1. Januar 1984 war Peter Maffay damit wieder bei Teldec unter Vertrag.

Und damit fing die Erfolgsgeschichte Stein an. Bis dahin war alles mühsame Kärrnerarbeit gewesen, jetzt folgte wie zur Belohnung Schlag auf Schlag ein Erfolg auf den anderen. Fast hätte ich mich daran gewöhnen können.

Kaum hatten wir Peter unter Vertrag, war das Wichtigste, dass wir schnell eine erfolgreiche Platte mit ihm herausbrachten, denn von irgendetwas mussten wir unserem wiedergewonnenen Star ja seinen beeindruckenden Vorschuss zahlen. Die erste Rate war im Januar 1984 fällig. Das bedeutete, wir mussten bis dahin eine Platte im Markt haben, die sich schnell und in so großer Menge verkaufte, dass wir unsere Verpflichtungen Peter gegenüber erfüllen konnten. Gleichzeitig musste Peter bis Jahresende 1983 noch seinen Verpflichtungen gegenüber Metronom nachkommen. Und das bedeutete: Er würde noch eine Platte für unseren Konkurrenten machen, die womöglich dem noch zu produzierenden Album für Teldec das Wasser abgrub, weil sie früher am Markt war.

Wir überlegten fieberhaft. Aber wer hätte gedacht, dass aus unserer Not einer der größten Erfolge Peter Maffays geboren würde?

»Peter«, schlug ich meinem Freund während einer unserer Brainstorming-Sitzungen eines Tages vor, »warum machst du als letzte Produktion für Metronom nicht zur Abwechslung mal eine Weihnachtsplatte? Damit hättest du deine Pflicht getan, hättest ein neues Genre in deinem Repertoire, und die Platte wäre nach Weihnachten aus dem Markt, weil sie dann niemand mehr kauft. So könnten wir am 1. Januar ganz frisch durchstarten.«

Aber da hatte ich die Rechnung ohne den Wirt gemacht. Eine Weihnachtsplatte? Das kam für Peter damals überhaupt nicht in die Tüte. Eine Kinderplatte? Vielleicht schon eher. Aber richtige Begeisterung konnte mein Vorschlag offenbar nicht in ihm wecken. Peter tauchte schließlich ab und widmete sich seinen Neuproduktionen, ohne dass wir genau wussten, wie er das Dilemma lösen würde.

Etwas an meinen Überlegungen hatte ihm aber wohl doch einen Impuls gegeben, denn in den folgenden Wochen kreierte er gemeinsam mit dem Komponisten Rolf Zuckowski, dem Textautor Gregor Rottschalk und dem Kinderbuch-Illustrator Helme Heine die Geschichte eines kleinen grünen Drachens. Sein Name: Tabaluga. Das erste Album »Tabaluga und die Reise zur Vernunft« bescherte Metronom einen vollkommen unerwarteten, riesigen Erfolg, der lange über Weihnachten 1983 hinausreichte.

Bei Teldec brachte Peter planmäßig Anfang Januar das Rock-Album »Carambolage« heraus. Die Karambolage mit Metronom und Tabaluga blieb jedoch glücklicherweise aus, da der kleine Drache eine andere Käuferschicht ansprach. Unser Album wurde ein sehr guter Erfolg, sodass alle glücklich sein konnten: Peter, weil er seine erste Rate pünktlich bekam, und Teldec, weil wir durch den guten Absatz des Albums in der Lage waren, ihm das Geld überhaupt zu zahlen.

Auf neue Impulse wartete auch das zweite wichtige Standbein der Teldec, das konstant gut lief, aber keine großen Zuwachsraten aufwies: das ehrwürdige Plattenlabel Decca. Hier waren unter anderem Klassik-Größen wie der ungarische Meisterdirigent Sir Georg Solti, Startenor Luciano Pavarotti oder der Dirigent und Cellist Nikolaus Harnoncourt unter Vertrag. Sir Georg Solti hatte schon mit Maurice Rosengarten zusammengearbeitet, es herrschte ein beinahe familiäres Verhältnis zwischen Familie Dimenstein-Rosengarten und ihm. Der Legende nach erzählte er in einer Rede zum 75. Geburtstag des Label-Gründers: »Wenn mich Maurice Rosengarten mit seinem Fahrer nach Hause geschickt hat, wusste ich: Er hat mich über den Tisch gezogen. Musste ich mein Taxi selbst bezahlen, wusste ich: Ich habe gut verhandelt.«

Klassische Musik war mir damals fremd und nicht fremd zugleich, aber ich begann, sie allmählich für mich selbst zu entdecken, seit ich bei Teldec – deren zweite Namenshälfte für Decca steht – verstärkt mit klassischen Musikern zu tun hatte. Die Beschäftigung mit unserem Klassik-Repertoire machte mir auch deshalb so besondere Freude, weil ich eine für mich gänzlich neue Welt kennenlernte. Ich kam dadurch erstmals aus der »Provinz« der Pop- und Schlagermusik in eine andere, größere Dimension und traf hochinteressante Menschen mit internationaler Erfahrung.

Für Waltraud und mich eröffneten sich ganz neue Welten, die allerdings für uns beide auch ganz neue Outfits erforderten. Opern- und Konzerthäuser waren bislang nicht gerade unsere bevorzugten abendlichen Hangouts gewesen. Als Mann hatte ich es in der Hinsicht noch relativ einfach: dunkler Anzug, Krawatte – fertig. Waltraud, die noch nicht so sehr in der Opernoptik beheimatet war, schleppte ich zu diesem Zweck eines Tages in das noble Bekleidungshaus Unger an der Großen Bleichen in Hamburg. Wir mussten zu einem Konzert mit anschließendem Abendessen mit Sir Georg Solti.

Bei Unger gegen das entsprechende Geld fündig zu werden ist das allergeringste Problem. Wir erstanden für Wally, wie ich meine Frau nannte, einen todschicken Fummel aus tiefroter und dunkelblauer Seide. Sie sah einfach umwerfend aus, als sie solchermaßen angepuppt, wie ich sie gar nicht kannte, nach dem Konzert beim Abendessen neben Sir Georg Platz nahm. Wir waren nur ein kleiner, auserwählter Kreis in einem kleinen Nebenraum eines auserwählt eleganten Lokals.

Und da passierte es: Der Ober ging in dem engen Raum etwas ungeschickt an Wally vorbei, und die erlesene Vorspeise – Lachs an Meerrettichcreme – landete auf dem neuen rot-blauen Kleid. Das Entsetzen auf dem Gesicht meiner Frau werde ich nie vergessen. Hektisch verrieb der Ober die weiße Paste auf dem kostbaren Stoff und machte damit alles nur noch schlimmer.

Wallys Contenance war damit bereits im Grenzbereich angelangt. Aber um das Ganze abzurunden, kam anschließend der Ober mit einem Cocktail in den Raum und kippte ihr den Inhalt des Glases auch noch über das Kleid.

Wally war den Tränen nahe. In diesem Moment machte Sir Georg das einzig Richtige: Er begann lauthals zu lachen, die ganze Gesellschaft konnte nicht mehr anders und lachte mit. Wally schaute erst etwas ungläubig und stimmte dann sichtlich erleichtert in das Gelächter ein.

Das zweite klassische Schwergewicht bei Decca – im wahrsten Sinn des Wortes – war Luciano Pavarotti. Man mag es heute kaum glauben, aber er verkaufte damals in Deutschland kaum mehr als zehntausend Platten im Jahr. Da war etwas Futter für die Presse vonnöten, damit dieser herrliche Tenor auch hierzulande bekannter wurde. Je schräger die Idee, desto höher die Aufmerksamkeit, überlegten wir uns.

Also beschlossen wir, Pavarotti bei seinem nächsten Besuch einen würdigen und vor allem pressewirksamen Empfang zu bereiten. Dafür sicherten wir uns die Unterstützung eines ganz besonderen Klangkörpers: des Berliner Feuerwehrorchesters. Die Truppe nahm in vollem Wichs am Hotel Aufstellung und begrüßte Luciano, indem sie »Nessun dorma« spielte, die berühmte Arie aus Giacomo Puccinis Oper »Turandot«. Es klang so grauenvoll, dass Pavarotti vor Lachen die Richterskala erbeben ließ. Die Presse freute sich, Luciano freute sich, und seine deutsche Plattenfirma freute sich über steigende Absatzzahlen.

Doch Pavarotti konnte uns damals nicht alleine aus dem wirtschaftlichen Sumpf ziehen, da mussten ganz andere Zahlen her. Zeitgleich mit mir war 1982 ein netter Junge aus Österreich zu Teldec gestoßen: Hansi Hölzel, genannt Falco.

Eines Abends, während der Party anlässlich der Gold-Verleihung für die Single »Der Kommissar« in der Hamburger In-Kneipe Onkel Pö, fand ich mich plötzlich draußen vor der Tür auf einem Begrenzungspoller hockend wieder. Mir gegenüber saß Falco und rauchte gedankenverloren Kette.

Auf einmal waren wir in ein unerwartet persönliches Gespräch darüber vertieft, wie es nach diesem ersten großen Hit denn nun weitergehen sollte. Der Erfolg des »Kommissars« hatte uns beide regelrecht euphorisiert, daran musste sich jetzt unbedingt etwas anschließen. Die Veröffentlichung seines Albums »Junge Roemer«, das ich persönlich für sein bestes halt, lag da bereits zwei Jahre zurück.

»Hansi, lass uns doch mal gemeinsam überlegen, wie wir deine weitere Karriere gestalten«, schlug ich ihm vor. »Ich habe da nämlich ein paar Ideen.« Und dann unterbreitete ich Falco meinen Plan, den ich gemeinsam mit Horst Bork, dem Chef für Artists and Repertoire bei Teldec, ausbaldowert hatte: Ich hatte vor, Falco mit einer jungen niederländischen Formation zusammenzubringen, die bei Teldec bereits einen tollen Titel mit einem phantastischen Sound geschrieben hatte. Mehr als fünfhunderttausend Mal hatte sich »In the Army Now« bereits verkauft, der Hit, der später sogar von Status Quo gecovert wurde. Die Produzenten und Sänger waren damals noch so gut wie unbekannt, heute klingt ihr Name wie Donnerhall: die Brüder Rob und Ferdi Bolland.

Rückblickend muss ich sagen, dass es wohl ein genialer Glücksgriff war. Die drei verstanden sich auf Anhieb. Bolland und Bolland wurden Falcos Produzenten und schrieben für ihn »Rock me Amadeus«, »Jeanny« und all seine folgenden großen Hits bis 1988.

Vor dem Triumph stand allerdings wie so oft der Zweifel. »Rock me Amadeus« war gerade fertiggestellt und sollte als Single veröffentlicht werden.

»Thomas, halt dich fest«, eröffnete mir Horst Bork als Erstes, nachdem ich von einer längeren Dienstreise gerade wieder im Büro eingetroffen war. »Der Vertrieb findet, dass der neue Falco-Titel nichts ist und floppen wird!«

Mir zog es fast die Schuhe aus. Das durfte doch nicht wahr sein! Ich fand das Lied klasse, aber wenn unsere Vertriebsleute nicht an das Produkt glaubten, konnten wir die Bänder gleich in die Tonne hauen, sie würden es einfach nicht mit der notwendigen Überzeugungskraft in den Handel bringen. Und wenn der Vertrieb nicht mitmacht, hat selbst das beste Lied keine Chance. Also musste ich mir etwas einfallen lassen, um das Ruder herumzuwerfen, und ich setzte alles auf eine Karte – auf meine Weise.

Ich rief den Vertriebsleiter zu mir. »Herr Huesken, ich habe mir gerade die Demo des neuen Falco-Titels angehört. Ich bin völlig aus dem Häuschen, wie gut der ist. Sensationell! Das wird ein Monsterhit. Die Auflage habe ich gleich mal von zwanzigtausend auf hunderttausend erhöht, Sie sind doch sicherlich einverstanden?«

»Ach, die neue Nummer?«, fragte Huesken verwundert. »Die hab ich noch gar nicht gehört!«

Innerlich musste ich grinsen, ich wusste ja, dass er bereits sein Urteil gefällt hatte, und entgegnete: »Ach, wie schade, ich spiel sie Ihnen gleich mal vor.«

Gemeinsam hörten wir uns »Rock me Amadeus« an, und ich bekam mich vor übertriebener Begeisterung kaum mehr ein. Es musste einfach wirken!

Und es wirkte: »Davon verkaufen wir mindestens hunderttausend, wenn nicht mehr!«, meinte der Vertriebsleiter plötzlich. Sprach's und verließ den Raum.

Ich war erleichtert, aber auch ziemlich verblüfft. Wenn meine »Nachhilfe« einen solchen Gesinnungswandel bewirken konnte, dann konnte das ja bei unseren Bankern, für die alles bisher ganz trübsinnig war, auch funktionieren. Beim nächsten Meeting spielte ich ihnen »Rock me Amadeus« vor und beobachtete gespannt die Reaktion der Herren im dunklen Tuch. Sie kam rasch: Nach knapp dreißig Sekunden schauten die ersten weg und begannen, sich über Kreditoren und Debitoren zu unterhalten.

»Und damit wollen Sie Geld verdienen?«, kam die Frage aus der Runde.

»Ja, damit wollen wir Geld verdienen«, konnte ich nur erwidern. Diese Nüsse waren eindeutig härter zu knacken als Huesken. Ich musste mir wohl oder übel Schützenhilfe von außen besorgen.

Zum Glück hatte ich einen Freund beim »Hamburger Abendblatt«. Wir kannten uns von früher, er war Promoter bei Warner gewesen, als ich Redakteur beim ZDF war.

»Mensch, du musst mir mal helfen«, vertraute ich ihm eines Abends bei ein oder zwei Glas Rotwein an. »Ich brauche dringend etwas Positives in der Zeitung, bei uns ist alles so schwierig, die Banken schnüren uns fast die Luft ab. Wir haben zwar sehr gute Acts, aber es läuft einfach nicht so richtig.«

Er verstand sofort. Er interviewte mich ausführlich, nicht ohne zuvor genauestens von mir gebrieft und inhaltlich mit Futter versehen worden zu sein, und platzierte den Artikel höchst prominent auf Seite zwei der Samstagsausgabe unter dem knalligen Titel »Ein Muli in der Haifischbranche«.

Der Erfolg war erstaunlich: Als ich am darauffolgenden Montag zu meiner allmorgendlichen Sitzung mit unseren Bankern erschien, wurde ich schon weitaus freundlicher begrüßt als sonst. Man habe im »Abendblatt« einen sehr gut recherchierten Artikel über die Firma Teldec gelesen, meinten die Herren anerkennend, daran sei ja deutlich zu sehen, dass es der Firma mittlerweile wesentlich besser gehe.

Und so war es tatsächlich: Mit Falco kam die Wende ins Positive. »Rock me Amadeus« verkaufte sich mehr als eine Million Mal. Auch das dazugehörige Album wurde extrem erfolgreich. Wir hatten es geschafft: Durch den Erfolg von »Rock me Amadeus« erreichten wir, dass Teldec wieder auf stabileren Füßen stand. Dass Falco der Auslöser dafür sein würde, dass Teldec später verkauft wurde, konnten wir zum damaligen Zeitpunkt nicht einmal ahnen.

Auch privat kam ich mit Falco sehr gut aus, ich mochte ihn richtig gerne, selbst wenn wir manchmal ein wenig Kindermädchen bei ihm spielen mussten – oder vielleicht gerade deshalb. Falco sah die Welt mit etwas anderen Augen, ein richtiger Künstler eben. Ständig musste man damit rechnen, dass irgendetwas Unvorhergesehenes geschah, wenn man mit ihm zusammen unterwegs war.

Eines Abends saß ich mit Falco und Horst Bork in einem piekfeinen Hamburger Restaurant ganz in der Nähe des Hotels Atlantic. Silbernes Besteck, Kerzenlicht, leise Musik, gedämpfte Unterhaltung. Das Publikum: soignierteste Hamburger Gesellschaft. Die Herren in dunklem Anzug und Krawatte, die meist älteren Damen in edlen Kostümen und mit silberblau getöntem, sorgfältig frisiertem Haar.

Plötzlich ging die Tür auf, und eine junge Frau kam herein. Mindestens ein Meter achtzig, auffallend blonde Haare, nicht sehr dezent geschminkt, endlos lange Beine und ein Nichts von einem Rock. Gespräche verstummten, Augenbrauen hoben sich, Silberbesteck wurde sinken gelassen.

Ich ahnte sofort etwas und raunte Falco leise zu: »Hansi, ist die von dir!?«

»Geh herst«, erwiderte Falco, den wir intern immer nur Hansi nannten, nonchalant, »die hab i grad auf der Straßen gsehn, da hob i dem Fahrer g'sagt, die magst vorbeischicken.«

Auf diese Weise kam das Wesen also hierher. So nachdrücklich wie möglich flüsterte ich Falco zu: »Das ist ja nett und gut, aber du weißt, dass du die gleich wieder wegschicken musst!«

Folgsam winkte Falco die Schöne zu uns an den Tisch und erklärte ihr: »Geh herst, da gehst ins Hotel, und dann komm i glei nach.«

Sie tat wie geheißen und verließ das Lokal auf dem gleichen Weg, wie sie gekommen war. Ich bin sicher, dass ihr mehr als drei Augenpaare folgten.

Nach dem Essen fuhren wir ins Hotel, und da saß tatsächlich diese Eiger Nordwand in der Lobby und wartete auf uns.

»So, Hansi, und was jetzt?«, fragte ich Falco. »Hast du überhaupt Geld dabei?«

»Naa, des zahlst doch du!«, war seine Antwort.

Ich fiel fast aus dem Sessel. »Was zahl ich!?«

»Geh herst, also bitte«, erwiderte Falco in seinem besten Wiener Schmäh, »des nenn ich eine Morgengabe!«

»Okay, was kostet denn der Spaß?«, fragte ich an das Mädchen gewandt.

»1500 Mark!«, kam es prompt.

Ich musste kurz schlucken, aber wenn es so war, dann war es eben so. »Ist in Ordnung«, sagte ich und drückte ihr meine Visitenkarte in die Hand. »Ich habe jetzt nicht so viel dabei, komm morgen zu mir in die Firma und hol dir das Geld ab.«

Ich Dussel!

Am nächsten Tag kam meine Sekretärin Helga Reiss in mein Büro, sichtlich aufgeregt: »Herr Stein! Da steht eine junge Frau unten an der Pforte, so eine ganz Große! Sie möchte zu Ihnen! Wissen Sie, wer das ist?«

»Ist schon gut, Frau Reiss«, erwiderte ich, »ich weiß schon, wer das ist. Schicken Sie sie ruhig hoch.«

Sie betrat den Raum, zwar nicht in Arbeitskleidung, aber man konnte durchaus ahnen, welchem Broterwerb sie nachging. Heute machte sie Fahrschule und hatte ihren Fahrlehrer gebeten, mal eben anzuhalten, weil sie schnell etwas abholen müsse.

Ich gab ihr die 1500 Mark und fragte sie zum Abschied noch: »Und, wie war's?«

»Oh, ganz nett«, erwiderte sie. »Er hat sich ins Bett gelegt und ist eingeschlafen. Heute früh um acht bin ich gegangen, ich hatte ja Fahrstunde.«

Außer Spesen also nix gewesen. Viel zu spät kam mir der Gedanke, wie ich das Geld überhaupt wieder von der Firma zurückbekäme – eine Quittung mit Mehrwertsteuer hatte mir das Mädchen natürlich

3. Oben *Der Musterschüler.*

4. Unten *Waltraud und Alana.*

1. Ganz oben *Zuständig für Benehmen und die anderen wichtigen Dinge im Leben: Meine Mutter Erika – hier zusammen mit mir als Model für ein Benimmbuch.*

2. Oben *Meine Mutter: Forever young mit 88 Jahren.*

5. Oben *Peter Maffays Rückkehr zu Teldec. Von links: Teldec-Geschäftsführer Gerhard Schulze, Dieter Viering, Peter Maffay, Axel Meyer-Wölden.*

6. Rechts *Nicht immer ganz bierernst: Mit Peter auf der Abschlussparty der 30-Jahre-Maffay-Tournee.*

7. Links *Goldjunge Hansi, genannt Falco. Links im Bild: Horst Bork, A&R-Chef bei Teldec.*

8. Unten *Doppeltes Gold für die Zillertaler Schürzenjäger – und mittendrin meine Mutter Erika.*

9. Ganz oben *Vier wahrhaft schöne Männer: Mit Jürgen von der Lippe, Siegfried und Roy in Las Vegas.*

10. Oben *Hütchenspieler? Nein – mit Heino und seiner Frau Hannelore auf Mallorca.*

11. Links *Noch grün hinter den Ohren, aber schon Gewinner des Grand Prix der Volksmusik: Stefan Mross mit 14 Jahren.*

12. Unten *Lebenslang für Udo Jürgens: Vertragsunterzeichnung bei Ariola.*

13. Linke Seite oben *Zwei Ariola-Superstars: Whitney Houston und Monti Lüftner.*

14. Diese Seite oben *Fesches Madl: Whitney in original Loden-Frey-Lederhose.*

15. Linke Seite unten *Kaum weniger fesch: Whitneys Cousine Dionne Warwick, eingerahmt von Bertelsmann-Chef Reinhard Mohn und Arista-Boss Clive Davis.*

16. Einer meiner besten, zuverlässigsten Freunde: Komponist und Grammy-Gewinner Harold Faltermeyer.

nicht ausgestellt. Es sah ganz danach aus, als müsste ich wohl oder übel Falcos nächtliche Vergnügungen aus meiner Privatschatulle zahlen, und so war es am Ende auch. Kleine Geschenke erhalten bekanntlich die Freundschaft, dachte ich mir schließlich und setzte einen Haken an Falcos Hamburger Episode.

Falco war also wie viele seiner Künstlerkollegen durchaus ein Fan des Rotlichtmilieus – neben der Tatsache, dass er großer Hans-Albers-Fan war. Deshalb fanden wir es auch eine passende Idee, für eine Veranstaltung zur Gold- und Platin-Verleihung für Falcos Mega-Hit »Jeanny« ein Hamburger Reeperbahn-Etablissement mit dem bezeichnenden Namen Ritze zu mieten. Das Lokal zeichnete sich dadurch aus, dass zwei Damenbeine aus bemaltem Pappmaché den Eingang bildeten. Durch dieses Entrée schritt am Abend des Events ein bunt gemischtes Publikum aus Medienleuten, Journalisten, Hamburger Society und Kiez-Größen. Der Gang war passend zum Thema von »Jeanny« mit roten Pumps und trockenem Laub dekoriert, feuchter Nebel waberte durch die Szenerie.

Im Untergeschoss der Ritze gab es einen riesengroßen Boxring, in dem einst alle großen deutschen Boxer trainiert hatten. Diesen Raum hatten wir für die Veranstaltung mit Falco gemietet. Es war ein riesiges Presseereignis, alles war da, was auf der Reeperbahn Rang und Namen hatte.

Hansi fand das zwar lustig, aber als er merkte, wer da alles zu seinen Ehren gekommen war, fühlte er sich plötzlich ausgesprochen unwohl. Wir bekamen ihn aus der Garderobe fast nicht mehr heraus.

Es war auch tatsächlich eine erdrückende Atmosphäre: ein stickiger Kellerraum, darin ein riesiges Buffet, eine Menge Leute, alle rauchten, überall halb nackte Frauen, eine Luft zum Schneiden. Über das Event spricht man in Hamburg auch heute noch, wie ich mir habe sagen lassen.

Der Höhepunkt des Abends: Die PR-Damen von Teldec nahmen, in schwarze Lack-Kostüme gepresst, die Platin-Verleihung an Falco vor. Ungefähr ein Jahr später kam es in Hamburg zum Skandal um den »St.-Pauli-Killer« Werner Pinzner, der während eines Verhörs den

Staatsanwalt, seine Frau und sich selbst erschoss. Und wie es der Zufall will, schlug ich eines Tages den »Stern« auf. Da sah ich unsere PR-Damen in ihren Lack-Outfits, und mitten im Bild Pinzner und andere Rotlichtgrößen. Er war an diesem Abend ebenfalls auf der Platin-Verleihung gewesen.

Dem Riesenerfolg von »Jeanny« hatten wir allerdings mit einem – rückblickend betrachtet – vielleicht grenzwertigen Trick auf die Sprünge helfen müssen, denn das Album kam anfangs nicht so richtig in Schwung. Unsere Promotionleiterin Biggi Hamer, Horst Bork und ich zerbrachen uns die Köpfe, wie wir den Erfolg von »Jeanny« anstoßen und mit PR, Marketingmaßnahmen und durch TV-Unterstützung den Riemen auf die Orgel legen könnten. Am Ende stand der Plan fest. Im Sommer des Jahres 1980 waren in Italien die Töchter des »heute journal«-Moderators Dieter Kronzucker entführt worden, glücklicherweise jedoch unversehrt wieder freigekommen. Wir wussten, dass der Text zu »Jeanny«, der auf eine Entführungsgeschichte anspielt, in einigen Printmedien bereits mit negativen Kommentaren bedacht worden war, ein großes Thema war daraus aber bislang nicht geworden. Dem wollten wir etwas nachhelfen, denn auch schlechte PR ist PR – und wir brauchten sie dringend.

So boten wir das Thema des »Jeanny«-Textes der »heute journal«-Redaktion an, doch die zogen nicht so richtig. Also machten wir den Fahrer ausfindig, der Dieter Kronzucker jeden Morgen ins Büro brachte, und drückten ihm eine Kassette mit »Jeanny« in die Hand. Der Plan ging auf: Der Fahrer spielte Kronzucker das Lied vor und ereiferte sich mächtig über den Text. So kam es, dass »Jeanny« einen mehrminütigen kritischen Bericht im »heute journal« erhielt. Alle Welt sprach anschließend von Falcos Text, es gab einen großen Aufschrei landauf, landab. »Jeanny«, das sowieso nirgends gespielt wurde, bekam ein sofortiges Rundfunkverbot. Mehr brauchten wir nicht, damit das Album förmlich explodierte. Das Lied schwamm bald wie ein Fettauge auf der Suppe, wir verkauften mehr als eine Million Platten.

Das Ganze war definitiv am Rande des guten Geschmacks, es war durchaus ein Spiel mit anderer Menschen Befindlichkeiten. Ich könnte es gut verstehen, wenn Dieter Kronzucker mich, falls er das liest, noch nachträglich kräftig auf den Pott setzen würde. Aber wir hatten damals wirtschaftliche Probleme und waren zu vielem bereit. Davon ganz abgesehen war »Jeanny« eine tolle Nummer, der Erfolg ist uneingeschränkt berechtigt.

Wer mir allerdings bis heute jedes Mal, wenn er mich trifft, vorwirft, er sei im Zusammenhang mit »Jeanny« von uns über den Tisch gezogen worden, ist Wilhelm Wieben. Der damalige Sprecher der »Tagesschau« hatte gegen ein einmaliges Honorar die Nachrichtenmeldung in »Jeanny« gesprochen, dass ein Mädchen vermisst werde. Aber wer hätte damals auch ahnen können, dass das Lied so einschlagen würde?

Plötzlich war Teldec im Gespräch, und wie es so ist: Erfolg gebiert Erfolg. Innerhalb kurzer Zeit wurden aus zwei Prozent Marktanteil elf Prozent allein im Single-Bereich. Dazu trugen die unterschiedlichsten Künstler bei: Im Volksmusik-Bereich waren es vor allem Ernst Mosch, Gotthilf Fischer und Heino. Durch einen Zufall fanden wir die Deutschrock-Band Clowns und Helden: Ich hörte sie im Autoradio in einer Sendung des NDR, sie hatten nicht einmal einen Promoter. »Unsere Platten will keiner«, meinten sie in der Radiosendung. Sofort schlugen wir zu und nahmen die Band unter Vertrag. Innerhalb kürzester Zeit verkauften wir dreihunderttausend Alben und hunderttausende Singles von »Ich liebe dich«. Mit Klaus und Klaus und ihrem späteren Nummer-1-Hit »An der Nordseeküste« war es ähnlich, mein Mitarbeiter Dieter Hägermann hatte sie angebracht.

Allmählich fassten wir Mut und nahmen auch Künstler unter Vertrag, deren Stärken man eigentlich auf anderen Gebieten erwartete. Brigitte Nielsen, die damals noch mit Sylvester Stallone verheiratet war, hat zwar gesungen, aber das Marketing rund um ihre Person war zweifellos der stärkere Erfolgsfaktor. Als sie auf einer Teldec-Veranstaltung einem Messerwerfer als Schattenmodell dienen musste, war doch die Angst groß, dass an ihr etwas platzen könnte.

Prinzessin Stéphanie von Monaco kam über ein französisches Label mit ihrer Platte »Irresistible« zu Teldec. Um auf sie aufmerksam zu machen, ließen wir »Bitte nicht stören«-Schilder mit dem Konterfei dieser damals wunderschönen Frau produzieren und schickten sie an große Hotels. Plötzlich hing überall in Deutschland Stéphanie von Monaco an Hoteltüren und legte den Finger an die Lippen. Der Erfolg dieses Marketing-Gags ließ nicht lange auf sich warten, dreihunderttausend »Irresistible«-Platten gingen über den Ladentisch. Sicherlich trug zum Erfolg auch die Tatsache bei, dass »Bild« eine große Schlagzeile rund um den Konsum eines gewissen weißen Pulvers in der Entourage der monegassischen Prinzessin brachte – zwar mit Fragezeichen versehen, aber immerhin.

Schließlich verkaufte auch Chris Rea Unmengen von Platten. Wir nahmen Michael Jacksons Schwester La Toya unter Vertrag, Billy Ocean mit »Caribbean Queen« und die New-Wave-Band A Flock of Seagulls mit ihren unglaublich getafteten Haaren.

Teldec brummte plötzlich an allen Ecken und Enden. Wir waren auf einmal wer und drängten weiter nach vorne. Dass wir so erfolgreich wurden, hing damit zusammen, dass wir ein tolles Team an kreativen und pfiffigen Mitarbeitern hatten, die die richtigen Nasen hatten und erfolgreiche Künstler an Bord holten. Artists-and-Repertoire-Chef Horst Bork war einer davon, er wurde später Manager von Falco. Über lange Jahre – auch später bei BMG – stand mir in Person von Biggi Hamer eine kongeniale Mitarbeiterin zur Seite, die unsere zum Teil ziemlich durchgeknallten Ideen in die Umlaufbahn schicken musste. Und Sherman Heinig, verantwortlich für A&R international, war ein echtes »Trüffelschwein«. Er lief durch die Gegend und fand immer etwas, ich will gar nicht so genau wissen, wie er die Dinger aufspürte. Über Sherman bekamen wir auch Adriano Celentano und Antonello Venditi. Überhaupt waren wir mit der italienischen Szene in Deutschland ziemlich gut vertreten.

In der Covergestaltung schlugen wir ebenfalls neue Wege ein. Beispielsweise ließen wir für das Cover einer Anton-Bruckner-Konzertaufnahme eine ganze Hauswand mit dem Kopf des Komponisten bemalen und fotografierten sie anschließend ab. Das kostete zwar ein

Heidengeld, aber der Plattenabsatz ging durch diese Aktion steil nach oben.

Soundtracks zu Kinofilmen wurden ebenfalls ein echter Umsatzbringer: Buchstäblich über Nacht – dank unserer eigenen Plattenfertigung war das möglich – warfen wir eine Aufnahme von Maurice Ravels »Bolero« als Soundtrack zu dem erfolgreichen Film »9½ Wochen« mit Mickey Rourke und Kim Basinger auf den Markt. Die Aufnahme selbst war Nebensache, wichtig war den Käufern nur, dass es der »Bolero« aus dem Film war. Die Rechnung ging auf: Mehr als achtzigtausend verkaufte »Bolero«-Maxisingles waren das Ergebnis dieser Nacht-und-Nebel-Aktion.

Aus dem bisschen, was wir hatten, machten wir eine ganze Menge. Trotzdem wurden wir die wirtschaftlichen Probleme nicht dauerhaft los, denn die Altverbindlichkeiten mussten erst einmal abgebaut werden, bevor wir wirklich Gewinn schreiben konnten. Und darauf bestand keine realistische Aussicht, jedenfalls nicht in absehbarer Zeit.

Die Familie Dimenstein beschloss deshalb, sich auf die Suche nach einem Partner für Teldec zu begeben. Mindestens zehn oder fünfzehn potenzielle Teilhaber sah ich Mitte der Achtzigerjahre durchs Haus ziehen, die Interesse am Kauf der Firma bekundeten und deshalb in jede Ecke leuchteten. 1986 wurde das gewerkschaftseigene Wohnungsbauunternehmen Neue Heimat für eine symbolische Mark an den Berliner Bäckerei-Unternehmer Horst Schiesser verkauft. Die Familie Dimenstein hätte sich vorstellen können, auf dieser Basis ebenfalls einen Partner hineinzunehmen, der die Firma nachhaltig unterstützte. Allein – selbst für diesen super Sonderpreis fand sich keiner. Bertelsmann hatte immerhin den Finger gehoben und einen Letter of Intent abgegeben, aber das war es dann auch schon gewesen.

Unser Zugpferd Falco bereitete uns ebenfalls Kopfzerbrechen. Seine schwere Abhängigkeit von allen möglichen Substanzen hatte bei ihm einen Effekt wie bei Dr. Jekyll und Mr. Hyde, wie so häufig bei hoch kreativen und gleichzeitig sensiblen Menschen. 1987 war er bereits sehr »flexibel emotionalisiert«, man könnte auch sagen durchgeknallt.

Streckenweise war er völlig neben der Spur und kaum ansprechbar. Umso erleichterter war ich, dass er eines Nachmittags anstandslos bereit war, aus dem Vertrag, der über Markus Spiegel, seinen Entdecker, zu uns gekommen war, einen Exklusivvertrag mit Teldec zu unterschreiben.

Mittlerweile begann Falco auch in den USA erfolgreich zu werden, »Rock me Amadeus« stand dort auf Nummer eins. Das Album war in Amerika bei A&M Records unter Vertrag, dem Label der legendären Produzenten Herb Alpert und Jerry Moss. Es war klar: Wir mussten das gestiegene Interesse ausnutzen und Falco vor Ort promoten, um möglichst noch weitere Vertragspartner außerhalb Deutschlands zu finden. Teldec hatte ja die Weltrechte für Falco.

»Mei, Thomas, i hob koa Lust«, erklärte mir Falco, als ich ihm sagte, er müsse nach Amerika. »Die Oaschlöcher mog i ned sehn!«

»Hansi, da musst du aber hin, das ist wichtig. Was muss ich tun, damit du fährst?«, fragte ich.

»Dann musst du halt mitfoan.«

Durch Amerika mit Falco – das fehlte mir gerade noch. Doch mir blieb keine große Wahl, Hansi bestand darauf, dass ich ihm das Händchen hielt. Also tingelte ich mit ihm und Horst Bork fast drei Wochen lang durch die USA, um unseren Star zu promoten. Wir klapperten Fernseh- und Rundfunksender ab, um ihn und »Rock me Amadeus« bekannt zu machen.

Eines Morgens um sechs Uhr saß Falco im Studio bei der jetzigen Schwarzenegger-Ehefrau Maria Shriver, die damals das Frühstücksfernsehen auf CBS moderierte. In der rechten Hand hatte er eine kleine Murmel, die er irgendwo gefunden hatte, und spielte die ganze Zeit damit herum. In der Linken hielt er eine Zigarette – morgens um sechs, und das in den USA, wo Rauchen schon damals verpönt war!

Maria Shriver begrüßte ihn freundlich. Falco hatte jedoch offenbar nicht die geringste Lust auf Smalltalk.

»Bevor Sie mich gleich lang fragen«, erklärte er ihr rundheraus auf Englisch, »ich komme aus Österreich, from Austria, not from Australia. We don't have kangaroos.«

Da war Maria Shriver schon ein bisschen erstaunt. Ich nehme an, sie kannte den Unterschied sehr wohl, auch wenn es einem in Amerika tatsächlich passieren kann, dass Austria und Australia verwechselt werden.

Sie versuchte die peinliche Situation zu überbrücken, so gut es ging, und fragte ihn freundlich: »Falco, was machen Sie denn mit der Murmel da?«

»I stopped smoking, and I need that! – Ich habe mit dem Rauchen aufgehört, und ich brauche das«, erwiderte er, während von der Zigarette in seiner linken Hand unübersehbar der Qualm aufstieg. Maria Shriver war restlos irritiert. Die Sendung war live, man konnte Falcos patzige Antworten auch nicht herausschneiden. Natürlich waren die Leute vom Sender sauer, und Falco wurde konsequenterweise nicht mehr eingeladen. Das war ihm allerdings herzlich egal. Was macht man nur mit so einem Menschen? Es war sicherlich nicht eines seiner besten Interviews, aber eines seiner schrägsten.

Die blöde Murmel machte die ganze Reise mit, bis sie Falco in Los Angeles nach der Platin-Verleihung für The Bangles herunterfiel. Plötzlich war er von Fotografen umlagert, während er scheinbar besoffen (er *war* besoffen) auf dem Boden herumkroch, um seine Murmel zu suchen, die allerdings nicht mehr auftauchte. Hinterher fragte er mich ganz erstaunt: »Hab i die Hos'n offen g'habt, weil die so andauernd fotografiert ham?«

Es war eine anstrengende, aber auch eine wunderbare Zeit, ich war mit Ende dreißig mittendrin in der coolen und durchgedrehten amerikanischen Show- und Musikerszene und genoss es. In Hollywood wohnten wir im Sunset Marquis, einem veritablen Musikerhotel. Da saß in der Lobby B. B. King und schlief selig den Schlaf des Gerechten. Im nächsten Moment konnte es sein, dass jemand mit einer Harley direkt zum Haupteingang hereinfuhr und die Maschine vor dem Empfangstresen parkte. Am Pool saß Dave Stewart von den Eurythmics mit völlig aufgekratztem Rücken, eine Liege weiter quietschte Cindi Lauper wie eine Badeente. Neben mir am Pool lag Dolph Lundgren, und ich kam mir vor wie ein Liliputaner neben einer Felswand.

Falco war ein phantastischer Kerl, aber ab einem bestimmten Zeitpunkt, wenn er den Hals beziehungsweise die Nase voll hatte, war er nicht mehr kontrollierbar und entglitt uns. Dann konnte er unerträglich arrogant werden. So geschehen während eines Abendessens mit Herb Alpert. Es ging um die Verlängerung des Falco-Vertrags bei A&M. Herb Alpert ist ein wunderbarer Musiker und ein wunderbarer Mensch, für mich stellt er bis heute eine der großen Galionsfiguren im internationalen Musikgeschäft dar. Er hatte bei A&M alles unter Vertrag, was Rang und Namen hatte: Supertramp, Chris de Burgh, Styx und viele Berühmtheiten mehr. A&M war das Top-Label. Und ausgerechnet diesem Menschen gegenüber benahm sich Falco an dem Abend so schlecht, dass ich kaum mehr ein noch aus wusste. Die Vertragsverlängerung mit A&M kam deswegen auch anschließend nicht zustande, und wir mussten uns ein anderes Label suchen.

Eines Tages saßen wir deshalb in New York bei Seymour Stein, dem Chef von Sire Records, einem Label des Mediengiganten Warner. Seymour kannte ebenfalls alle Genussmittel des Lebens und war auch sonst mit Falco sehr auf einer Wellenlänge. Er wollte Falco unbedingt unter Vertrag nehmen.

Axel Meyer-Wölden und ich schafften es durch zähes Verhandeln, dass Warner am Ende nahezu das Doppelte dessen für Falco als Vorauszahlung auf den Tisch legte, was wir gebraucht hätten, um unsere vertraglichen Pflichen zu erfüllen.

Am Tag der Vertragsunterschrift im Jahr 1987 in New York sagte ich halb im Scherz: »Ich kann euch ja jetzt ein Geheimnis verraten: Für das Geld hättet ihr fast schon die ganze Firma Teldec bekommen können.«

Womit niemand rechnen konnte: Die Warner-Leute wurden sofort hellhörig und boten der Familie Dimenstein an, Teldec vollständig zu übernehmen. Plötzlich kam mehr Bewegung in die zähe Partnersuche, als Dimensteins lieb war. Warner war ein potenter Partner, die Firma Teldec stand vor großen Investitionen, wenn sie konkurrenzfähig sein und wachsen wollte, aber dafür fehlte nach wie vor das Geld. Es gab nüchtern gesehen keinen besseren Moment, um zu verkaufen.

Genau das erklärte ich Dimensteins auch. Doch die Familie tat sich schwer mit diesem Schritt, ihr Herzblut hing an der Firma, in der Maurice Rosengarten mit Lederpressen die ersten Schallplatten produziert und die er durch viele Stürme geführt hatte. Für die Mitarbeiter war die unsichere Situation allerdings kaum mehr tragbar. Die dringend benötigten Entscheidungen über Investitionen in die Zukunft waren blockiert, nichts ging mehr richtig voran.

Mitten in das Zögern der Besitzerfamilie hinein erreichte mich ein verführerisches Angebot: Unserem großen Konkurrenten Ariola waren unsere Aktivitäten nicht verborgen geblieben, und deren Boss Monti Lüftner ließ anfragen, ob ich ihn nicht einmal zu einem informellen Gespräch am Wörthersee aufsuchen möge.

Wieder einmal hielt das Leben für mich gleich mehrere Weggabelungen parat: Mitten hinein in meine beruflichen Spannungen, die in zunehmenden Spannungen meiner Ehe mit Waltraud ihre Entsprechung fanden, passierte etwas, das mir bis heute ein Quell der Freude ist: Am 21. Januar 1987 brachte Wally unsere Tochter Alana zur Welt. Eigentlich hatte ich keine Kinder mehr haben wollen, denn ich hatte es immer sehr bedauert, dass ich meiner Erstgeborenen Daniela nicht die Heimat hatte bieten können, die ich ihr gerne gegeben hätte. Elf Jahre später fügte es sich anders, und darüber bin ich sehr glücklich. Auch wenn die Ehe mit Wally bis zu unserer Scheidung nur noch wenige Jahre Bestand haben sollte, so lebt die Beziehung doch in unserer wunderbaren Tochter weiter.

Ein Jahr später unterschrieben Dimensteins den Vertrag, der den Verkauf von Teldec an Warner besiegelte. Diese Unterschrift besiegelte leider auch das Ende unserer Freundschaft, was ich bis heute sehr bedaure. Von diesem Tag an hat Sara Dimenstein kein Wort mehr mit mir gesprochen; sie war wohl zutiefst persönlich gekränkt und enttäuscht, dass ich mich in Richtung der Konkurrenz orientierte. Für sie war ich vermutlich ein Verräter, der sie durch seinen Weggang zwang, ihr Familienerbe zu verkaufen, auch wenn sachlich gesehen die wirtschaftlichen Zwänge keinen anderen Ausweg ließen und das Angebot von Warner für eine Firma, die noch zwei Jahre vorher niemand haben wollte, nicht einmal für eine Mark, mehr als attraktiv war. Teldec war zu groß, um zu sterben, und zu klein, um richtig zu leben. Der Schmerz der Gesamtamputation war daher besser als der scheibchenweise Tod, davon bin ich bis heute überzeugt.

Ein Todesfall ziemlich genau zehn Jahre später beendete für mich endgültig den bislang wichtigsten Abschnitt meines Berufslebens: Am 6. Februar 1998 kam Falco bei einem Autounfall in der Dominikanischen Republik ums Leben. Ich erfuhr von diesem tragischen Ereignis, als ich gerade in einem Skilift saß. Ein Freund rief mich an und sagte nur: »Hast du gehört, Falco ist tödlich verunglückt!« Eine wahrhaft absurde Situation, aber sie passte irgendwie zu mir und Falco. Ich nehme an, mein Freund Hansi hätte seine helle Freude gehabt, wenn er gesehen hätte, wie ich da im Schnee stand und um ihn trauerte.

Mit dem Begriff »Freundschaft« gehe ich sehr vorsichtig um – das ist eine Lektion, die man im Musik- und Showgeschäft nicht früh genug lernen kann. Und wenn man wie ich zeitweise bis zu dreihundert Tage im Jahr unterwegs ist, sind Freundschaften ohnehin nur mit viel Einsatz und Engagement am Leben zu erhalten.

Auf meinen unzähligen Reisen rund um den Globus bin ich vielen hochinteressanten, witzigen und skurrilen Menschen begegnet, häufig haben sich daraus gute Bekanntschaften und in einigen Fällen sogar echte Freundschaften entwickelt. Als unerlässliche Voraussetzung dafür sehe ich allerdings Offenheit gegenüber anderen Menschen, Unvoreingenommenheit und im positiven Sinne Neugier.

Einer der Künstler, mit denen mich bis heute eine intensive Freundschaft verbindet, ist Peter Maffay. Ihre Wurzeln hat diese Freundschaft in meiner Zeit als Musikredakteur beim ZDF. Irgendwann kam Peters damaliger Manager Michael Conrad zu mir in die Redaktion und brachte mir eine neue Maffay-Platte. Mit seiner ersten Single »Du« hatte Peter bereits 1970 einen großen Hit gelandet.

»Hör dir das neue Album mal an«, meinte Michael, »das ist der Hammer!«

Ich legte die Scheibe auf und war begeistert. Als dann Peter selbst kurze Zeit später bei mir im Studio auftauchte und seinen Schäferhund mitbrachte, hatte er mich, den Hundefreund, gleich auf seiner Seite.

Während meiner Vertragsverhandlungen mit Peter rund um seine Rückkehr zu Teldec und der anschließenden Zusammenarbeit an seinem Album »Carambolage« lernten wir uns dann näher kennen. Seitdem sind wir befreundet, und diese Freundschaft schließt auch unsere Frauen mit ein.

Eines Freitagabends im August 1984 saßen Peter und ich in Köln zusammen und besprachen den Coverentwurf für Peters neues Album

»Sonne in der Nacht«. Irgendwann fanden wir uns bester Laune um fünf Uhr morgens im 14. Stock unseres Hotels wieder und schauten uns gemeinsam den Sonnenaufgang an.

»Weißt du«, sagte Peter da mit seiner unverwechselbaren Stimme in die Morgenstimmung hinein, »und morgen fahr ich mit meiner Harley nach Mallorca.«

»Tolle Idee«, sagte ich in meinem Brausebrand, »da komme ich mit dem Motorrad runter.«

»Mach das mal«, meinte Peter und grinste. »Hast du denn ein Motorrad?«

»Nein, zurzeit nicht.« Meine geliebte BMW, mit der ich schon in Südfrankreich gewesen war, hatte ich verkauft, nachdem mir eines Tages auf der Autobahn bei 150 Stundenkilometern um ein Haar ein Auto in die Quere gekommen wäre. Waltraud saß hinter mir, ich konnte gerade noch auf den Seitenstreifen ausweichen. Seitdem war ich nur noch auf vier Rädern unterwegs. Aber Peter gab den entscheidenden Impuls.

Ein paar Stunden später flog ich nach Hause nach Hamburg, marschierte schnurstracks zum nächsten Motorradhändler und erstand eine wunderschöne BMW K 100 RT, eine perfekte Reisemaschine. Außerdem kleidete ich Waltraud und mich komplett neu ein mit Lederkombi, Helm, Stiefeln und Handschuhen. Zu Hause angekommen, eröffnete ich meiner ziemlich überraschten Frau: »Wally, pack ein paar Sachen, wir fahren nach Mallorca in den Urlaub.«

Als sie einen Koffer holen wollte, sagt ich: »Das hast du falsch verstanden. Wir fahren mit dem Motorrad!«

Drei Tage später ging es los. Die Strecke bis Karlsruhe fuhren wir mit dem Zug, denn es ist nicht besonders prickelnd, mit dem Motorrad Hunderte von Kilometern auf deutschen Autobahnen abzuspulen. Dann saßen wir auf, und es war ein unbeschreibliches Gefühl, nach so langer Motorradabstinenz endlich wieder den Fahrtwind um die Nase zu spüren!

Aufs Geratewohl fuhren wir bis Barcelona, von wo aus wir mit der Fähre nach Mallorca übersetzen wollten. Da hatten wir allerdings die

Rechnung ohne den Wirt gemacht: Es war August, höchste Ferienzeit, und die Fähren waren bis auf den letzten Platz ausgebucht. Also hieß es warten. Wir juckelten gemütlich die Mittelmeerküste entlang bis nach Marseille, wo wir uns schließlich vier Tage später einschiffen konnten.

In der wunderbaren Inselhauptstadt Palma de Mallorca angekommen, rief ich gleich Peter in seinem Haus an und hatte ihn direkt am Apparat.

»Peter, wir sind da!«

»Wie, ihr seid da?«

»Waltraud und ich sind auf Mallorca mit dem Motorrad, wie wir es letzten Samstag ausgemacht haben.«

»Das glaub ich dir nicht«, kam es vom anderen Ende, »kommt gleich her!« Peter hielt es schlicht nicht für möglich, dass der Geschäftsführer seiner Plattenfirma mal eben mit dem Motorrad die riesige Strecke nach Mallorca fuhr, nur weil wir das im Brausebrand verabredet hatten.

Es war wunderbar. Eine Woche lang fuhren wir gemeinsam über die herrliche Insel, durch hübsche Dörfer, über halsbrecherische Serpentinensträßchen, vorbei an Eselsfuhrwerken, Rennradfahrern und glücklichen Schweinen, und lernten uns in dieser kurzen Zeit besser kennen, als es in vielen Jahren einer rein geschäftlichen Beziehung möglich gewesen wäre.

Motorräder ziehen sich durch Peters und meine gemeinsame Geschichte wie ein roter – oder vielleicht sollte ich hier besser sagen gelber – Faden. Meine Frauen mussten mich mit dieser Leidenschaft teilen, ob sie wollten oder nicht.

Eines späten Abends, Peter und ich kannten uns inzwischen viele Jahre und hatten etliche Höhen und Tiefen gemeinsam durchlebt, saß ich mit ihm und dem damaligen Vorstand für Musik, Michael Dornemann, in Tutzing in Peters Büro. Dort stand, seit ich denken konnte, Peters erste Harley, ein herrliches Gefährt, aber stets mit einem Platten.

Es könnte sein, dass ich an diesem Abend drei oder vier Glas einer gewissen durchsichtigen Flüssigkeit zu viel hatte. Jedenfalls fragte ich Peter irgendwann: »Sag mal, was machst du eigentlich mit dem Ding da?«

»Die Harley? Die kannst du haben, wenn du willst«, antwortete er, »ich verkaufe sie dir.«

Er nannte einen Preis, und mit leicht angedudeltem Kopf wurde ich mit ihm handelseinig.

Am nächsten Morgen erwachte ich mit einem ziemlichen Brummschädel und sagte zu meiner damaligen Frau Margret: »Ich bin mir nicht ganz sicher, aber ich glaube, ich habe Peter gestern Abend aus Versehen sein altes Motorrad abgekauft.«

Sofort rief ich Peter an, der ein Frühaufsteher ist wie ich. »Peter, hab ich gestern deine Maschine …?«

»Ja«, kam es prompt zurück, »sie steht schon auf dem Lkw und ist auf dem Weg zu dir.«

So kam ich zu meiner ersten Harley. Die Schönheit hatte allerdings Macken, wovon der chronische Platten eine der geringsten war.

Peter und ich planten, mit unseren Frauen Mickey und Margret und unseren Harleys eine große Tour durch Spanien zu machen. Peter hatte alles organisiert. Die mittlerweile gelbe Harley war vorausgeflogen und erwartete uns – ich hatte sie sorgfältig und für entsetzlich viel Geld herrichten lassen. Margret und ich kamen jedoch gerade fünf Kilometer weit, dann begann die Maschine zu husten und zu spucken, was das Zeug hielt. Ein Schrauber in einem pittoresken südspanischen Dorf nahm sich ihrer an und zerlegte sie so gründlich in ihre Einzelteile, dass mir angst und bange wurde. Doch o Wunder: Am Ende lief sie wieder, und wir fuhren weiter.

Margret sah am Ende des Tages aus, als hätte sie mit Rohöl geduscht. Und was auch immer wir die nächsten Tage unternahmen, welche Werkstatt wir auch aufsuchten: Die Harley verspritzte nach allen Seiten Öl, so schnell konnten wir es gar nicht nachkippen.

Irgendwann hatte ich die Nase gestrichen voll, Margret sowieso. Peter und Mickey cruisten unbehelligt durch die herrliche Landschaft, und wir schleppten uns mühsam von Werkstatt zu Werkstatt. Also drückte ich dem letzten in der langen Kette der Mechaniker einen Geldschein in die Hand, damit er das Ding nach Deutschland zurückschaffte, und wir nahmen uns notgedrungen einen Leihwagen. Als letzte Reminiszenz ans Motorradfahren setzte ich mir meinen Helm auf, kurbelte alle Scheiben herunter, ließ mir den Fahrtwind um die Nase wehen und versuchte mir einzubilden, wir säßen auf einer donnernden Harley.

»Das mache ich nicht mit«, erklärte ich Margret, als wir schließlich in Lissabon angelangt waren. »Ich gehe hier zum nächsten Harley-Händler.«

Gesagt, getan: Abends um fünf standen wir vor einer riesigen, nagelneuen Tourenmaschine, ein fahrendes Wohnzimmer mit vier Lautsprechern, Koffern und allem, was wir brauchten.

»Die nehme ich«, sagte ich zu dem Händler. »Wann kann ich sie haben?«

»In fünf Tagen«, erwiderte er, »ich muss sie zulassen und die Papiere fertig machen.«

»Das ist viel zu lang. Ich brauche sie morgen Mittag um eins!«

Der Händler sah mich an, als hätte ich ihm einen unsittlichen Antrag gemacht. Angesichts des stattlichen Neupreises und des Geschäfts, das ihm zu entgehen drohte, wurde er jedoch kreativ, und am nächsten Tag stand die Maschine chromblitzend und vollgetankt pünktlich wie verabredet vor dem Hoteleingang.

Nun stand der Weiterreise nichts mehr im Weg. Wir trafen uns wieder mit Peter und Mickey, die inzwischen vorgefahren waren, und reisten dann gemeinsam auf einer der schönsten Routen durch Süd- und Zentralspanien. Eine Tagesetappe betrug nie mehr als zweihundert Kilometer, mittags machten wir Rast in verschlafenen Dörfern oder einfach auf einem Hügel mit einer Flasche Rotwein, einem Stück Käse und scharfer spanischer Wurst – es war wie im Film. Eine Reise, die ich jederzeit wieder machen würde, egal ob mit einer Harley oder einem Auto mit Kindersitz.

Strikt von unserer Freundschaft getrennt entwickelte sich zwischen Peter und mir im Lauf der Jahre eine exzessive geschäftliche Partnerschaft, die bis zu meiner Trennung von Bertelsmann Bestand hatte. Peter »begleitete« mich von Teldec weiter zu Ariola und BMG. In diesen langen Jahren der Zusammenarbeit prallten auch öfter mal unsere Dickschädel aufeinander. Wir wissen beide ganz genau, was wir wollen, und das funktionierte nicht immer zusammen. Aber wir brachten uns immer wieder auf einen gemeinsamen Nenner, und das ist bis heute so geblieben.

In Peters Studio auf Mallorca veranstalteten wir eines Tages eine sogenannte Abhöre des neuesten Tabaluga-Albums. Die Plattenfirma lädt aus diesem Anlass ein paar Mitarbeiter und Medienvertreter ein, sich das neue Produkt anzuhören. Und natürlich erwartet der Künstler am Ende der Vorführung wahre Begeisterungsstürme und donnernden Applaus. So war es auch dieses Mal. Alle im Raum applaudierten, aber Peter wollte es ganz genau wissen. »Thomas, ich brauche eine ehrliche Meinung. Was hältst du davon?« Peter wusste genau, wenn ich nichts sagte, war etwas im Busch. Und ich hatte mich offenbar auffällig ruhig verhalten.

»Das besprechen wir vielleicht besser unter vier Augen«, meinte ich nur. Peter verstand das Zeichen: Hier brannte der Kittel.

Aus den vier wurden dann acht Augen: In seinem kleinen Aufnahmeraum trafen sich Peter, ich und die beiden Produzenten Carl Calton und Bertram Engel wieder, und ich sagte der Runde ehrlich, wie es nun mal meine Art ist, was ich von dem neuen Produkt hielt: nämlich wenig.

Peter war so sauer! Ich hatte nicht damit gerechnet, dass meine Kritik meinen Freund derart schmerzen würde. »Dir spiel ich nie wieder Demos vor!«, erklärte er mir rundheraus, und das haben wir bis heute eingehalten. Denn so raubeinig Peter nach außen wirken mag, so sensibel ist er in Wirklichkeit.

Es war ebenfalls bei Teldec. Jürgen von der Lippe moderierte damals bei der ARD die Sendung »Geld oder Liebe« und hatte bei Teldec gerade seine Platte »Guten Morgen, liebe Sorgen« fertiggestellt.

Eine witzige Scheibe, unter anderem deshalb, weil sich darauf eine glänzende Parodie auf Peter Maffay befand. Ich hörte sie mir an und konnte mich kaum halten vor Lachen. Doch ich kannte ja meinen Freund Peter.

»Das ist klasse«, erklärte ich Jürgen, »aber du musst verstehen, ich kann die Platte nicht rausbringen, ohne Peter vorher über die Parodie auf ihn zu informieren.«

Am nächsten Tag flog ich von Hamburg nach München und ging ins Studio. Peter war noch nicht da, aber seine Musiker waren bereits vollzählig zur Stelle.

»Jungs, hört euch das mal an!« Ich legte Jürgens Platte auf. Der Erfolg war der gleiche wie bei mir am Vortag: Alle lachten sich halb tot.

In diesem Moment kam Peter in den Raum, und alles erstarrte. Und dann glaubte ich plötzlich, meinen Ohren nicht zu trauen: Peters Musiker, die sich eben vor Lachen noch gebogen hatten, schlugen mit einem Mal völlig andere Töne an: »So etwas kann man doch nicht machen! Das ist ja eine bodenlose Unverschämtheit! Eine Sauerei ist das!«

Peter selbst war stinksauer. Ich war der Einzige, der immer noch lachte, weil ich das Stück so lustig fand, übrigens auch heute noch. Aber einen Peter Maffay, der sauer war auf Jürgen von der Lippe, konnte ich nicht gebrauchen. Also pilgerte ich zu Jürgen.

»Wir haben ein Problem, Peter ist stinkwütend wegen deiner Parodie auf ihn. Können wir da was machen, das Ganze vielleicht ein bisschen entschärfen?«

Jetzt war auch noch Jürgen sauer. »Ich weiß doch, warum ihr das nicht wollt! Peter Maffay verkauft mehr Platten als ich, und deshalb soll ich zurückstecken. Das könnte euch wohl so passen!«

Nun lagen endgültig alle miteinander im Clinch: die Managements meiner beiden Künstler, die Künstler selber, und ich mittendrin. Ein emotionaler Supergau. Mit der Friedenspfeife in der Hand pendelte ich zwischen München und Berlin hin und her und versuchte, die Angelegenheit wieder ins Reine zu bringen.

»Peter, versteh doch, das Beste, was dir passieren kann, ist, wenn du von einem der erfolgreichsten Comedians parodiert wirst!«, versuchte ich ihm klarzumachen. Eine bessere PR hätte er damals tatsächlich kaum haben können. Aber der Humor der Menschen ist eben unterschiedlich. Und ich hatte durchaus Verständnis für Peters Empfindlichkeit: In den Anfangsjahren hatte wirklich jeder auf ihm rumgekloppt, es gab kaum einen Journalisten, der ihn nicht wegen seines Aussehens und seiner Sprache veräppelt hätte. Das war manchmal deutlich unter der Gürtellinie. Heute ist es Peter egal, aber damals fehlte ihm dieses Selbstbewusstsein, die Angriffe hatten ihn sensibel gemacht. Manchmal merkt man einfach zu spät, dass solche Sensibilitäten nicht überbrückbar sind.

Es gelang mir schließlich einigermaßen, die Wogen zu glätten, aber ein »Geschmäckle«, wie die Schwaben sagen, ist doch zurückgeblieben. Mit Peter bin ich wieder im Reinen, aber das ursprünglich sehr gute Verhältnis zu Jürgen hat durch diesen Vorfall leider dauerhaft Schaden genommen.

Empfindlichkeiten und Sensibilitäten bei Künstlern gehen in der Regel, so meine Erfahrung, eng einher mit unglaublicher Kreativität, Neugierde und Innovationsfreudigkeit. So auch bei Peter. Im Lauf seiner Karriere hat er seiner Musik immer wieder neue Impulse gegeben. Musikalische Anregungen, die ich von einer Reise nach Nepal mitbrachte, trugen auch dazu bei.

Eines Abends traf ich auf einem Konzert des kanadischen Dirigenten Michael Tilson Thomas in München den Komponisten Eberhard Schoener und seine Frau Steffi. Beide kannte ich schon relativ lange. Ebi kann man getrost als einen Mann mit einem Kreativ-Output bezeichnen, gegen den ein auf Hochtouren laufender Hochofen unproduktiv ist.

In der Pause nahm mich Ebi beiseite: »Thomas, ich habe da eine Idee!« Dazu muss man wissen: Ebi hat jeden Tag mindestens eine Idee. »Ich habe vor, in Nepal eine Platte aufzunehmen. Was hältst du davon, wenn wir das gemeinsam machen?«

In mir klingelte sofort etwas. Nepal – fremde Musikwelten – Esoterik – Buddhismus. Schon seit vielen Jahren war ich auf dem Crossover-Trip. Bereits 1971 war ich fasziniert gewesen von einem Album, das der japanische Klassikdirigent Sejij Ozawa zusammen mit den Blues-Musikern der Siegel-Schwall Band aufgenommen hatte, das aber weitgehend unbemerkt geblieben war. Ich war überzeugt, dass das eine ganz neue, erfolgversprechende Musikrichtung ergeben könnte: Klassik und Pop mussten irgendwie »gemergt« werden. Und Ebis Nepal-Trip schien in diese Richtung zu weisen.

»Gute Idee!«, meinte ich deshalb sofort. »Lass uns das zusammen angehen!«

Also reisten wir für zwei Wochen im Jahr 1996 in einer kleinen Gruppe nach Nepal: Margret, Ebi, Steffi und ein TV-Team. Mit im Gepäck hatten wir ein komplettes Produktionsstudio für die geplanten Fernseh- und Schallplattenaufnahmen.

Die Reise war eine großartige und zugleich bizarre Erfahrung. Man kann sich überhaupt nicht vorstellen, dass es in Höhen von dreieinhalb- bis viertausend Metern noch Ansiedlungen gibt und wovon die Leute dort leben. Wir waren fasziniert von der großartigen Landschaft. Gleichzeitig war es aber auch eine sehr traurige Reise, die uns immer wieder in einen inneren Zwiespalt stürzte, wenn wir sahen, wie schlecht es den Menschen dort ging und unter welch armseligen Bedingungen sie ihr Leben fristeten.

In der »Fußgängerzone« in Kathmandu gibt es ein Sterbehospiz. Dort gehen die Leute hin mit einer Plastiktüte in der Hand, wenn sie den richtigen Zeitpunkt gekommen sehen, um zu sterben. Die Sterbewilligen leben bis zu ihrem Ende in einem kargen Raum, zehn Meter lang, zweieinhalb Meter breit, in dem eng an eng Stockbetten stehen. Jeder kann in das Gebäude und die Menschen besuchen. Reis wird aus einem Blecheimer in simple Näpfe geschöpft, es herrschen unvorstellbar erbärmliche Verhältnisse. Dennoch waren diese Menschen ausgesprochen ausgeglichen und zufrieden, teilweise sogar fröhlich.

Auf der Straße begegneten uns eine Handvoll Menschen mit einer

Trage. Darauf wackelten ein paar Beine. Es war ein Toter, der unten am Fluss schnell verbrannt wurde.

Eine solch gelassene Art des Umgangs mit dem Tod ist für uns in den sogenannten Industrienationen schlicht nicht vorstellbar. Alle Politiker, von der Kreisklasse bis zur Bundesliga, würden sich maßlos darüber ereifern. Dort ist es jedoch eine Institution, die in den Kulturkreis hineingehört.

Am Anfang war ich so schockiert, dass ich am liebsten gleich wieder abgereist wäre. Aber je intensiver wir uns mit Kultur und Glauben der Menschen in Nepal beschäftigten, desto weniger fremd wirkten Land und Leute auf uns. Ich kann jedem eine solche Reise nur anraten, denn sie beinhaltet mehrere Aspekte: zum einen ein wunderschönes, wenngleich bettelarmes Land, in dem einem immer wieder klar wird, dass wir uns eigentlich jeden Tag mehr als einmal auf die Schenkel klatschen müssten, weil es uns so gut geht; zum anderen die Begegnung mit einem uns gänzlich fremden, aber unglaublich anregenden und nachdenklich machenden Kulturkreis.

Mit einem kleinen Hüpfer, der in der Tür ein faustgroßes Loch hatte, durch das man den freien Blick nach unten hatte, flogen wir von Kathmandu nach Pokhara. Unser Ziel war ein buddhistisches Kloster, in dem Ebi seine Aufnahmen machen wollte.

Am Rollfeld, das eigentlich eine reine Schotterpiste war, erwartete uns ein ziemlich hinfälliger Bus, vollgestopft mit unseren Ausrüstungsgegenständen und fünfzehn Trägern. Wenn der Fahrer auf den engen Passstraßen zu weit nach links kam, klopfte einer der Träger links an die Tür, wenn er zu weit rechts an den Abgrund kam, wurde rechts geklopft. Und drei Mal klopfen hieß für den Fahrer, dass er rechtzeitig aufs Bremspedal zu treten hatte, denn die Bremsen waren so gut wie nicht existent. Die halsbrecherische Fahrt dauerte gerade mal eine Stunde, mir aber erschien sie wie ein halber Tag. Mit leicht wackeligen Knien und flauem Magen entstieg ich diesem Höllengefährt.

Nun ging es zu Fuß auf einem Weg weiter, der sich »In the Footsteps of Prince Charles« nennt. Ebi lief auf den Spuren des englischen

Kronprinzen immer etwas schneller als wir, da er unbedingt mit den Aufnahmen beginnen wollte. Also hechelten wir eine Strecke, für die man üblicherweise fünf Tage braucht, in drei Tagen entlang.

Unversehrt im Kloster angekommen, bauten wir unser Equipment auf: Wir nahmen nachts auf viertausend Metern die Stille auf und von vier Uhr morgens bis elf Uhr das Morgengebet der hundertsechzig Mönche. Ein einmaliges Erlebnis, das mir noch heute in der Erinnerung Gänsehaut über den Rücken laufen lässt. Zwischendurch konnte es schon einmal vorkommen, dass einer der Mönche kurz einnickte, um anschließend wieder in die monotonen Gesänge einzufallen: *Ommmmm, ommmmm, ommmm …*

Für mich, der ich mich mit Glaubensdingen durchaus im Zwiespalt befinde, obwohl oder gerade weil ich sehr christlich erzogen wurde, war die Nepal-Reise auch in dieser Hinsicht nachhaltig prägend. Durch die Beschäftigung mit dem Buddhismus und die intensiven Gespräche mit den Mönchen wurde mir klar, was mich an unserer Amtskirche immer unbewusst gestört hatte: Wir haben eine Verbotskirche. Von klein auf wird uns vorgeschrieben: Du darfst dieses nicht, du darfst jenes nicht. Wie viel freier ist dagegen die Einstellung der Buddhisten.

Tief beeindruckt hat mich auch der unverfälschte, aufrichtige Glaube der nepalesischen Mönche. Sie sind wirklich überzeugt, dass es ein Leben nach dem Tod gibt, und glauben an das Nirwana. Besonders lang und intensiv unterhielt ich mich mit einem gut aussehenden jungen Burschen Mitte zwanzig, der mit sechs Jahren ins Kloster eingetreten war.

»Was treibt dich dazu, dein Leben als Mönch in diesem Kloster zu verbringen?«, wollte ich von ihm wissen. »Du bist doch noch jung und hast das ganze Leben vor dir!«

»Es gibt zwei Gründe«, erwiderte er. »Im Kloster habe ich die Chance, Lesen und Schreiben zu lernen. Deshalb versuchen viele Eltern, ihre Kinder im Kloster unterzubringen. Die Menschen hier im Land sind sehr arm, es ist für die meisten die einzige Möglichkeit, den Kindern Bildung zu vermitteln. Der zweite Grund ist mein Glaube, meine innere Überzeugung. Einmal, ich war ungefähr sechzehn, hatte ich das Gefühl, das Kloster sei doch nicht der richtige Platz für mich. Ich bin ausgetreten. Aber nach sechs, sieben Jahren wurde mir klar: Das da draußen war nicht meine Welt. Ich ging wieder in mein Kloster zurück und wurde mit einer Selbstverständlichkeit aufgenommen, als sei ich nie fort gewesen.« Er bemerkte mein ungläubiges Staunen und erklärte: »Wir haben dazu eine andere Einstellung. Junge Menschen müssen Erfahrungen sammeln, und wenn sie das Bedürfnis haben, müssen sie raus aus dem Kloster. Der Glaube wird dadurch eher gefestigt denn geschwächt. Und so war es auch bei mir.«

Aus Nepal brachte ich viele neue Ideen, Gedanken und Anregungen mit, die Reise klingt bis heute in mir nach. Eberhard Schoener produzierte anschließend die Platte »Namaste-Puja«, die 1999 herauskam.

Zwei Jahre später lud Peter Margret und mich auf seine Farm nach Kanada ein, die er sich in der Gegend von Vancouver gekauft hatte. Gemeinsam schipperten wir eine Woche lang auf einem Hausboot den 135 Kilometer langen, aber nur fünf Kilometer breiten Okanagan Lake entlang und saugten die faszinierende kanadische Landschaft in uns auf. Abends ankerten wir in einsamen Buchten, machten Lagerfeuer am Ufer und brieten riesige saftige Steaks. Wer sich vom Lagerfeuer entfernte, um mal eben in den Wald zu gehen, musste zu seiner eigenen Sicherheit stets ein Beil mitnehmen, denn es gab dort jede Menge Bären.

Bis auf die Wochenenden war es auf dem See einmalig ruhig. Wenn allerdings die Hausbootbesitzer am Freitagabend einfielen, konnte es schon mal etwas lebhafter zugehen. Besonders beliebt war das Üben von Golf-Abschlägen vom Deck der Hausboote herunter ins Wasser. Wer möchte, kann auf dem Grund des Sees Hunderttausende von Golfbällen finden.

An einem unserer Lagerfeuerabende entwickelten Peter und ich im Verlauf von ein paar Flaschen Rotwein eine Idee, aus der später der nächste Meilenstein in Peters musikalischer Entwicklung werden sollte. Noch ganz im Bann der Nepal-Reise mit Eberhard Schoener schlug ich Peter vor, bei seinem nächsten Projekt mit anderen Musikern aus anderen Kulturen zusammenzuarbeiten. Ich hatte sogar die Idee, dass Peter und Ebi das Thema gemeinsam angehen sollten, aber das führte später beim ersten Treffen dieser beiden Künstlerpersönlichkeiten zu einem wahren Kulturclash. Nach kaum zehn Sekunden wussten beide, dass sie nicht miteinander arbeiten würden.

Die in Nepal geborene und in Kanada weitergesponnene Idee, andere Kulturen in musikalischer Form mit unserer Kultur zusammenzuschmieden, setzte Peter tatsächlich in die Tat um, allerdings weit akribischer, umfassender und bravouröser, als ich das jemals für möglich gehalten hätte. Er machte Musik mit Menschen aus allen Erdteilen – darunter mit amerikanischen Indianern, mit Chinesen in Hongkong, Musikern aus Israel und Aborigines in Australien. Heraus kam im Jahr 1998 das phantastische Album »Begegnungen«, mit dem Peter eine ganz neue musikalische Richtung einschlug.

Nach der Hausboottour lieh uns Peter noch für ein paar Tage sein Wohnmobil. Margret und ich fuhren damit weiter nach Banff, Jasper und Lake Louise, wir gingen Bergwandern, sahen riesige Gletschergebiete und erlebten schließlich aus der im 15. Stock gelegenen Wohnung eines Freundes von Peter in der Bay von Vancouver ein Feuerwerk, wie ich es in meinem ganzen Leben noch nicht gesehen hatte. Es war die Weltmeisterschaft der Feuerwerker, fast eine halbe Million Menschen waren zusammengekommen, um dieses Großereignis live mitzuerleben. Zum Höhepunkt wurde die ganze Bucht mit Pavarotti und »Nessun dorma« beschallt, und das Boot, auf dem das Feuerwerk abgebrannt wurde, wäre um ein Haar selbst mit in die Luft geflogen.

So wie unsere Spanientour ist auch das eine Reise, die ich nur empfehlen kann. Kanada ist ein wahres Traumland, reich an vielen schönen Plätzen und aufregenden Städten. Vancouver gehört seitdem zu einer meiner unumstrittenen Lieblingsstädte.

Seit dieser Zeit habe ich es mir zur Angewohnheit gemacht, immer, wenn ich in der Weltgeschichte unterwegs bin und eine mir noch unbekannte Stadt besuche, dort wann immer möglich ein, zwei Tage länger als notwendig zu bleiben und sie mir genauer anzusehen. New York beispielsweise ist eine Stadt, in die ich sofort wieder ziehen würde, genauso wie Philadelphia oder Washington. Entscheidend für mich ist, mit offenen Augen durch eine neue Stadt zu gehen, dann können einem die wundersamsten Dinge passieren.

So auch Anfang der Achtzigerjahre in einem Hotel in Los Angeles. Spät am Abend übermannte mich der Hunger. Wie gut, dass es um die Ecke ein Lokal gab, das zu einer großen Kette gehörte. Ich ging runter und bestellte mir eine anständige Pizza Regina. Während ich wartete und mich in dem fast menschenleeren Raum umsah, entdeckte ich in einer Ecke einen Mann um die sechzig. Vor sich hatte er Berge von Geldscheinen, es mussten an die vierzig- oder fünfzigtausend Dollar sein.

»Wenn du jemanden zum Zählen brauchst, ich helfe dir gerne!«, rief ich ihm quer durch das Lokal auf Englisch zu.

»Warum nicht?«, erwiderte der andere. »Wo kommst du denn her?«

So kamen wir ins Gespräch. Er stellte sich als Meshulam Riklis vor, ein jüdischer Geschäftsmann, dem die Pizzakette – und wie sich später herausstellte, noch sehr viel mehr – gehörte. Er war gerade dabei, höchstpersönlich die Abendeinnahmen zu zählen.

»Und was machst du am Wochenende?«, fragte er mich irgendwann.

»Ich weiß nicht genau«, erwiderte ich. »Ich war noch nie in Las Vegas, da wollte ich gerne mal hin.«

»Gute Idee«, meinte mein neuer Bekannter, »sei morgen Nachmittag zusammen mit deinem Mitarbeiter um fünf hier.« Er kritzelte eine Adresse auf die Rückseite seiner Visitenkarte.

Am nächsten Tag waren Sherman Heinig und ich pünktlich an der angegebenen Adresse. Es war Meshulams Büro. Er empfing uns äußerst zuvorkommend und fuhr uns in seiner Limousine mit Chauffeur zum Flughafen. Dort erwartete uns startbereit seine private Boeing 707.

»Wir fliegen jetzt nach Las Vegas«, erklärte er ohne Umschweife. »Zimmer für euch sind in meinem Hotel reserviert, ihr habt Karten für alle wichtigen Shows, und übermorgen Abend um sechs geht es wieder zurück.«

So flogen wir in seiner Riesenmaschine in die Wüstenstadt Las Vegas, die zu der Zeit gerade zu einem Entertainment-Zentrum ausgebaut wurde, und verbrachten dort als seine Gäste ein herrliches Wochenende mit allem Komfort. Meine Bekanntschaft aus der Pizzeria besaß eines der ersten riesigen Luxushotels der Stadt. Erst ganz am Schluss stellte sich heraus, dass er überdies der Ehemann der damals noch relativ unbekannten amerikanischen Sängerin und Schauspielerin Pia Zadora war, ein Name, der mir zu der Zeit herzlich wenig sagte. Später hatte sie mehrere Hits und wurde sogar für den Grammy nominiert.

Solche und ähnliche Zusammentreffen der überraschenden Art habe ich immer wieder erlebt, sie haben mein Leben bereichert und bunt gemacht. Entscheidend war stets, dass ich versuchte, unvoreingenommen Neues auf mich zukommen zu lassen, offen unbekannten Menschen gegenüberzutreten und bereit zu sein, mich auf das einzulassen, was sich aus einer unerwarteten Begegnung ergeben würde.

Ein heißer Sommertag im August 1987, kein Wölkchen weit und breit zu sehen. Scharf hoben sich die Karawanken vor dem strahlend blauen Himmel ab, der Wörthersee glitzerte in der Sonne.

Aber das war nicht der Weg in die Ferien, sondern die Fahrt zu einem äußerst spannenden Geschäftstermin: Ich sollte auf Vermittlung von Axel Meyer-Wölden den berühmten Monti Lüftner, Chef der Plattenfirma Ariola und einer der wichtigsten Männer im deutschen Musikgeschäft, in dessen Urlaubsdomizil in Pörtschach treffen. Natürlich hatte ich eine leise Ahnung, dass ihn mehr an mir interessierte als meine erlesene Stimme oder mein im Geschäftsleben eher selten gezeigter Charme. Ich wusste, dass Ariola-Geschäftsführer Friedel Schmidt in absehbarer Zeit in den Ruhestand gehen würde. Monti suchte einen Nachfolger und hatte offensichtlich dafür mich ins Visier genommen.

In Anzug und Krawatte, den Aktenkoffer in der Hand, stand ich jetzt bei Monti vor der Tür. »Geh herst, Thomas«, begrüßte er mich in seinem charmanten österreichischen Dialekt, »i geh mal aufs Boot aussi, gehst mit?«

Damit hatte ich nun gar nicht gerechnet. Wer tritt schon mit einer Badehose im Aktenkoffer zum Bewerbungsgespräch an? Aber bei einem Menschen wie Monti waren solche spontanen Einfälle an der Tagesordnung, so etwas Nebensächliches wie eine Badehose war dabei nicht von Belang.

Also gingen wir an Bord seines eleganten hölzernen Boesch-Motorboots, schipperten gemütlich auf den See hinaus und besprachen alle Details meines Vertrags als künftiger Geschäftsführer von Ariola, der Plattenfirma, die Monti vor fast dreißig Jahren unter dem Dach des Mediengiganten Bertelsmann gegründet hatte. Am Schluss gaben wir uns die Hand darauf, und statt mit einem Glas Champagner anzustoßen, sprangen wir splitterfasernackt ins kalte Wasser des Wörthersees. Der eigentliche Vertrag wurde erst ein Dreivierteljahr später fixiert, aber ich wusste, dass ich mich auf Monti verlassen konnte: Bei ihm galt ein Handschlag so viel wie bei anderen ein hundertseitiges Vertragswerk.

Monti Lüftner war auf mich aufmerksam geworden, weil der große nationale Konkurrent Teldec, dessen Geschäftsführer ich war, den Markt gehörig durcheinanderwirbelte und dabei viele Dinge anders machte als die anderen. Teldec galt als innovativ. Wir hatten viele ungewöhnliche Ideen, brachten neue Gruppen in den Markt, die noch niemand auf dem Zettel hatte, und wir hatten Acts, die ein bisschen schräg waren, aber dafür auffielen – zum Beispiel Kylie Minogue oder Jason Donovan, die damals Darsteller in der australischen TV-Soap »Neighbours« waren und heute anerkannte Künstler sind.

Mit unserem Marketing waren wir branchenbekannt, egal, ob wir für die Präsentation unserer neuen Platten in Hamburg den kompletten Zirkus Busch inklusive Programm mieteten oder ob Fans, die keine Eintrittskarten mehr bekommen hatten, sämtliche Fensterscheiben des heutigen Lustspielhauses in München einschlugen, um den Auftritt der bis dato eigentlich völlig unbekannten Hip-Hopper Grandmaster Flash mitzuerleben.

Bei allem Erfolg, den wir bei Teldec im nationalen Markt hatten, reizte mich Montis Angebot doch genug, um dieser Firma und der Familie Dimenstein nach sechs Jahren Lebewohl zu sagen. Wir hatten hart gearbeitet, um das Unternehmen trotz der anhaltenden wirtschaftlichen Schwierigkeiten voranzubringen, aber einen für mich wesentlichen Schritt konnte ich dort nicht vollziehen: Ich wollte mit unseren Produkten auf den internationalen Markt, denn Musik ist etwas, das man nicht nur national, sondern auch international verkaufen kann. Aber dafür benötigt man einen internationalen Vertrieb, und den hatte Teldec nicht. Bei Ariola bot sich mir die große Chance, in einem global agierenden Konzern tätig zu sein und Produkte aus Deutschland weltweit bekannt zu machen, auch wenn ich erst später erkannte, dass es selbst für Bertelsmann nicht ganz einfach war, Produkte im Ausland unterzubringen. So war es zumindest einen Versuch wert.

Doch wenn ich glaubte, ich käme nun in eine Firma, die wirtschaftlich in ruhigerem Fahrwasser schwamm als Teldec, hatte ich mich gehörig geschnitten. Als ich im April 1988 mein neues Büro in einem schlichten Waschbetonbau an der Steinhauser Straße im Münchner Osten bezog, hatte Ariola einen komfortablen Marktanteil von einundzwanzig Prozent. Der halbierte sich allerdings fast erdrutschartig innerhalb der nächsten anderthalb Jahre auf elf Prozent. Was war passiert?

Kurz nacheinander gingen die wichtigsten Labels mit den bedeutendsten internationalen Acts von Ariola weg, weil die Verträge ausgelaufen waren und die Labels sich von anderen Plattenfirmen vollständig übernehmen ließen. Dazu gehörten so bedeutende Namen wie Virgin Records, Chrysalis und Island Records, allesamt ungeheuer gute Labels aus England, die Monti viele Jahre zuvor akquiriert hatte. Sie bescherten der Firma mit Top-Künstlern wie Mike Oldfield, Pat Benatar, Melissa Etheridge und Bob Marley prächtige Umsätze, die nun schmerzhaft fehlten.

Wie kommt man da wieder hoch? Das war die Herausforderung, vor der ich als neuer Geschäftsführer stand. Und wieder mal musste ich das tun, was mir anscheinend schon an der Wiege gesungen worden ist: nämlich frischen Wind in eine ehrwürdige Firma bringen.

Bei Ariola konnte man das getrost wörtlich nehmen. Seit der Gründung der Firma durch Monti in den Fünfzigerjahren hatte sich rein äußerlich im und am Gebäude, das als Firmensitz diente, wenig verändert, von einem Farbkonzept aus den Siebzigern, das sich in allen Abstufungen von schicken Brauntönen auf den Gängen äußerte, vielleicht einmal abgesehen. Dem war relativ einfach beizukommen: Mehrere Kübel weißer Farbe für die Flure und ein neuer Anstrich in Knallrot für die Fenster bewirkten hier optisch wahre Wunder. Rasch schmückten allerdings von unzufriedenen Mitarbeitern handgemalte Sprüche wie »Lieber mehr Gehalt als weiße Wände!« die jetzt recht kahlen Flure. Die würden aber bald durch goldene Schallplatten belebt, so meine leise Hoffnung. Denn wenn das nicht der Fall war, konnte ich sowieso schnell wieder einpacken.

Das wäre vielen bei Ariola wahrscheinlich eh das Liebste gewesen, jedenfalls gab sich niemand große Mühe, mir einen ausgesucht herzlichen Empfang zu bereiten. Die besondere Wertschätzung meiner Person war an diversen Kleinigkeiten unschwer abzulesen. Als ich meinen Dienstwagen, der schlappe 150 000 Kilometer auf dem Buckel hatte, in Empfang nahm, konnte ich mit einem Blick erkennen, wo auf dem Rücksitz welches der vier Kinder des Vorbesitzers gesessen hatte und welche Speisenfolge sie genossen hatten. Und mein »Büro« war eine winzige und nicht gerade lupenrein saubere Kammer, praktischerweise drei Stockwerke unterhalb der Etage gelegen, in der die übrigen Mitglieder der Geschäftsleitung residierten. Was solche Äußerlichkeiten angeht, bin ich glücklicherweise relativ emotionslos. Aber es war klar: Die Unhöflichkeit quoll meinen neuen Kollegen aus allen Poren, es waren eindeutig unfreundliche Akte.

Ein weiterer sollte allerdings zwei Jahre später mein persönliches Glück werden: Margret, die Sekretärin, die seit mehr als zwanzig Jahren im Unternehmen arbeitete und nun für mich und Noch-Geschäftsführer Friedel Schmidt gemeinsam zuständig war.

Margret stand mir lange Zeit genauso skeptisch gegenüber wie der Rest der Belegschaft. Erst ganz allmählich wurde ihr unterkühltes Verhältnis zu mir als ihrem neuen Chef etwas lockerer. Aber das dauerte noch eine ganze Weile, denn Margret kann man mit Fug und Recht als waschechten westfälischen Dickschädel bezeichnen.

Der Grund für die allgemeine Ablehnung meiner Wenigkeit war klar, darüber brauchte ich mir nicht erst lange den Kopf zu zerbrechen: Mir eilte der Ruf voraus, dass ich nicht unbedingt der Duldsamste und Ruhigste sei. Ein weiterer Grund waren meine drei Geschäftsführungskollegen. Alle außer Friedel Schmidt, den ich als Geschäftsführer für Deutschland ersetzen sollte – ein unglaublich liebenswerter Mann, der leider starb, als er gerade zwei Jahre seines heiß herbeigesehnten Ruhestands zusammen mit seiner Frau genossen hatte –, waren stinksauer, dass ich ihnen vor die Nase gesetzt worden war. Eine durchaus ungemütliche Situation. Also kramte ich eine amerikanische Managerweisheit heraus und hielt mich daran: If you can't beat them, join them – wenn du sie nicht schlagen kannst, schließ dich ihnen an.

Es war klar: Bei Ariola musste ein neuer Stil einziehen, sowohl äußerlich als auch innerlich, sonst würden keine neuen Ideen wachsen können. Und die brauchten wir dringend, um wieder auf die Straße des Erfolges zu gelangen. Vieles hier kam mir irgendwie bekannt vor: Erinnerungen an die schleppende Anfangszeit beim ZDF stiegen schlagartig in mir hoch, etliches erinnerte mich auch an Teldec. Hier wie dort prägten über Jahrzehnte gewachsene Strukturen den Charakter des Hauses, beide Firmen schienen überdies denselben Farbpsychologen für die Gestaltung ihrer Gebäude bemüht zu haben. Eigentlich sind gewachsene Strukturen nichts Nachteiliges, aber wenn dieselben Menschen zwanzig Jahre lang jeden Abend in dasselbe Lokal zum Trinken gehen, kann man nicht erwarten, dass da noch viel Neues entsteht.

Ich warf vieles über Bord. Tonnenschwere dunkle Holzmöbel, so stabil, dass sie wahrscheinlich noch die nächste Jahrtausendwende unbeschadet überstanden hätten; Sprechanlagen, mit denen die Geschäftsleitung Ansagen an die Mitarbeiter machen konnte; Telefonapparate, über die man sich in Gespräche einschalten konnte; und, ja, natürlich auch Mitarbeiter. Ich trennte mich von Staatsbedenkenträgern, und ich sorgte dafür, dass die Belegschaft sich einen starken Betriebsrat wählte, was ganz im Sinn des Hauses Bertelsmann war und im Sinne eines jeden Unternehmens sein sollte.

Monti ließ mich machen. Wer ihn kannte, der weiß, dass es ihn nie lange an einem Ort hielt: »Geh herst, i war grad in Amerika … Geh herst, i muss jetzt nach New York … Geh herst, i flieg morgen nach Los Angeles!« Das waren typische Sätze für ihn. Er breitete schützend seine Flügel über die Firma, um das operative Geschäft in Deutschland kümmerten sich andere.

Um möglichst schnell die Repertoire-Lücke, die durch den Weggang der drei großen englischen Labels entstanden war, zu schließen, beschlossen wir, neue Labels in Deutschland, England und Amerika zu gründen und uns dadurch über Deutschland hinaus immer mehr auszubreiten und neue Ideen aus den Märkten aufzunehmen und umzusetzen.

Aber neue Labels, Marktkenntnisse, Durchsetzungsfähigkeit und nicht zuletzt die richtige Nase genügen nicht, wenn man einer Firma einen neuen Dreh geben will. Man braucht auch Fortune. Und die hatte ich, wieder einmal.

In meiner Anfangszeit bei Ariola hatte ich zwei Signings – die ersten von mir initiierten und unterschriebenen Verträge – für neue Acts, die widersprüchlicher nicht hätten sein können, die mir aber einen Teil meines späteren Erfolgs bescherten. Der erste Act war ausgerechnet Volksmusik: das Naabtal Duo mit »Patrona Bavariae«.

Der legendäre Hans R. Beierlein, der viele wichtige Volksmusikinterpreten managt, hatte sich mit Wolfgang Edenharder, Willi Seitz und dem Produzenten Günther Behrle bereits bei anderen Plattenfirmen, unter anderem auch der Teldec, eine blutige Nase geholt und fragte nun bei mir an, ob ich Interesse hätte, die Jungs zu veröffentlichen.

Volksmusik!! Ein Aufschrei ging durch die Firma, die Mitarbeiter waren außer sich und weigerten sich rundheraus, diesen vermeintlichen Mist zu veröffentlichen. Also hängte ich mich selbst ans Telefon und rief die Händler an, damit das Produkt in die Regale kam. Der »Mist« schoss anschließend dermaßen durch die Decke, dass wir fast zwei Millionen Platten verkauften und einen phantastischen Umsatz einfuhren. Wir hatten ganz offenbar zielsicher einen Nerv getroffen und machten eine Menge verlorenen Boden gut. Und wie es in solchen Fällen gerne ist: Plötzlich waren alle die Erfinder des Naabtal Duos.

Mit diesem einen Lied ging ein Ruck durch den gesamten Musikmarkt, und Volksmusik, diese »Parkbank für die menschliche Seele«, wie ich sie nenne, wurde eine Zeit lang zu einem riesigen Markt, von dem alle profitierten. Eines meiner liebsten Erinnerungsstücke an diese Zeit ist meine erste Lederhose: Ich bekam sie vom Naabtal Duo geschenkt, und ich passe heute noch rein – möglicherweise auch deshalb, weil Leder mitwächst.

Oft werde ich gefragt, woher ich die Überzeugung nahm, dass das Revival des daniederliegenden Volksmusikmarkts gelingen würde. Ich könnte sagen, es war meine intellektuelle Leistung, es war meine Marktkenntnis, es war der Markt, es war mein Wunsch, der Konkurrenz zu zeigen, dass da etwas zu verkaufen war. Die Antwort ist einfacher: Es war Dusel. Ich wusste, dass es den Markt gab, wir mussten ihn nur finden. Und er war ganz und gar nicht tot, wie viele behaupteten. Ernst Mosch, Slavko Avsenik und Gotthilf Fischer gingen regelmäßig auf Tournee und verkauften in den Konzerthallen weit mehr Platten als in den Geschäften. Also mussten wir mit unseren Platten zum Kunden, statt darauf zu warten, dass die Kunden zu uns kamen.

Wir machten gezielte Fernsehwerbung und gingen mit Aufstellern und Displays in die großen Kaufmärkte und Warenhausketten – an Verkaufspunkte, die mit Musik eigentlich wenig zu tun haben, an denen aber unsere Kunden anzutreffen waren. Den Fachhandel, der den »alten Volksmusik-Käse« von vornherein ablehnte, ließen wir bewusst außen vor. Es funktionierte: Die Kunden fanden unser Produkt und kauften es mit Begeisterung. Nichts anderes wollten wir.

Das zweite Signing war die deutsche Gruppe Snap! mit ihrem internationalen Nummer-1-Hit »The Power«. Auch hier gibt es Gründe für den Erfolg: Es war deutlich zu erkennen, dass in Deutschland ein neuer Diskothekenmarkt aufkommen würde, nachdem Anfang der Achtzigerjahre die Neue Deutsche Welle sehr gut gelaufen und schließlich abgeebbt war. Die Zeit war einfach reif dafür, der Musiktyp lag in der Luft. Und die Frage war ja nicht, was da war, sondern was in Zukunft kommen würde.

Aus genau diesem Grund kümmerten wir uns ab Anfang der Neunzigerjahre gezielt um Comedians und gaben damit den Impuls für den heutigen Comedy-Boom. Bereits bei Teldec hatte ich große Erfolge mit dem Genre gehabt. Ich kannte den Markt durch sorgfältige Analysen genau und wusste, dass es in diesem Bereich damals ungefähr im Fünfjahres-Zyklus einen oder mehrere erfolgreiche Comedians gab. Alle paar Jahre brauchen die Menschen offenbar neuen Humor, haben das Bedürfnis nach etwas anderem. Genau jetzt war dieser Zeitpunkt wieder da, und so landeten wir mit Comedians wie Michael Mittermeier, Rüdiger Hoffmann, Piet Klocke, Matze Knop und Hape Kerkeling echte Volltreffer.

Eine Musikrichtung gibt es, für die ich mich immer wieder eingesetzt habe, die aber hier in Deutschland noch stark vernachlässigt wird, weil der Knoten bisher nicht geplatzt ist. Zu Unrecht, wie ich meine: Countrymusic kommt nicht mehr auf Pferden und mit Cowboyhut und Fransenjacke daher, wie viele noch glauben. Sie ist mittlerweile eine moderne Musikrichtung, die ihr Publikum finden wird, davon bin ich fest überzeugt. Es muss nur gelingen, die Musik und ihr Publikum zusammenzubringen.

Ein häufiger Fehler, den die Manager von Plattenfirmen machen, ist ihr Wunsch, immer nur wieder Elvis und die Rolling Stones erfinden zu wollen. Das geht jedoch vollkommen am Markt vorbei, denn die Leute draußen, die Käufer, haben andere, vielfältigere Bedürfnisse. Musik ist schön, aber wer für die Repertoire-Auswahl verantwortlich ist und ihr ausschließlich seine eigene Philosophie, seinen persönlichen Geschmack zugrunde legt – wogegen nichts einzuwenden ist –, muss wissen, dass er damit nur einen sehr begrenzten Kreis von Käufern anspricht und erreicht.

Und wenn man sich entschließt, Musik für eine begrenzte Zielgruppe zu machen, dann muss man sich etwas einfallen lassen, um damit trotzdem erfolgreich zu werden. So wie es uns mit den Guano Apes gelang, einer Rockband aus Göttingen, die mir eines Tages unser Bochumer Label Gun Records ins Haus brachte. Die Musik gefiel mir, und ich beauftragte die drei, einen Titel für den Tiroler Snowboard-Club zu schreiben, in dem ich Mitglied bin. Der Club heißt »Lord of the Boards« – und das wurde dann auch der Titel des Songs. Er schuf eine gemeinsame Identität, wir halfen mit unserem Marketing kräftig nach, und plötzlich fuhr die gesamte Snowboard-Szene auf die Guano Apes ab. Sie wurden auch international bekannt und verkauften fast eine Million Platten allein in Deutschland.

So zogen wir die Ariola allmählich wieder nach oben. Volksmusik war dabei eine wichtige Komponente. Zum Naabtal Duo gesellten sich bald weitere Riesenerfolge wie die Wildecker Herzbuben mit »Herzilein« oder Angela Wiedl mit »La Passionata«.

Irgendwann später kam HRB, wie Hans R. Beierlein in der Branche genannt wird, wieder in mein Büro und machte mir voller Elan die Zillertaler Schürzenjäger schmackhaft, die noch kaum jemand kannte, auch ich nicht. »Thomas, ich glaube, die Jungs bringen das!«, pries HRB mir die Alpenrock-Gruppe an.

Ich ließ mich von seinem Enthusiasmus anstecken und brachte schließlich auch meine Mitarbeiter dazu, sich der Zillertaler anzunehmen. Das Ende der Geschichte ist bekannt: Wir verkauften Millionen von »Schürzenjäger«-Platten. Die Jungs machten phantastische, mitreißende Musik, mitreißend auch deshalb, weil sie ihre Wurzeln selbst später, als sie eine der erfolgreichsten österreichischen Musikgruppen waren, nicht verleugneten.

Das bekam eines Tages auch der ambitionierte Koch eines Sternerestaurants in Frankfurt zu spüren, in das ich Peter, Alfred, Willy und die restlichen Gruppenmitglieder eingeladen hatte. Andächtige Stille herrschte am Tisch, während alle die raffinierte Speisekarte studierten. Plötzlich sagte einer laut in die Runde: »So was ess i ned!«

»Was isst du denn?«, wollte ich wissen.

»I ess nur McDonald's«, kam es prompt auf Tirolerisch zurück.

Was machst du jetzt?, dachte ich mir. Der Junge musste ja etwas essen. Und weil »Keep your artist satisfied« eine der wichtigsten Maximen im Geschäft mit Künstlern ist, der Künstler also um fast jeden Preis zufriedengestellt werden muss, schickte ich den Ober des Sternerestaurants in die nächste McDonald's-Filiale. Es dauerte nicht lange, und dann stand ein schöner Teller mit einem exquisit angerichteten Big Mac vor meinem Zillertaler Schürzenjäger. Alle waren glücklich, vom Sternekoch vielleicht einmal abgesehen.

Parallel zu den neuen Acts aus Volksmusik und Schlager arbeiteten wir aber auch mit den Künstlern weiter, ohne die es den Erfolg von Ariola und Monti Lüftner wahrscheinlich überhaupt nicht gegeben hätte und die heute noch oder wieder Kultstatus haben: Udo Jürgens – mit dem ich einen lebenslangen Vertrag mit Ariola schloss, damit er als einer der wichtigsten deutschen Künstler hier langfristig eine Heimat hatte –, Peter Alexander und Mireille Mathieu. Sie waren bei Ariola jahrelang die großen Umsatzträger gewesen. Von Teldec brachte ich Heino mit zu Ariola, mit dem ich seit seinem ersten Plattenvertrag bei EMI nicht nur auf der Arbeitsebene verbunden bin, sondern zu dem sich im Lauf der Jahre eine schöne Freundschaft entwickelt hatte.

Denn ich wusste: Ariola konnte nur dann zu alter Stärke zurückfinden, wenn wir Künstler aus dem Ausland groß machten – was uns mit SNAP!, *NSYNC oder den Backstreet Boys im Lauf der Jahre auch gelang – und gleichzeitig den nationalen Markt weiter stärkten.

Und damit das gelang, brauchte ich mein wichtigstes Zugpferd bei Teldec, das gleichzeitig einer meiner engsten Freunde war: Peter Maffay. Zwar hatte ich im Rahmen des Verkaufs von Teldec an Warner den Vertrag mit Peter noch einmal verlängert, aber ich wusste, dass er eigentlich wegwollte und immer wieder gute Angebote hatte. Mit dem zweiten Tabaluga-Album »Tabaluga und das leuchtende Schweigen« landete er prompt einen weiteren Riesenerfolg, der Teldec und später Warner sehr erfreute.

Geschlagene fünf Jahre ackerte ich bei Ariola hinter den Kulissen, damit Peter wechselte und bei uns ein drittes Tabaluga-Album machte, denn ich war hundertprozentig sicher, dass das Ding noch einmal aufgehen und uns einen guten Erfolg bescheren würde.

Aber Peter blieb hart. »Vergiss es, Thomas, ich hab da absolut keine Lust mehr drauf. Ich bin doch kein Märchenerzähler!«, winkte er jedes Mal ab, wenn ich ihn wieder einmal wegen Tabaluga anbaggerte.

Was tat ich nicht alles, um Peter zu überzeugen. Ich schleppte ihn nach Los Angeles zu einem Konzert von Bruce Hornsby, denn ich hatte die Idee, Bruce als Erzähler für die englische Tabaluga-Version zu gewinnen. Wir trafen uns mit den Agenten von Whoopi Goldberg und Eurythmics-Sängerin Annie Lennox in derselben Mission. Lustigerweise schienen die Warner-Leute, bei denen Peter noch unter Vertrag war, sich nicht daran zu stören, dass der Geschäftsführer eines Konkurrenten mit ihrem Künstler in den USA herumzog. Vielleicht haben sie es auch einfach nicht mitbekommen. Sie schienen jedenfalls nicht damit zu rechnen, dass ihnen jemand Peter Maffay unter dem Hintern wegschnappen könnte.

Doch genau das geschah. Peter Maffay unterschrieb 1993 bei Ariola. Ich würde lügen, wenn ich behaupten würde, bei Bertelsmann sei man damit glücklich gewesen. »Jetzt kommt der Stein mit seinem Spezl Maffay um die Ecke. Der ist doch ein Auslaufmodell, und dann gibt er ihm auch noch so einen teuren Vertrag!« So und ähnlich scholl es über Gänge und Flure.

Ich blieb darüber einigermaßen ruhig, denn ich wusste ja, welche Pläne ich mit Peter hatte. Die Sache hatte nur einen Schönheitsfehler: Peter hatte nicht das Gleiche vor wie ich. Tabaluga III war für ihn nach wie vor tabu.

Bis Peter und ich eines Tages beim gemeinsamen Skifahren in Saalbach-Hinterglemm mittags auf einer Hütte saßen. Ich fing wieder mit meinem Lieblingsthema an, Peter verdrehte schon die Augen und hätte mir wohl am liebsten den Mund mit einem Germknödel gestopft. Aber jetzt kam er mir nicht mehr aus. Innerhalb einer Stunde stellte ich ihm im Groben mein Marketingkonzept für Tabaluga III vor – mit Fernsehwerbung, Merchandising und allem Bohei, das meiner Meinung nach notwendig war, um das Album zum Fliegen zu bringen. Ich würde richtig Geld in die Hand nehmen.

Nachdem Peter sich das angehört hatte, schlug er ein. Und es war rückblickend betrachtet eine Sternstunde für alle Beteiligten: »Tabaluga und Lilli« wurde ein Mordserfolg, wir verkauften mehr als 1,7 Millionen Tonträger, allein die Münchner Olympiahalle war im Rahmen der anschließenden Tournee fünfzehn Mal bis auf den letzten Platz ausverkauft.

Wir krempelten Ariola komplett um und rollten den deutschen Plattenmarkt gewissermaßen ganz von hinten auf. Allgemein hatte bis dato die Meinung vorgeherrscht, dass nur die Engländer und Amerikaner in der Lage seien, erfolgreiche Acts durchzusetzen. Nachdem sich bei Ariola auch international die ersten Erfolge eingestellt hatten, verstummte zwangläufig das Unken der Kritiker. Wir hatten den Medien und der Konkurrenz bewiesen, dass es möglich war, in Deutschland gute Produkte zu entwickeln und sie aus Deutschland heraus zu vermarkten, und dass wir dabei keinen Deut schlechter abschnitten als die anderen. Ariola wuchs und wurde immer internationaler, die Geschäftssprache wurde somit zwangsläufig Englisch.

Meine Frischluftkur für Ariola zauberte nach und nach auch etwas Farbe in das Gesicht einer Dame, die sich mir gegenüber höflich und korrekt, aber sehr distanziert verhielt: Margret, die bildschöne Sportlerin aus meinem Vorzimmer.

Unser Verhältnis war zwei Jahre lang alles andere als gut. Im Nachhinein kann ich sogar verstehen, weshalb sie mich, wie die meisten ihrer Kollegen, so unverhohlen ablehnte. Sie war lange Jahre im Unternehmen, hatte Höhen und Tiefen der Firma miterlebt, war hier gewissermaßen aufgewachsen – und nun kam da einer, der den ganzen Laden auf den Kopf stellte und durchaus auch mal laut wurde, wenn etwas nicht funktionierte. Einen solchen zugegebenermaßen rustikalen Stil lehnte sie rundweg ab. Trotzdem blieb sie an Bord, vielleicht aus alter Verbundenheit der Firma gegenüber, vielleicht, weil sie München mochte – und vielleicht auch, weil sie spürte, dass es mir, wenn ich wieder einmal unüberhörbar meinem Ärger Luft machte, nicht um Personen, sondern einzig und allein um die Sache ging.

Eines Tages tat sie etwas, von dem ich nicht gedacht hätte, dass es noch möglich sei: Sie überraschte mich. Mit einer einfachen, sehr persönlichen Frage.

Es war auf einer gemeinsamen Fahrt nach Eurasburg, einem kleinen Ort südlich von München, wo wir einen Tagungsort für die nächste Vertriebstagung in Augenschein nehmen wollten. Wir saßen uns an einem blank gescheuerten Holztisch in einem Wirtshaus gegenüber. Plötzlich sah sie mich scharf aus ihren blauen Augen an und fragte:

»Herr Stein, warum sind Sie eigentlich immer so traurig?«

Fast hätte ich mich an meinem Schweinebraten verschluckt. Ich hätte alles Mögliche erwartet, aber damit hatte sie zielsicher einen wunden Punkt getroffen, wie ich mir nun selbst eingestehen musste. Sie hatte richtig beobachtet: Ich *war* traurig, und das schon seit geraumer Zeit. Meine Ehe mit Wally war in Schieflage und trotz aller Bemühungen wohl nicht mehr zu retten. In der Firma lief es trotz der Erfolge, die sich allmählich einstellten, menschlich alles andere als rund. Und zu allem Überfluss hatte mir mein Zahnarzt bei meinem letzten Besuch ganz nonchalant eröffnet, ich hätte Zahntaschenkrebs.

Der Zahntaschenkrebs, von dem ich bis dahin eher gedacht hatte, dass es sich um eine seltene Tiefseekrabbe handelte, stellte sich glücklicherweise bei näherer Überprüfung als Ente heraus. Die Praxis des Zahnarztes habe ich seitdem allerdings nie wieder betreten.

»Es liegt vielleicht daran, dass mir viele Dinge im Moment nicht so richtig gefallen«, antwortete ich nach kurzem Zögern, »die Firma, das unfreundliche Verhalten der Mitarbeiter, das unfreundliche Verhalten meiner Sekretärin … Und wahrscheinlich habe auch ich nicht alles richtig angepackt.«

Mit ziemlicher Verspätung kamen wir schließlich wieder in der Steinhauser Straße an. Es war lange her, dass ich mich einem anderen Menschen gegenüber so geöffnet und ein wenig von meinem Seelenleben preisgegeben hatte. Und ohne dass ich es mir zu diesem Zeitpunkt schon klarmachte, hatte mein Leben an diesem Nachmittag erneut eine entscheidende Wendung genommen.

Servus, Monti

Wie bringt man den Verkauf einer Single in Schwung, die wie Blei in den Regalen liegt, auch wenn die Sängerin die wunderbare Schauspielerin Romy Schneider ist? Ganz richtig. Man versucht es mit Werbung. Man versucht es mit Radiospots. Man versucht es mit Plakaten. Man versucht es mit Anzeigen.

Und wenn trotzdem immer noch niemand die Scheibe haben möchte?

Dann erwirbt man eine möglichst große Flasche eines berühmten Parfums, vielleicht auch zwei, kippt den Inhalt gleichmäßig über die Kartons mit den unverkäuflichen Platten, die mittlerweile den Lagerraum der Plattenfirma zustellen, und verkauft das Resultat als Deutschlands erste »Geruchssingle«. Mit Erfolg: Die Ladenhüter gehen plötzlich weg wie warme Semmeln.

So geschehen bei Ariola Ende der Fünfzigerjahre mit Romy Schneiders Platte »Ja, man verliebt sich«. Der Erfinder dieses großartigen Marketinggags war, wie könnte es anders sein, der legendäre Egmont Lüftner, den alle nur Monti nannten.

Ich hätte mir für meinen Start bei Ariola keinen besseren Ratgeber wünschen können als Monti. Seiner verbindlichen österreichischen Art verdanke ich, dass ich, der ich bislang unter diplomatischen Gesichtspunkten bestenfalls als Rohdiamant zu bezeichnen war, einen gewissen Feinschliff erhielt. Das tat nicht weh und war mir später wiederholt von großem Nutzen. Denn wenn ich jemanden für einen Idioten halte, neige ich dazu, demjenigen das direkt und unverbrämt ins Gesicht zu sagen. Das belastet meine Seele am wenigsten, und einmal gesagt, habe ich es dann auch rasch vergessen.

Durch Monti lernte ich, dass es auch andere Wege gibt, seine Meinung über das Tun und Lassen anderer kundzutun. Er war weitaus verbindlicher, als ich es vermutlich jemals sein werde, ein ausgesprochen angenehmer und diplomatischer Mann. Deshalb mochten ihn die Menschen so. Aber man sollte sich nicht täuschen: Wenn es das Geschäft erforderte, konnte auch ein Monti Lüftner hart und unnachgiebig sein.

So zurückhaltend ich im Allgemeinen mit dem Etikett »Freund« auch in Bezug auf Menschen umgehe, die mir nahestehen, so stolz bin ich darauf, für meinen Teil sagen zu dürfen, dass Monti Lüftner bis zu seinem absurden Unfalltod im Mai 2009 einer meiner besten Freunde war. Für mich war er eine wirkliche Lichtgestalt mit seinem Humor, seiner Freundlichkeit und seiner Liebenswürdigkeit, obwohl Monti selbst – wie könnte es anders sein – sich selbst nie so sehen wollte.

Wenn ich vor Monti hätte abtreten müssen, hätte ich mir gewünscht, dass er meine Grabrede hielte. Dann wäre das Ganze mit Sicherheit alles andere als steif geworden. Und Monti hätte mit Sicherheit irgendeinen wichtigen Zettel vergessen oder seine Brille gesucht. Wie oft habe ich ihn sagen hören: »Geh herst, Thomas, meine Gläser, hast sie vielleicht irgendwo gsehn?«

Montis Liebenswürdigkeit in Bezug auf sein menschliches Umfeld ist Legende. Jedes Jahr ab September, wenn alle Welt in München noch in der warmen Spätsommersonne in Parks und Biergärten saß, begann Monti bei Ariola mit den Weihnachtsvorbereitungen. Ein ganzes Büro wurde abgeschlossen, weil sich dort die Geschenke zu stapeln begannen. Mit bewundernswerter Präzision und Akribie suchte Monti Jahr für Jahr für jeden Kunden, Künstler oder Geschäftspartner ein persönliches Weihnachtspräsent aus, und wenn es nur ein Buch, eine Schallplatte oder eine CD war. Und wer je das Glück hatte, auf eines von Montis großartigen Festen eingeladen zu werden, der spürte dort hautnah, wie die ungeheure Wärme, die er zeitlebens anderen hat zukommen lassen, wieder zu ihm zurückkam.

Auch wenn es mir nach wie vor nur begrenzt gelingt, auf solch kleine Aufmerksamkeiten mehr Energie als meiner Meinung nach unbedingt notwendig zu verwenden, so habe ich auf diesem Gebiet doch eines von Monti gelernt: Die meisten Menschen, die wir mit

Weihnachtsgrüßen und Geschenken bedachten, besaßen mit ziemlicher Wahrscheinlichkeit alles im Überfluss und hatten eine Karte oder ein Buch nicht wirklich nötig. Aber welches ist die Weihnachtskarte, das Weihnachtsgeschenk, das einem am stärksten in Erinnerung bleibt? Das, was man nicht bekommen hat. Und deshalb setzte auch ich mich schließlich hin und verschickte jedes Jahr an die tausend Weihnachtsgrüße.

Monti hatte viele bewundernswerte Eigenschaften, aber so etwas wie ein Orientierungssinn gehörte mit Sicherheit nicht dazu. Wer einmal mit ihm in einem Auto ohne Navigationssystem unterwegs war, der weiß, wovon ich spreche. Im Verbund mit seinem Fahrer, der nicht besonders gut sah, konnte es Monti gelingen, sich auf dem Weg vom BR-Fernsehstudio in Unterföhring bei München zu einem Lokal an der Isar, also auf einer Strecke, auf der man fünf Kilometer geradeaus fahren und dann einmal rechts abbiegen muss, genau drei Mal zu verfahren. Ich saß im Fond, erlebte dieses Schauspiel hautnah mit und hatte meine liebe Mühe, die Contenance zu bewahren und nicht laut herauszuprusten.

Beim nächsten Mal waren wir in der Rudi-Sedlmayer-Halle im Münchner Westen zum Konzert verabredet, zugegebenermaßen eine eher unübersichtliche Gegend. Monti hatte den Stadtplan auf dem Schoß und erteilte seinem Fahrer Anweisungen: »Jetzt geh herst, jetz geht's rechts!« – »Nein, Herr Lüftner, wir müssen hier links fahren!« – »Naa, i hab die Koartn auf'm Schoß. Du foarst jetzt rechts!«

Also bog der Fahrer, ein wahres Musterbeispiel an Engelsgeduld und Ergebenheit, rechts ab. Da standen wir nun, mitten in den Wirtschaftsgebäuden der damaligen Bundesgartenschau! Die Lösung des Rätsels: Monti hatte die Karte verkehrt herum auf dem Schoß gehalten. Wieder saß ich hinten, wieder liefen mir vor Lachen die Tränen übers Gesicht. Aber glücklicherweise war Monti ein humorvoller Mensch, der es einem nicht weiter verübelte, wenn man sich mal herzhaft über ihn amüsierte.

Monti sagte mit siebenundsiebzig Jahren, mitten in den Vorbereitungen zu seinem berühmten »Monti-Cup« am Wörthersee, dem

Tennis- und Golfturnier, zu dem er regelmäßig alle einlud, die in der Welt von Musik, Show und Medien Rang und Namen haben, diesem Leben auf eine Weise Servus, über die er sich vermutlich auf der Wolke, auf der er jetzt sitzt, kaputtlacht. Und wir, seine Freunde, würden am liebsten mitlachen, wenn es nicht so entsetzlich traurig wäre: Er wurde von einem Lastwagen überrollt, als er, neugierig, wie er war, auf einem Wertstoffhof in der Nähe von München umherspazierte, und war sofort tot. Die Welt ist an jenem sonnigen Maitag für viele Menschen ein bisschen kälter und einsamer geworden.

Eines Tages, ich war bei Ariola gerade so heimisch geworden, kam Monti zu mir und überraschte mich mit einem Ansinnen, das ich ihm, auch wenn ich es gewollt hätte, nicht einfach abschlagen konnte: »Geh herst, Thomas, mach du doch mal den Kuhn, bitte.«

Dazu muss man wissen, dass Gustav Kuhn, einer der agilsten und besten zeitgenössischen Dirigenten und fest bei Ariola unter Vertrag, besonders enge, fast familiäre Bindungen zur Bertelsmann-Gründerfamilie Mohn hat. Er hatte schon als Kind bei Reinhard Mohn auf dem Schoß gesessen, sein Vater war einer der engsten Weggefährten des Konzerngründers gewesen. Wer Gustavs Meinung nach unbotmäßig mit ihm umsprang, konnte sich deshalb leicht einer hochnotpeinlichen Befragung durch Liz oder Reinhard Mohn ausgesetzt sehen.

Klassik war durchaus nicht mein Spezialgebiet. Bei Teldec hatte ich mich diesem Genre jedoch schon stark angenähert, sodass mir bei Bertelsmann gleich noch eine weitere Aufgabe zufiel, die ungefähr so beliebt war wie die Betreuung des als nicht ganz einfach geltenden Gustav Kuhn: die Funktion des Vorsitzenden der Robert-Stolz-Stiftung. Der Österreicher Robert Stolz war einst ein gefeierter Schlager- und Operettenkomponist gewesen, und Bertelsmann hatte zusammen mit Robert Stolz' Witwe Yvonne Louise, genannt »Einzi«, einer unglaublich engagierten und energischen alten Dame, eine Stiftung gegründet, die sich der Pflege des Andenkens von Robert Stolz widmete. Gustav Kuhn und der selige Robert Stolz klebten mir damit wie Bonbons am Revers.

Als Vorsitzender der Robert-Stolz-Stiftung war ich automatisch auch ständiges Mitglied der Jury des internationalen Klassik-Gesangswettbewerbs »Neue Stimmen«, den die Bertelsmann Stiftung alle zwei Jahre in Gütersloh veranstaltet. Ständige Mitglieder waren zu meiner Zeit außerdem der Generalintendant der Bayerischen Staatstheater, der legendäre Professor August Everding, und – Gustav Kuhn. Weitere Jurymitglieder wechselten von Mal zu Mal. Dazu gehörten Klassikgrößen wie die großartige Opernsängerin Brigitte Fassbaender oder der Startenor René Kollo.

Da saß ich nun wie ein Exot zwischen all diesen Koryphäen. Ich glaube, so richtig ernst nahm mich dort keiner, und ich hatte durchaus Verständnis dafür. Auch wenn ich im klassischen Bereich bei Weitem nicht so bewandert war wie meine Jurykollegen, kamen wir aber erstaunlicherweise doch immer wieder zum selben Ergebnis, wenn es um die Beurteilung der stimmlichen und künstlerischen Qualitäten eines Nachwuchstalents ging.

Bei der Herangehensweise taten sich jedoch häufig wahre Abgründe zwischen den Welten auf. Gustav Kuhn ließ es sich deshalb nicht nehmen, mich vorzugsweise als »Kommerzler« zu titulieren und mir vorzuwerfen, dass ich vornehmlich deutsche Schlager unters Volk brächte und mich auf anderen Gebieten eher in vornehmer Zurückhaltung übte.

Irgendwann warf ich alles über Bord, was ich von Monti an diplomatischen Zwischentönen gelernt hatte, setzte mich hin und schrieb Gustav Kuhn einen gepfefferten Brief.

»Lieber Gustav«, stand darin sinngemäß, »wenn du mal so viele Platten verkauft hast wie manche deutsche Schlagersängerin, dann können wir wieder miteinander reden, vorher brauchen wir gar nicht mehr zu diskutieren. Deine Verkaufserfolge in homöopathischen Dosen haben wir ja alle hinlänglich genossen.«

Von da an hatten wir ein phantastisches Verhältnis und sind bis heute befreundet. Gustav führte mich an die Welt der Oper heran, wovon ich heute noch profitiere.

Im Jahr 1997 rief Gustav ein wunderbares Opernfestival in dem kleinen Tiroler Festspielort Erl ins Leben. Das Passionsspielhaus, das die Dorfgemeinschaft dort Ende der Fünfzigerjahre auf der sprichwörtlichen grünen Wiese erbaut hat, hat eine solch traumhafte Akustik, dass schon der große Sergiu Celibidache in Erl Plattenaufnahmen eingespielt hat. Dabei ist das keineswegs einer besonders ausgefeilten Technik zu verdanken: Die Deckenverkleidung des großen Saales konnte aus Geldmangel nicht fertiggestellt werden. Die rohen Dachbalken sind wohl für den einzigartigen Klang verantwortlich.

Seit 2000 hält Gustav zudem regelmäßig in der Toskana eine Musikakademie für junge Künstler aus der Welt des Musiktheaters ab, die »Accademia di Montegral«. Die Padri Passionisti stellten ihm zu diesem Zweck das halb verfallene Kloster Convento dell'Angelo hoch oben am Berg über Lucca zur Verfügung, das Gustav nun Stück für Stück wieder herrichtet. Wenn wir dort ab und zu zusammen in der Klosterküche sitzen, in der Mitte des Tisches einen riesigen Topf Spaghetti mit Tomatensoße, und Rotwein aus dem Wasserglas trinken, ist die Welt der italienischen Oper mir ganz nah.

Gustav könnte man als halben Italiener bezeichnen, er war unter anderem Leiter der Oper in Rom und später Dirigent in Neapel. Den großen Luciano Pavarotti kannte er besonders gut, er hat als Dirigent häufig mit ihm zusammengearbeitet.

Vor ein paar Jahren waren Gustav und ich gemeinsam privat in Italien unterwegs. Eines Abends, als wir in Modena nach reichlichem Genuss köstlichen italienischen Rotweins zurück Richtung Hotel fuhren, meinte Gustav plötzlich: »Weißt du übrigens, dass dort drüben Pavarotti wohnt?« Dabei wies er auf ein großes doppelflügeliges Tor, hinter dem eine breite Serpentinenauffahrt einen leichten Hügel hinaufführte. »Was hältst du davon, wenn wir einfach läuten und ihm guten Abend sagen?«

Klar, dachte ich mit leicht benebeltem Hirn, mal eben unangemeldet nach dem Abendessen bei einem Weltstar vorbeischauen, ist doch eine prima Idee.

Gustav drückte den blank polierten Klingelknopf.

»Ja bitte?«, kam es auf Italienisch aus der Gegensprechanlage.

»Maestro Kuhn mit Thomas Stein!«, erwiderte Gustav.

Nach einer Minute öffnete sich das Tor, wir fuhren den Hügel hinauf, und Pavarotti empfing uns aufs Herzlichste in Radlerhosen und Freizeithemd. Bis fünf Uhr morgens tranken wir uns systematisch durch die mindestens fünfzehn verschiedenen Sorten seines selbstgemachten Limoncello. So viele Schmerztabletten, wie am nächsten Morgen nötig gewesen wären, um meinen Kopf wieder einigermaßen frei zu bekommen, kann man gar nicht schlucken.

Die Jurymitgliedschaft bei »Neue Stimmen« war für mich eine wunderbare Bereicherung meines »Kommerzlebens«, ich lernte viel dazu und näherte mich der klassischen Musik mehr und mehr. Besonders gut ist mir die Zusammenarbeit mit August Everding in Erinnerung, ein phänomenal gebildeter Mann und einer der besonders zu erwähnenden Kulturschaffenden in diesem Land, der leider 1999 verstorben ist. Der Professor war ein glänzender Redner, schlagfertig wie eine Guillotine und mit blendendem Humor gesegnet. Auch er sah meine Mitgliedschaft im hehren Kreis der »Neue Stimmen«-Jury durchaus mit Skepsis, wir lieferten uns immer wieder heftige Wortgefechte.

Eines Tages stritten wir uns auf einer Podiumsdiskussion vor zweihundert Zuhörern so, dass die Fetzen flogen. Es ging um Mäzenatentum und darum, wie an Stiftungsgelder zur Realisierung neuer Vorhaben im Kulturbereich heranzukommen war. Everding focht allerdings selten mit dem Säbel, sondern mit Vorliebe mit dem Florett: Sein Waffenarsenal bestand aus einem unerschöpflichen Schatz an wunderbaren Sprüchen und Zitaten berühmter Menschen, die er seinen Kombattanten zur rechten Zeit im Stakkato um die Ohren knallte.

Aber da hatte er sich in mir den Richtigen ausgesucht: Ich liebe nämlich Zitate und jage ständig neuen hinterher, um meine nicht ganz unbeträchtliche Sammlung noch zu vergrößern. »Wissen Sie, lieber Herr Professor«, konterte ich auf dem Podium, »ich kann übrigens meine Zitate auch auswendig!«, und servierte ihm eine Kostprobe, dass seine wachen Augen hinter den Gläsern seiner Lesebrille vor Vergnügen nur so blitzten.

Als die Diskussion zu Ende war, kam August Everding lachend und mit ausgestreckter Hand auf mich zu: »Herr Stein, vielen Dank für diese herrliche Unterhaltung, das hat mir großen Spaß gemacht!« Jedes Mal, wenn wir uns danach wieder trafen, waren unsere Begegnungen sehr freundschaftlich, wir führten viele wunderbare Gespräche und hatten eine Menge Spaß zusammen.

Aus meiner wachsenden Liebe zur klassischen Musik und aus meiner tiefen Überzeugung, dass es notwendig ist, einen Weg zu finden, Popmusik und klassische Musik zu vereinen, entstand eines Tages das Gesangsduo Marshall & Alexander. Die Idee, die beiden jungen Männer – Marc Marshall ist klassischer Bariton, Jay Alexander singt Tenor – zu einem Klassikpop-Duo zusammenzuspannen, hatte ich eher zufällig. Eines Tages spielte mir einer meiner engsten Freunde, der Promoter und Musikmanager Eugen Jöckel, in Berlin ein Demoband mit ein paar Titeln vor, die er mit der Sängerin Judy Weiss aufnehmen wollte. Damit ich etwas zu hören bekam, hatte Eugen provisorisch Marc und Jay die Stücke einsingen lassen.

»Eugen, das ist sensationell!«, meinte ich. »Aber eines ist ganz klar: Das müssen die beiden zusammen machen, und niemand sonst!«

Marc und Jay waren anfangs von meiner Idee alles andere als angetan, sie wollten partout klassische Sänger sein und bleiben. Irgendwann hatte ich von ihrem Geziere genug und erklärte ihnen: »Entweder ihr macht das, oder ihr verbringt euer weiteres Berufsleben in der siebten Reihe im Chor von Karlsruhe!«

Um die Meinungsbildung der beiden zu beschleunigen, ließ ich Jay Alexander sogar einmal bei »Neue Stimmen« vorsingen. Trotz seiner herrlichen Stimme flog er gleich in der ersten Runde raus. Dazu muss man eines wissen: Verglichen mit dem Auswahlverfahren bei diesem Klassik-Contest ist »Deutschland sucht den Superstar« geradezu charmant. Die Sänger treten vor die Jury, dürfen drei Takte singen, und dann heißt es: »Danke, das war's.«

Die Maßnahme war vielleicht etwas drastisch, aber sie wirkte. Die beiden erklärten sich einverstanden. Ich ließ sie bei jeder Telefonzellen-Eröffnung auftreten, um sie auf einen guten Weg zu bringen.

Heute singen sie klassische und Pop-Themen und haben damit großartigen Erfolg.

Viele große Popsänger haben eine gründliche klassische Ausbildung genossen, und man merkt es ihren Stimmen an. Dabei müssen wir uns, wenn wir den Stellenwert betrachten, den der Musikunterricht an deutschen Schulen hat, ernsthafte Sorgen machen um den Nachwuchs an Musikern in unserem Land. Es gibt Bundesländer, in denen der Musikunterricht zu großen Teilen oder sogar vollständig gestrichen ist. Eltern, die ihren Kindern Musik nahebringen möchten, müssen den Unterricht aus eigener Tasche bezahlen. Und dort, wo es noch Musikunterricht in der Schule gibt, haben die Lehrer oft nur die theoretischen Voraussetzungen und sind selbst gar nicht in der Lage, praktischen Unterricht zu vermitteln. Aus diesem Grund schlug ich eines Tages vor, dass die Bertelsmann Stiftung auch den Musikunterricht in der Schule fördern solle. Daraus wurde dann tatsächlich ein wegweisendes Projekt.

Eine der schönsten und besten Stimmen im heutigen Popgeschäft ist zweifellos die von Whitney Houston. Auch Whitney hat bereits während der Schulzeit mit Musik und Singen angefangen: Schon mit elf Jahren war sie Chor- und Backgroundsängerin. Ihre spätere Karriere ist atemberaubend, auch wenn sie durch alle möglichen Einflüsse, hauptsächlich aber wohl durch ihren früheren Mann, in die Katastrophe schlitterte. Ich bedaure das zutiefst und wünsche ihr nichts mehr, als dass sie wieder auf einen guten Weg zurückfindet.

Wie viele bedeutende Künstler ist auch Whitney eine Entdeckung des großen Clive Davis, des Gründers und damaligen Besitzers des Labels Arista Records. Monti hatte ihm Arista im Jahr 1984 zu einem für die Verhältnisse jener Zeit astronomischen Preis abgekauft, obwohl Clive später immer behauptete, Monti sei genauso billig an Arista gekommen wie die weißen Amerikaner an das Land der Indianer. Clive Davis verdanken wir Namen wie Janis Joplin, Alicia Keys und viele mehr.

Im Umfeld einer Künstlerin vom Kaliber einer Whitney Houston gibt es immer einen Hofstaat von Leuten, die glauben, sie seien wichtiger als die Künstlerin selber. Das bedeutet, dass man erst einmal die Mauer der Unter-, Mittel- und Obermanager durchbrechen muss, wenn man mit der Künstlerin selber sprechen will. Im Fall von Whitney Houston sahen Monti und ich uns deshalb so mancher Geduldsprobe ausgesetzt.

Eines Tages, Whitney wurde anlässlich ihrer Deutschland-Tournee in Frankfurt erwartet, saßen meine Geschäftsführungs-Kollegen und ich gemeinsam mit unserem Chef Monti um einen Besprechungstisch, um ein Begrüßungsschreiben für Whitney Houston zu formulieren. Ein hoch politischer Akt, der dazu führte, dass wir geschlagene fünf Stunden jedes Wort in dem kurzen Schreiben eingehend sezierten und auf Herz und Nieren abklopften, um ja den richtigen Ton zu treffen. Meiner bescheidenen Meinung nach hätte es auch genügt, zu schreiben: »Liebe Whitney, schön, dass du da bist, wir freuen uns!« Monti jedoch war ein Meister der sensiblen Formulierung, und die Künstler schätzten das sehr an ihm, das war immer wieder deutlich zu spüren. Auch wenn Künstler normalerweise nicht viel um sich herum wahrnehmen, ein paar Dinge dringen dann doch zu ihnen vor. Und Montis Engagement gehörte zweifellos dazu.

Kurz nach meinem Start bei Ariola traf ich dann in Frankfurt erstmals Whitney persönlich. Ein interessantes Erlebnis: Wir mussten geschlagene zwei Stunden warten, bis sie auftauchte. Sie begrüßte jeden in der honorigen Runde der Wartenden mit einem freundlichen »Hi«. Man durfte »Hi« antworten, ihr die Hand geben und »Nice to see you« sagen. Dann wurde man zügig aus dem Raum geschoben.

Eine Deutschland-Tournee später: Whitney sollte in der Münchner Olympiahalle auftreten, ich als ihr deutscher Plattenchef musste ihr natürlich meine Aufwartung machen, zumindest musste ich es anbieten. Wenn man als Künstler durch die Weltgeschichte reist, hat man allerdings auch nicht immer Lust, jedes Mal irgendein Schallplattenfrettchen zu sehen, das war mir aus meiner mittlerweile doch recht umfangreichen Erfahrung mit Künstlern bewusst. Also ließ ich ihr backstage nach dem Konzert herzliche Grüße ausrichten und wollte schon gehen, denn ich war mit Freunden zum Abendessen verabredet.

»Just one moment, Thomas!«, beschied mich jedoch einer ihrer Manager. »Whitney would like to see you!«

Ach du grüne Neune, dachte ich eingedenk des langen Wartens in Frankfurt. Aber was half es?

»Geht doch schon mal vor«, bat ich die Freunde, »ich komme gleich nach!«

Dann wartete ich. Fünf Minuten. Zehn Minuten. Eine Viertelstunde. Eine halbe Stunde.

Nach einer Stunde sagte ich zu einem der zahlreichen Assistenten: »Ich glaube, ich gehe jetzt. Eine Stunde ist eigentlich genug!«

»Oh, so sorry, Thomas! Please stay and wait, it is very important!« Er flehte mich fast an zu bleiben. »Whitney will come in a minute!«

Also noch eine Minute. Zufällig hörte ich, wie jemand über die Gegensprechanlage auf Englisch verkündete: »Der Raum hat jetzt 28 Grad. Wir müssen noch ein bisschen warten, bis er 31 Grad hat.«

Das war also der Grund: Der Raum in den Katakomben der Olympiahalle, in dem wir uns mit Whitney treffen sollten, musste erst auf die bevorzugte Temperatur des Stars aufgeheizt werden. Geschlagene zwei Stunden später hieß es endlich: »Now we are ready!«

Endlich kam der große Moment, wir handverlesenen Wartenden – unter ihnen war auch Fürstin Gloria von Thurn und Taxis mit ihren Kindern – wurden in den völlig überheizten Raum geführt. Auftritt Whitney: »Oh, nice to see you!«, sagte sie artig zu der Fürstin und ihrer Entourage. Mich beachtete sie nicht weiter und wollte nach gerade mal zwei Minuten gleich wieder den mühsam aufgeheizten Raum verlassen.

»Hi, Whitney«, brachte ich mich in Erinnerung, »you wanted to see me, and here I am!«

»Oh, Thomas, nice to see you!«

Sie winkte, sagte »Good bye«, und weg war sie. In diesem Fall war ich heilfroh, dass es nicht länger dauerte und ich den Brutkasten auf dem schnellsten Wege verlassen konnte.

Im Jahr 1990 sollte Whitneys neues Album »I'm your baby tonight« auch in Europa herauskommen, die große Präsentation hatten wir in München geplant. Vertreter aller europäischen Fernseh- und Rundfunksender, Journalisten und jede Menge Prominenz – von Liz Mohn über Clive Davis und weitere schwer honorige Gestalten bis hin zu Oberbürgermeister Christian Ude – waren gekommen und warteten nun im Münchner Luxushotel Rafael einträchtig auf das Erscheinen von Whitney Houston. Eine Stunde. Anderthalb Stunden …

Wir hatten eine Bühne aufbauen lassen, auf der die New Yorker Skyline nebst einer Harley-Davidson zu sehen waren, auf der Whitney Platz nehmen sollte. Es war das genaue Abbild des Plattencovers. Mit einer Ausnahme: Rechts stand unübersehbar eine knallrote, schlichte Couch.

Das farbenfrohe Möbel hatte bereits zu einem handfesten Krach mit Whitneys Management und heftigsten Auseinandersetzungen mit meinen englischen und amerikanischen Kollegen geführt, die diesen Fremdkörper umgehend entfernt wissen wollten. Die Couch war jedoch fester Bestandteil unseres Marketingkonzepts für das neue Album. Sie war eine Idee des Fotokünstlers Horst Wackerbarth, der für einen Foto-Bildband mit der Couch um die Welt reiste, Künstler in den unterschiedlichsten Situationen und Umgebungen auf ihr Platz nehmen ließ, sie fotografierte und interviewte. Eine In-Geschichte. Wir wussten, dass Bilder mit Whitney auf der roten Couch überall veröffentlicht und uns zusätzliche Aufmerksamkeit in den Medien garantieren würden.

Aber wer wieder einmal nicht kam, war Whitney. Irgendwann riss mir der Geduldsfaden, und ich fragte ungehalten nach, was denn los sei. »Ihre Haare sind noch nicht gemacht!«, erklärte mir eine ihrer Assistentinnen ganz aufgelöst. »Aber sie wird bald hier sein!«

Als Whitney nach den offenbar obligatorischen zwei Stunden dann doch endlich auftauchte, traf mich fast der Schlag: Sie hatte ihr Haar vollständig unter einer trendigen Strickmütze verborgen!

Brav nahm sie wie geplant auf der Harley Platz. Bis sie die rote Couch entdeckte. Freudestrahlend rief sie: »O wonderful, that you have this lovely couch here!«, stieg vom Motorrad, machte es sich auf dem so heftig umstrittenen Möbel bequem und war sichtlich glücklich.

»Keep the artist satisfied« war für mich auch in Bezug auf Whitney Houston eine unumstößliche Regel. Um ihr eine Freude zu machen, hatte ich für ihre kleine Tochter Bobbi Kristina ein paar niedliche rote Kinderlederhosen gekauft. Bei einem festlichen Abendessen anlässlich einer Platin-Verleihung saß ich mit Whitney am Tisch im Münchner Hotel Vier Jahreszeiten, es war ein zauberhafter Abend, von Zickenverhalten keine Spur. Bis ich ihr das Geschenk für die Kleine überreichte. »Oh, gorgeous, Thomas, how wonderful!« Sie bedankte sich überschwänglich mit Bussi links und Bussi rechts. Dann sah sie sich die Lederhose genauer an, legte den Kopf schief, schaute mich an und fragte auf Englisch: »Und warum bekomme ich keine?«

Das führte dazu, dass ich beim nächsten Konzert hinter die Bühne ging und ihrer Assistentin drei der neuesten und ausgefallensten Lederhosenmodelle von Lodenfrey in die Hand drückte, lange und kurze. Es waren alles Unikate, sündhaft teure noch dazu. »Ein Geschenk von Thomas für Whitney«, erklärte ich der Assistentin, »sie darf sich eine aussuchen!«

Die Mitarbeiterin verschwand mit den Hosen. Plötzlich kam Whitney in einer Lederhose um die Ecke geschossen, sie stand ihr ganz ausgezeichnet: »Thomas, das ist aber nett, dass du mir gleich drei Lederhosen schenkst«, rief sie, vor Begeisterung ganz aus dem Häuschen, »sie sind wunderbar!«

Damit waren die drei Edel-Hosen weg. Ich bin fest davon überzeugt, dass sie sie nie wieder anhatte. Aber von nun an hatte ich mich Whitney offenbar ins Gedächtnis eingebrannt, die Wartezeiten reduzierten sich bei den nächsten Begegnungen merklich.

Jeder Mensch freut sich, wenn er aufmerksam behandelt wird, und ich habe die Erfahrung gemacht, dass man auch Künstlern, die Hunderte Millionen Dollar auf dem Konto haben, nicht unbedingt eine weitere Million dazuschenken muss, um ihnen in Erinnerung zu bleiben. Eine größere Wirkung hat ein persönliches Geschenk, mit dem er oder sie vielleicht gar nicht rechnet. Auch Dido, eine unglaublich liebenswerte junge Frau, bekam von mir in England eines Tages eine Lederhose überreicht, mit herzlichen Grüßen aus Bayern. Sie schaute mich ganz groß an: »Why that, Thomas?«

»Weil ich glaube, dass dir so etwas steht«, antwortete ich. Und so war es tatsächlich.

Eines Abends wurde mir in einem kleinen New Yorker Club eine wunderschöne junge Sängerin vorgestellt, die mit einer atemberaubenden Stimme ihren Titel »Fallin'« sang. Es war nur ein kurzes Treffen, aber bei ihr wussten wir sofort: Das wird etwas werden. Es war Alicia Keys, damals gerade siebzehn oder achtzehn, aber auf dem besten Wege, ein Weltstar zu werden.

Auch Alicia hatte bereits einen beträchtlichen Hofstaat um sich geschart. Wenn ein Künstler erst einmal in den Fängen einer großen Plattenfirma ist und viel Geld für das bekommt, was er tut – nämlich singen –, dann bildet sich eine solche Entourage von ganz allein, man kann das gar nicht verhindern. Im Lauf der Jahre habe ich festgestellt, dass das in einem gewissen Maße sogar notwendig ist. Die jungen Künstler werden fast wie ein Baby von der Mutter weggerissen und dann in die große weite Welt geschickt, um Geschäfte zu machen. Aber mit wem wollen sich eine Alicia Keys, eine Whitney Houston, ein Michael Jackson oder wer auch immer in Europa auf Tournee unterhalten, außer mit den Leuten, die ihnen vertraut sind, weil sie monatelang mit ihnen auf Achse sind?

Bevor man über das Gehabe junger Popstars die Nase rümpft, sollte man deshalb eines mit bedenken: In dieser Branche arbeitet man mit sehr jungen Menschen zusammen, viele haben noch nicht einmal die Schule beendet. Und wenn sie dann einen Hit haben, kann das ein Riesenproblem werden. Sehr schnell kommt dann auch die Forderung nach mehr Geld, eventuell folgt der Wechsel zu einer anderen Plattenfirma, die mehr bietet. Möglicherweise folgt trotzdem nie wieder ein Hit, und dann ist die Ernüchterung brutal und in Einzelfällen kaum zu verkraften.

Clive Davis hatte Alicia unter Vertrag genommen und schickte sie auf ihre erste Tournee durch Deutschland. Im Anschluss an ein Konzert in München hatten wir ungefähr hundert hochkarätige Medienvertreter eingeladen. Da stand das Mädchen nun etwas verloren inmitten all der fremden Menschen, sichtlich erschöpft von dem anstrengenden Konzert.

Ich kämpfte mich durch die Menschentrauben zu ihr durch. »Alicia, du bist doch bestimmt hungrig, möchtest du nicht etwas essen?«, fragte ich. Sie nickte nur.

Ich nahm sie am Arm und dirigierte sie zu dem üppigen Buffet, das wir für diesen Abend hatten auffahren lassen. Etwas ratlos ließ sie ihren Blick über die Massen von Delikatessen schweifen. Plötzlich blieben ihre Augen an einer Platte mit grauen, glibberigen Dingen hängen. Fragend schaute sie mich an.

»Das sind Austern!«, klärte ich sie auf. »Hast du so was schon einmal gegessen?«

»Nein, noch nie«, erwiderte sie.

»Dann sag ich dir etwas. Das sieht scheiße aus, und die ersten schmecken scheiße, aber wenn du jetzt in der großen weiten Welt unterwegs bist, wird man dir ab und zu so etwas vorsetzen. Deshalb ist es besser, du probierst es gleich.«

Kurz und gut – sie probierte eine Auster. Ihr Gesicht werde ich nie vergessen. Es erinnerte mich an den grenzenlos angeekelten Gesichtsausdruck meiner zweijährigen Alana, als ich ihr einmal versuchsweise eine Büsumer Krabbe in den Mund schob.

»Thomas, was für eine Schweinerei!!«, rief Alicia entsetzt und hätte die Auster um ein Haar wieder ausgespuckt.

Davon abgesehen war es ein netter Abend, an den sich Alicia jedes Mal, wenn wir uns später trafen, nachhaltig erinnerte. Monate später hatte sie einen Fernsehauftritt in »Wetten, dass …«. Als ihr jemand steckte, dass ich auch da sei, kam sie aus ihrer Garderobe herausgeschossen. »Thomas, wie schön, dass du da bist, komm rein!« Wir saßen lange zusammen und redeten über alles Mögliche. Ich glaube, sie war sehr froh, außerhalb ihres Hofstaats das Gesicht des netten Onkels wiederzusehen, der ihr beigebracht hatte, wie man Austern isst.

Auch für Die Prinzen war ich eine Art netter Onkel, allerdings in etwas anderem Zusammenhang. Den ehemaligen Chorknaben war auf Tour abends im Hotel langweilig, so langweilig, dass sie auf Ariola-Rechnung ausgiebig Pay-TV konsumierten. Dass sie sich für dreihundert, manchmal auch vierhundert Euro nicht nur den neuesten James Bond reinzogen, war klar wie Kloßbrühe. Die Höhe der Rechnungen rechtfertigte denn auch ein nachhaltiges Geschenk: Jedes Bandmitglied bekam von uns einen tragbaren Videorekorder mit jeweils drei Porno-Kassetten überreicht. Sebastian Krumbiegel und Tobias Künzel sprechen mich noch heute, fast zwanzig Jahre später, darauf an, wenn wir uns treffen.

Es wäre allerdings geprahlt zu behaupten, ich sei mit allen Künstlern ausnahmslos gut ausgekommen. Eros Ramazotti beispielsweise war ein ausgesprochen schwieriger Fall. Mit ihm konnte ich mich ohne Ende fetzen, aber nicht wegen grundlegender Dinge, sondern wegen irgendwelcher belangloser Kleinigkeiten. Erschwerend kam hinzu, dass Eros kaum Englisch sprach und ich kaum Italienisch. So liefen unsere Streitereien grundsätzlich über Übersetzer ab. Vermutlich war der Ärmste, den dieses Los jeweils traf, heilfroh, wenn der Job erledigt war. Durch die Zusammenarbeit mit Eros Ramazotti lernte ich auch dessen spätere Frau Michelle Hunziker kennen.

Eine Künstlerin, von der ich ohne jede Beschönigung sagen muss, dass sie wirklich zickig und unangenehm im Umgang war, ist Toni Braxton. Irgendwann hatten wir ein Meeting mit ihr in Miami. Es ging um die Präsentation ihrer neuen Platte. Mein Pech war, dass ich das Hotelzimmer unter ihren Räumen hatte. Bis morgens um sechs machte sie dort mit den zwanzig oder dreißig Leuten, die sie ständig um sich haben musste, ein unglaubliches Theater. Die ganze Nacht über gab es höllisches Geschrei und Getobe, es flogen schwere Gegenstände, wohl Tische und Sessel, es flogen Gläser. Aber sobald sie öffentlich auftrat, tat sie, als sei sie eine vornehme Lady, die vorzugsweise dann, wenn ein Fernsehauftritt anstand, unpässlich war und nicht den geringsten Spaß verstand.

Eines Tages, es war in Interlaken, sie war wieder einmal »krank« und torpedierte damit alle PR- und Marketingmaßnahmen, die wir in mühseliger Kleinstarbeit auf sie abgestimmt hatten, lief sie mir im Hotel über den Weg. Da konnte ich mich nicht mehr beherrschen und sang ihr geradewegs ins Gesicht: »You are sick again?«, angelehnt an ihren Hit »Breathe again«. Sie war richtig sauer auf mich, vermutlich mindestens so sauer wie ich auf sie. Richtig herzlich ist unser Verhältnis danach nicht mehr geworden.

Startschwierigkeiten hatte ich bei Ariola auch mit Rainhard Fendrich, mit dem ich aber dann durchaus erfolgreich zusammenarbeitete. Meine Schwierigkeiten mit Rainhard rührten noch von Teldec-Zeiten her. Rainhard war damals bei Ariola und machte uns Hoffnungen, dass er unter Umständen zu Teldec wechseln würde. Nach einem ausgiebigen und teuren Abendessen mit ihm und seinem Manager, zu dem ich bei Wind, Wetter und Schneesturm extra nach München gekommen war, wurde mir jedoch klar, dass den beiden jegliche ernsthafte Absicht fehlte. Vor Wut brach ich zwei Weingläsern die Stiele ab und zerschnitt mir dabei fast die Handflächen.

»Man sieht sich immer zwei Mal!«, begrüßte ich Rainhard denn auch reichlich unterkühlt, als ich dann Jahre später selbst zu Ariola kam, und geigte ihm gehörig meine Meinung zu seinem Verhalten damals in München. Das Ergebnis: Rainhard schrieb unter dem Eindruck der Abreibung, die ich ihm verpasste, seinen Nummer-1-Hit »Macho Macho«.

Im Herbst 1991 sah München das wahrscheinlich größte Staraufgebot, das je im Musikbusiness zu Ehren eines einzelnen Menschen an einem Abend zusammenkam: Es war die große Abschiedsfeier für Monti Lüftner zu seinem 60. Geburtstag im Hotel Hilton in München. Nach dreiunddreißig Jahren gab Monti das Zepter bei Ariola an mich weiter, um sich fortan einem ganz und gar unruhigen Leben als Ruheständler zu widmen.

Die tausend engsten Freunde kamen und feierten Monti. Eros Ramazotti, Rainhard Fendrich, Peter Alexander, die Eurythmics und viele andere traten auf. Morgens um vier kam als Letzte Dionne Warwick auf die Bühne und sang für Monti »That's What Friends Are For«. Wenn ich mich nicht sehr täusche, hatten etliche der Anwesenden Tränen der Rührung in den Augen.

Und wie könnte es anders sein bei einem Fest für Monti: Es war der Startschuss für die Karriere einer jungen, vielversprechenden Band namens Die Prinzen. Gegen den vereinten Widerstand aller Bertelsmann-Vorstände hatte ich als verantwortlicher Organisator darauf bestanden, die Jungs auftreten zu lassen. Der eine oder andere hochkarätige Gast mag sich bei Songtiteln wie »Millionär« oder »Alles nur geklaut« vielleicht wirklich ein wenig provoziert gefühlt haben. Tatsache ist: Die Presse schlachtete das Ereignis gehörig aus, und wir verkauften eine Million Alben der Prinzen. Ein schöneres Abschiedsgeschenk hätten wir Monti kaum machen können.

Hauen und Stechen

Schwer und süß wehte uns die warme Frühsommerluft um die Nase, es roch nach frisch gemähtem Gras, die Sonne wärmte unsere Rücken. Margret und ich tuckerten auf meiner gelben Harley, die ehemals Peter Maffay gehört hatte, gemächlich über kleine Sträßchen durch sattgrüne Wiesen, vorbei an prächtigen Bauernhöfen mit üppigen Blumenbalkonen.

Unvermittelt hielt ich am Straßenrand, als sich vor uns ein breites Tal öffnete. Millionen von Löwenzahnblüten und Sumpfdotterblumen hatten es hellgelb gefärbt, mittendrin lag ein sonnenbeschienener See, und am anderen Ende des Sees waren ein Dorf und der Turm einer kleinen Kirche mit Zwiebelturm zu erkennen. Ein Bild wie aus der Fremdenverkehrswerbung.

Ich atmete tief durch. »Margret, egal, wie das Haus aussieht, hier will ich wohnen! Genau das ist es, was ich möchte.«

Wir waren auf der Suche nach einem Domizil in den Tiroler Bergen an diesen herrlichen Ort gelangt. Die Wochenendwohnung, die ich ein paar Jahre zuvor gemeinsam mit Waltraud als Rückzugsort in Kitzbühel gemietet hatte und die ich sehr liebte, war im Zuge der Scheidungsvereinbarung an Waltraud gegangen. Deshalb begann ich, Erkundigungen einzuziehen, vielleicht wusste ja jemand etwas Bezahlbares. Nach der Scheidung hatte ich Unterhaltszahlungen in nicht unbeträchtlicher Höhe zu leisten, ich konnte also keine großen Sprünge machen.

Und wie es so geht: Ein Bekannter hatte einen Bekannten, der hatte ein Haus im Pillerseetal in Tirol, das er vermieten wollte. Damals konnte ich mir unter dem Tal genauso wenig vorstellen wie wahrscheinlich neunzig Prozent derer, die man heute fragen würde.

Nun waren wir also im Frühsommer 1991 in diesem sonnengelben Tal angelangt und fuhren zu der Adresse, die der Bekannte uns gegeben hatte. Was wir dort vorfanden, war ein völlig verwildertes Wiesengrundstück etwas außerhalb von Sankt Ulrich mit einem atemberaubenden Blick auf die umliegenden Loferer Steinberge. Das Haus selbst war in einem erbärmlichen Zustand, eine versiffte, abgewrackte Bude, in der noch Senf und Mexican Sauce aus dem Jahr 1976 im Küchenregal standen. Uns war es egal, denn wir wussten beide: Dieser paradiesische Platz musste auf uns gewartet haben.

Der Vermieter war Schwabe, entsprechend sportiv waren seine Preisvorstellungen. Irgendwann wurden wir uns dann doch handelseinig, und das große Räumen, Renovieren und Umbauen konnte beginnen.

Eines schönen Sommertags, wir lagen faul auf der Terrasse in der Sonne, ging ich in die Küche, um mir etwas zu trinken zu holen. »Hast du eigentlich Angst vor Schlangen?«, fragte ich Margret ganz nebenbei, als ich zurückkam, und reichte ihr ein Glas mit kaltem Zitronenwasser.

»Angst nicht, aber sein muss es auch nicht«, antwortete sie.

»Dann macht es dir ja sicherlich nichts aus, dass gerade eine Kreuzotter in die Küche gekrochen ist?«

Tatsächlich hatten wir eine Zeit lang viele Kreuzottern, Haus und Grundstück waren gute zwanzig Jahre kaum gepflegt worden und gaben ein phantastisches Biotop für das verschiedenste Getier ab. Aber langsam wurde das Haus von uns belebt, das Viehzeug verschwand, und das Haus am Pillersee ist im Lauf der Jahre meine Heimat und die meiner Familie geworden.

Der Scheidung von Waltraud waren heftige gerichtliche Auseinandersetzungen vorausgegangen, die schließlich nach ungefähr fünf Jahren darin endeten, dass ich mich verpflichtete, neun Jahre lang Unterhalt zu zahlen. Die Zahlungsverpflichtungen schmerzten mich zwar heftig, aber wer will schon der Reichste auf dem Friedhof sein? Ich versuchte es zu sehen wie ein Geschäft: Zwei Partner verstanden sich nicht mehr und mussten sich auseinanderdividieren. So war es bei Joyce gewesen, und so war es jetzt wieder. In beiden Fällen war für mich das Wichtigste, dass die Kinder nicht unter den Streitigkeiten der Eltern zu leiden hatten. Sowohl Daniela als auch Alana sollten mich als ihren Papa mögen und nicht ständig zu Hause von ihren Müttern erzählt bekommen, was für ein Schuft ich war.

Nach außen gelang es mir, die Scheidung als relativ sauber darzustellen, aber hinter den Kulissen fand doch ein ziemliches Hauen und Stechen statt, die Fetzen flogen nur so. Vieles lief nicht so, wie es hätte laufen sollen oder können. Aber da musste ich durch, Lamentieren und lautstarkes Getöse halfen nichts. Leider ging es neun Jahre später, als die Unterhaltsverpflichtung endete, noch einmal los. Wally klagte erneut und erstritt sich einen beachtlichen Nachschlag.

Der Niedergang meiner zweiten Ehe hatte sich schleichend angebahnt, sowohl Wally als auch ich suchten und fanden unsere Freiräume. Zum endgültigen Bruch kam es durch einen Zahnarztbesuch im Jahr 1990, bei dem bei mir der erwähnte mysteriöse Zahntaschenkrebs diagnostiziert wurde. Zum Glück stellte sich der Befund als falsch heraus, doch er hatte mich in meinen Grundfesten erschüttert. So plötzlich mit der Endlichkeit des Lebens konfrontiert, wurde mir klar: Wenn ich jetzt schwer krank würde und nichts mehr von meinem Leben hätte, und auch zu Hause nicht das hätte, was ich mir eigentlich gewünscht hatte – das konnte, das durfte nicht sein.

Diese Geschichte beängstigte mich dermaßen, dass ich noch am selben Tag nach Hause fuhr und Wally eröffnete, dass es zu Ende sei mit uns. Und es war tatsächlich zu Ende, das war auch Wally klar, trotz unseres Bindeglieds Alana, der Tochter, die wir beide liebten. Wir zogen einfach nicht am gleichen Strang. Ich ging morgens in die Firma und hatte den ganzen Tag das Gefühl, ich hätte dort ein dickes Seil in der Hand, mit dem ich einen großen Zug hinter mir herziehen musste. Und wenn ich nach Hause kam, bekam ich nur ein anderes Seil in die Hand gedrückt.

Während Wally und ich uns vor Gericht um Haus, Hof und Unterhalt stritten, wuchs ganz allmählich die Vertrautheit mit Margret. Die anfängliche Distanziertheit, ja Feindseligkeit schmolz nach jener

Frage Margrets am Wirtshaustisch in Eurasburg, warum ich so traurig sei, mehr und mehr dahin, unser Umgang wurde unkomplizierter und lockerer. Immer öfter unterhielt ich mich mit ihr auch über Dinge, die nicht unmittelbar mit der Firma zu tun hatten, und erkannte, dass sie eigentlich ein tolles Mädchen war. Und vielleicht dachte auch Margret, dass der Typ, der nun seit fast zwei Jahren ihr Chef war, wohl doch nicht ganz so dämlich sei.

Eines Spätnachmittags, es war Hochsommer, wir alle schwitzten in unseren Büros still vor uns hin, steckte Margret den Kopf zu meiner Tür herein und verkündete:

»Herr Stein, es ist so heiß, ich mache jetzt Schluss und fahre zum Schwimmen an den Steinsee.«

Ich musste gar nicht lange nachdenken. Von dem kleinen See bei Aying östlich von München hatte ich schon häufiger gehört.

»Eine gute Idee! Nehmen Sie mich mit?«

Als Erinnerung an diesen Abend wird mir ein Bild wahrscheinlich mein Leben lang vor Augen stehen: Eine bildschöne blonde Frau mit einer unglaublich guten, durchtrainierten Figur entsteigt bei Sonnenuntergang dem glitzernden Wasser eines kleinen Sees. Ein Anblick wie aus der Fernsehwerbung. Ich habe es Gott sei Dank in meiner Erinnerung sehr viel stärker bewahrt als die Bilder meiner todkranken Margret viele Jahre später.

Schlagartig war es um mich geschehen. Nach diesem Badebesuch bemühte ich meine Hoch- und Tiefbauabteilung und fing heftig an zu baggern. Irgendwann gelang es mir tatsächlich, das kleine westfälische Herz umzustimmen, und wir wurden ein Paar.

Neben dem normalen Haus- und Hofmist, der in solchen Fällen immer entsteht, gab es logischerweise Diskussionen in der Firma. Der Geschäftsführer und seine Sekretärin? Das ging ja ganz und gar nicht, das widersprach allen Bertelsmann-Grundsätzen. Eines Tages kam tatsächlich mein Freund Rudi Gassner, der damals mein Chef bei BMG war, zu mir und eröffnete mir rundheraus: »Thomas, wenn du bei Bertelsmann weiterkommen möchtest, musst du dich von Margret trennen.«

Mir zog es schier die Schuhe aus. Ich hätte mit allem Möglichen gerechnet, nicht aber mit einem solchen Unsinn.

Ruhig, aber entschieden erwiderte ich: »Weißt du was, Rudi, das ist ganz einfach. Wenn ihr glaubt, Privates und Geschäftliches durcheinanderwerfen zu müssen, dann verlasse ich lieber die Firma, bevor ich mich von Margret trenne. Oder ihr macht das, von dem ich glaube, dass es richtig ist: Ich bleibe, und wenn euch irgendwelche Unregelmäßigkeiten auffallen, etwa dass sich jemand wegen unserer Beziehung Vorteile verschafft, dann könnt ihr immer noch einschreiten. Im Moment hat das alles für mich und vor allem für Margret sowieso eher Nach- als Vorteile.«

Wieder einmal hatte ich damit alles auf eine Karte gesetzt, wälzte mich anschließend unruhig im Schlaf und zermürbte mir das Gehirn, was wohl jetzt passieren würde. Wenn es ganz schlimm kam, würde ich vor dem Nichts stehen. Doch letzten Endes geschah – nichts.

An mich traute sich sowieso niemand offen ran, umso mehr rückten manche Kollegen allerdings eine Zeit lang Margret auf die Pelle – sie wurde ordentlich gedisst, wie die Hip-Hopper sagen würden. Feindselige Bezeichnungen wie »arrogante Kuh« waren anfangs gang und gäbe. Als allmählich klar wurde, dass sich trotz unserer Beziehung im Arbeitsalltag nichts änderte, legte sich die Aufregung nach und nach. Auch hier griff wieder einer meiner Lieblingssprüche: Bier ist Bier und Schnaps ist Schnaps.

Nachdem die Scheidung von Wally durch und unser gemeinsames Haus weg war, zog ich zu Margret in ihre Einzimmerwohnung am östlichen Stadtrand von München. Drei Jahre lang lebten wir hier zusammen, mein Kleiderschrank war ein Strick auf dem Balkon, an dem winters wie sommers all meine Anzüge hingen. Aber das war für mich ja nichts Neues – ich war nur froh, dass der Nachbar hier keine Schlangen und Mäuse hielt wie der in der winzigen Wohnung, in der ich seinerzeit mit Joyce und Daniela in Stuttgart gelebt hatte. Und unser Refugium war ohnehin das Haus am Pillersee, das wir mittlerweile zu einem wahren Kleinod hergerichtet hatten.

Margret war fünf Jahre jünger als ich, eine sportliche Frau mit einem Traumkörper. Sie spulte jeden Abend bei schönem Wetter in weniger als zwei Stunden sechzig Kilometer auf dem Rennrad ab, spielte Tennis, fuhr mit mir Snowboard, rauchte nicht, trank nicht, war fit wie ein Turnschuh.

Umso unvorbereiteter traf uns wenige Jahre später, im Sommer 1995, nach einer Gewebeentnahme die Diagnose ihres Arztes: Margret hatte Brustkrebs im fortgeschrittenen Stadium. Sie war vierzig Jahre alt. Ihre Lebenserwartung betrug nach Einschätzung mehrerer Experten gerade noch drei bis fünf Jahre.

Bereits anderthalb Jahre früher hatte sie einen Knoten in der linken Brust ertastet und den mittels einer Mammografie untersuchen lassen. »Da müssen Sie sich keine Sorgen machen«, meinte damals ein Spezialist zu unserer großen Erleichterung, »das ist nur eine Fettgeschwulst.« Ein anderer Arzt, den wir zur Sicherheit ebenfalls konsultierten, kam zu einem ähnlichen Ergebnis. Heute weiß ich: Letzten Endes haben wir dadurch fast zwei Jahre verloren, in denen der Krebs sich ungehindert in Margrets Körper ausbreiten konnte.

Es war die typische Geschichte: Margret, die sich regelmäßig untersuchen ließ, fühlte sich durch das Ergebnis der Mammografie sicher. Das Tückische war jedoch, dass der Knoten am Rand der Brust an einer Stelle lag, die durch die Mammografie nicht mehr richtig erfasst wurde.

Knapp ein halbes Jahr nach der endgültigen Diagnose und einer ersten Teiloperation ließ Margret sich in Frankfurt die ganze Brust abnehmen. Mit zweifelhaftem Erfolg. Das Ergebnis war optisch mehr als unschön, sie behielt eine hässliche Narbe zurück.

Jetzt ging das bange Warten los, das jeder Krebspatient kennt: Hatte die Operation den gewünschten Erfolg gebracht? Waren alle Krankheitsherde eliminiert? Eines Morgens, es war ein Donnerstag, bekam Margret den ersehnten und zugleich befürchteten Anruf. »Ich habe eine sehr gute Nachricht für Sie«, erklärte ihr der Arzt am anderen Ende der Leitung, »der Brustkrebs ist nicht mehr vorhanden.«

Wir konnten unser Glück kaum fassen. Wir lagen uns in den Armen, tanzten vor Freude und hätten am liebsten die ganze Welt umarmt.

Eine Stunde später ging wieder das Telefon, es war noch einmal der Arzt von vorhin. »Ach, ich habe da doch noch etwas vergessen«, meinte er. »Sie haben dafür Metastasen in der Hüfte.«

Uns zog es förmlich erneut den Boden unter den Füßen weg. Wer ein solches Wechselbad der Gefühle nicht selbst durchlebt hat, kann kaum ermessen, wie entsetzlich weh eine solche Gedankenlosigkeit tun kann. An diesem Tag begann mein grundlegender Zweifel an der Kompetenz der Mehrheit der Ärzte.

Nun folgte eine Ärzte-Odyssee, die bis zu Margrets Tod andauerte und uns von Scharlatanen über Dilettanten bis hin zu erstklassigen Koryphäen ihres Fachs alles kennenlernen ließ, was diese Branche zu bieten hat. Ein wesentlicher Punkt war dabei, dass Margret, dieser westfälische Dickschädel, sich anfangs vehement gegen die Einnahme jeder Art von Medikamenten wehrte. Niemals in ihrem Leben hätte sie freiwillig eine Tablette genommen. Eher hätte sie sich, wenn sie Kopfschmerzen hatte, noch einmal mit dem Hammer auf den Schädel gehauen, damit es auf beiden Seiten gleich wehtat.

Auf der Suche nach einem Behandler, der ohne Medikamente auskam, geriet sie schon frühzeitig und folgerichtig in die Hände eines Scharlatans, der uns glauben machte, er habe ein Verfahren gefunden, mit dem sich, bildlich gesprochen, die Krebszellen wie durch ein Sieb über eine Zentrifuge aus dem Blut herausfiltern ließen. Das hörte sich für uns recht logisch an, und Margret begann mit der Behandlung, die mich schließlich ein mittleres Vermögen kostete und teure und letztlich nutzlose Prozesse mit der Krankenversicherung um die Bezahlung nach sich zog. Denn laut Gesetz müssen Krankenversicherungen die Behandlung unerforschter Krankheiten bezahlen. Und für Krebs gibt es noch keine endgültig erforschte Heilmethode. Deshalb darf man – so sollte man jedenfalls annehmen – als Patient in solchen Fällen auch die alternative Medizin bemühen. Aber die Theorie ist eine Seite, erfolgreich gegen Ärzte und Krankenkassen vorzugehen dagegen eine ganz andere. Das musste ich in den folgenden Jahren mehr als ein Mal erfahren.

Genützt hat die teure »Blutwäsche« bei Margret nichts. Zum ersten Mal mussten wir damit hautnah erleben, wie viel Schindluder mit der Behandlung dieser tückischen Krankheit getrieben wird und mit der Hoffnung der Menschen auf eine wundersame Heilung.

Auch meine Freundin Tamara Danz, die Frontfrau der Gruppe Silly, landete nach ihrer Brustkrebsdiagnose bei demselben »Spezialisten«, mit demselben niederschmetternden Ergebnis. Außer einem leeren Bankkonto zeitigte die Behandlung keinerlei Wirkung. Tamara starb mit nur 43 Jahren im Juli 1996.

Auf Empfehlung von Thomas von Mendelssohn, einem hervorragenden Chiropraktiker, der in der Nähe von München praktiziert, gerieten wir schließlich an einen sehr erfahrenen Internisten, der viele Bereiche abdeckte. Das war unser großes Glück. Ich weiß nicht, wie Margret und ich diese Jahre ohne Dr. Rudolf Zettl durchgestanden hätten, ohne seinen Rat, seine Hilfe, seinen Zuspruch, seine Freundschaft – und seine selbstlose Unterstützung, als es schließlich doch unwiderruflich zu Ende ging. Doch dank Rudolfs Hilfe setzte dieser Prozess erst sehr viel später ein als ursprünglich prognostiziert, und Margret und ich sollten nach der ersten Diagnose noch fast elf volle, gute gemeinsame Jahre haben.

Ich werde nie vergessen, wie wir beide zum ersten Mal vor Rudolf Zettls Schreibtisch saßen und mit ihm berieten, was nach der ganz offensichtlich wirkungslosen Behandlung durch den Scharlatan nun zu machen sei. Es galt, Margret davon zu überzeugen, eine wohldurchdachte schulmedizinische Behandlung zu beginnen, etwas, das ihrer Einstellung eigentlich grundsätzlich zuwiderlief.

»Pass mal auf, mein Schatz«, fing ich vorsichtig an. »Du warst bis jetzt bei einem Arzt in Behandlung, der, zumindest was die Kosten angeht, so etwas wie ein Rolls-Royce ist. Aber seine Methode hat nicht funktioniert. Und wenn sie funktionieren würde, dann würde sie schon weltweit praktiziert. Doktor Zettl ist dagegen so etwas wie ein Volkswagen. Und bevor wir mit dem Rolls-Royce weiterfahren, sollten wir es erst einmal mit dem VW probieren. Lass uns noch einmal ganz von vorne anfangen. Wir wollen doch, dass du trotz der Krankheit noch möglichst lange leben kannst.«

Irgendetwas an dieser simplen Erklärung hat Margret wohl überzeugt. Jedenfalls willigte sie ein, eine Behandlung bei Rudolf Zettl zu beginnen.

Auch wenn seit der großen Operation 1996 einigermaßen Ruhe herrschte, so wussten wir doch: Der Krebs hatte bereits Margrets Lymphe befallen. Von den zwölf Lymphknoten, die ihr aus der linken Achselhöhle entnommen wurden, waren zwei bereits vollständig zersetzt, vier waren befallen, der Rest war noch einigermaßen intakt. Um die weitere Ausbreitung der Krebszellen bei Margret möglichst lange hinauszuzögern, wählte Rudolf Zettl eine Therapie, bei der er Schulmedizin mit ergänzenden Methoden kombinierte. Margret selbst war inzwischen an dem Punkt angelangt, an dem ihr klar war, dass sie etwas tun musste, und dazu gehörten nun einmal regelmäßige Kontrolluntersuchungen und die Einnahme von Tabletten.

Rudolf Zettl hatte eine Eigenschaft, die meiner Erfahrung nach nicht viele seiner Standeskollegen auszeichnet: Er war offen gegenüber der Meinung anderer Ärzte und bestand nicht stur darauf, alles grundsätzlich selber machen zu wollen. Wenn ich von einer meiner zahlreichen Ärzte-Reisen nach London, Düsseldorf, Oberhausen, Münster, New York oder Miami wieder mit einem neuen Namen, einer neuen Behandlungsmethode, einem neuen Medikament, einem neuen Fitzelchen Hoffnung zurückkam, ging er der Sache so lange nach, bis klar war, ob es lohnte, diese Spur weiterzuverfolgen. Ich kam mir manches Mal vor wie ein Detektiv, der auf ein Phantom angesetzt war. Dabei haben wir sicherlich nicht alles richtig gemacht, aber ganz bestimmt auch nicht alles falsch. Wichtig war, dass es Margret gut ging. Und letzten Endes lebte sie so noch elf Jahre mit dem Krebs.

Ein wesentlicher Grund dafür, so glaube ich bis heute, war unser Entschluss, trotz oder vielleicht gerade wegen der Krankheit zu heiraten. Eigentlich hatte ich mir nach der Scheidung von Wally geschworen, nie wieder eine Ehe einzugehen. Aber der Mensch ist in Herzensangelegenheiten ja grundsätzlich inkonsequent, ich zumindest. Die Krankheit begann mehr und mehr, unser beider Leben zu beeinträchtigen, und bevor die Einschränkungen überhand nahmen, wollte ich versuchen, das Beste für Margret und mich aus der gemeinsamen Zeit zu machen.

Es war im Januar 1997, auf einer Hongkong-Reise, während eines Essens im Hyatt. »Was hältst du davon, mein Schatz, wenn wir heiraten?«, fragte ich Margret zwischen zwei Gängen. Und zu meinem Glück nahm sie den schlichten Ring, den ich für sie ausgesucht hatte, freudestrahlend an. Wir heirateten noch im selben Jahr in Tirol.

Damit es in der Firma nicht wieder zu Gerede kam, gab ich Margret gleich nach unserer Heirat eine andere Position, die sowieso neu zu besetzen war. Sie saß nun weit entfernt von ihrem frisch angetrauten Ehemann und kümmerte sich um die Organisation der internationalen Tagungen. Die Kollegen hatten sich ohnehin inzwischen an unsere Verbindung gewöhnt und sie akzeptiert, denn sie merkten, dass Margret sich nicht anders verhielt als vorher. Sie war und blieb dieselbe liebenswürdige und kompetente Kollegin, als die alle sie kannten und schätzten.

In dem Maße, wie uns Margrets Krankheit in Ruhe ließ, kann ich sagen, dass wir uneingeschränkt glücklich waren – auf jeden Fall was unser Privatleben anging. Bei der Ariola, die inzwischen zu BMG geworden und zunehmend ins internationale Räderwerk des Weltkonzerns Bertelsmann integriert war, lief dagegen für mich nicht alles so glatt, wie ich mir das gewünscht hätte.

In der Konzernführung gab es ein großes Revirement, als der langjährige Bertelsmann-Steuermann Mark Wössner mit dem Erreichen der 60-Jahres-Schallmauer im Jahr 1998 das Zepter des Vorstandsvorsitzenden an Thomas Middelhoff weitergab und in den Aufsichtsrat wechselte. Damit hielt ein neuer Stil in den bislang fast familiären, bodenständigen Strukturen des Weltkonzerns Einzug, der der Atmosphäre im Unternehmen für mein Empfinden nicht nur zuträglich war. Alles ging schneller, flotter, wir wurden noch größer, noch internationaler, noch toller.

»Thomas, du kannst einen solchen Veränderungsprozess nicht im Tempo eines Hundertmeterläufers angehen«, versuchte ich irgendwann unseren neuen Vorstandsvorsitzenden zu warnen. »Du hast einen Marathonlauf vor dir, und es sind nicht alle im Konzern so schnell wie du.« Der Konzernumbau fand tatsächlich in einem atemberaubenden Tempo statt, einige Leute begannen die Bodenhaftung zu verlieren, es gab umstrittene Personalentscheidungen, Sachkompetenz war nicht mehr allein oberstes Gebot.

Weil in einem Konzern immer auch der Zeitgeist ein Rolle spielen muss und ein ganz großes Zeitgeist-Element die Corporate Identity, kurz: CI ist, sollte nach dem Stab- und Generationenwechsel auch Bertelsmann eine neue CI bekommen.

Für diese hehre Aufgabe wurde eine der ganz großen Werbeagenturen Deutschlands auserkoren. Auf dem alljährlichen vorweihnachtlichen Treffen der 150 weltweiten Bertelsmann-Topmanager in der Konzernzentrale in Gütersloh wurde das Ergebnis der kreativen Arbeit der Agentur vorgestellt und diskutiert.

Gegenstand des aufmerksamen Interesses der 150 Manager und Managerinnen war an diesem großen Tag nun ein Männchen von der Art, wie man es in der Regel an der Tür zur Herrentoilette findet. Diese Figur sollte in Zukunft das Haus Bertelsmann symbolisieren.

Alle waren hingerissen von der Präsentation des Werbers, der den für ihn äußerst lukrativen Auftrag wie ein geübter Stand-up-Comedian präsentierte. Es folgte höflicher Applaus, das Auditorium war aufgefordert, Fragen zu stellen.

Und es kam, wie es kommen musste: Eine amerikanische Kollegin meldete sich zu Wort und monierte, dass das Zeichen doch sehr männlich aussehe. Nun entbrannte eine kaum vorstellbare ernsthafte Diskussion der internationalen Topmanager und Topmanagerinnen darüber, ob das Bertelsmann-Männchen nun männlich aussah oder weiblich.

Nach ungefähr zwanzig Minuten Diskussion hob dann auch ich einmal die Hand und wandte ein, dass für die zu erwartenden immensen konzernweiten Umsetzungskosten mir das vorgeschlagene Signet ziemlich unangemessen erscheine. Ob Männlein oder Weiblein sei meiner Meinung nach eigentlich wurscht, man müsse doch fragen, ob das Ding überhaupt den gewünschten Effekt habe.

Damit hatte ich so richtig Benzin ins Feuer gegossen. Middelhoff war erkennbar not amused, und dann fragte mich der Typ von der Werbeagentur zu allem Überfluss: »Ja, was würden Sie denn vorschlagen?«

Das hatte gerade noch gefehlt. Ich wollte gar nicht wissen, wie viel die Agentur für diese Präsentation kassierte – da sollte ich denen auch noch kreativen Input liefern?

»Wissen Sie, ich sehe das etwas anders«, gab ich deshalb gelassen zurück. »*Sie* müssen *uns* präsentieren, und wir müssen Ja oder Nein sagen. Ich habe nicht die geringste Lust, Ihnen zu helfen, Ihren Job zu machen.«

Hundertfünfzig Leute – und Schweigen im Grab.

Die Diskussion verlief sich irgendwann. Am Ende dieser merkwürdigen Sitzung kam ein amerikanischer Kollege zu mir, der heute der oberste Leiter aller New Yorker Schulen ist. »Thomas, Gott sei Dank hast wenigstens du den Mund aufgemacht. War das nicht eine furchtbare Veranstaltung?« Und alle Umstehenden stimmten im Chor ein. Warum nur musste ich plötzlich an das hübsche alte EMI-Logo mit dem Hund vor dem Grammophontrichter und dem Motto »His master's voice« denken?

Das zu männliche Bertelsmann-Männchen verschwand anschließend wundersamerweise in der Versenkung und tauchte aus selbiger auch nie wieder auf.

Doch damit war das Thema CI noch lange nicht erledigt. Wieder gab es ein Meeting, dieses Mal für ungefähr tausend Bertelsmann-Manager, die zu diesem Zweck zum Teil extra nach New York eingeflogen wurden und sich in einem eigens für diesen Anlass gemieteten Kinosaal zusammenfanden, um der Präsentation des neuen Bertelsmann-Logos beizuwohnen.

Die Deutschlandchefin der honorigen Unternehmensberatung Boston Consulting hielt eine flammende Rede, um uns auf den großen Augenblick einzustimmen. »Und Sie sind dabei! Sie dürfen dabei sein«, ergänzte unser Vorstandsvorsitzender Thomas Middelhoff, der einem Sonnenkönig gleich über den Konzern herrschte. »Reinhard Mohn hat gesagt, solange Bertelsmann richtig geschrieben ist, dürft ihr machen, was ihr wollt. Und Sie alle sind dabei!«

Es folgte mit Getöse das berühmte Einleitungsthema aus »Also sprach Zarathustra«, das auch die Titelmelodie für Stanley Kubricks »Odyssee im Weltraum« ist, der Vorhang gab theatralisch die riesige Kinoleinwand frei – und langsam kam der Schriftzug »Bertelsmann« von links nach rechts hereingefahren.

Wir starrten alle etwas ungläubig auf die Schrift: Ja, das hieß Bertelsmann. Nur das Design der Schrift hatte sich minimal geändert.

Das Getöse wurde immer lauter, und dann folgte der Höhepunkt: Es manifestierte sich ein roter Strich unter dem Namen Bertelsmann. Das war es also. Das war das neue Logo der Weltfirma Bertelsmann.

In den Gesichtern der Zuschauer war alles zu sehen: Entgeisterung, Überraschung, Fassungslosigkeit, Schock. Ein roter Strich unter dem Firmennamen. Dafür waren tausend hochbezahlte Leute aus der ganzen Welt angereist, es wurde ein Kino gemietet, es wurden Vorträge gehalten. Und am Ende sagten alle übereinstimmend: »Ja … Bertelsmann ist richtig geschrieben.«

Das neue Logo war allerdings nicht die einzige Veränderung, mit der wir uns konzernintern zu beschäftigen hatten. Eine, die BMG Ariola und damit auch mich betraf, war der Weggang von Michael Dornemann, dem bisherigen Vorstand für den Musikbereich, der ein wichtiger Standpfeiler für unser Geschäft gewesen war. Sein Nachfolger mit Sitz in New York wurde Strauss Zelnick, ein netter Kerl, aber ein in der Musikbranche eher weniger erfahrener Zeitgenosse. Strauss hatte unter anderem die interessante Eigenschaft, sich tagsüber in seinem Büro einzuschließen. Wer eine Audienz bei ihm wollte, musste erst abwarten, bis die Sekretärin ihren Chef dazu gebracht hatte, von innen die Tür zu öffnen. Was er da drin trieb, konnte sich niemand so richtig erklären.

Eines meiner Lieblingsprojekte, das ich schon unter Rudi Gassner mit Hingabe verfolgt hatte, war die Gründung einer BMG-Niederlassung in Moskau. Ich war fest davon überzeugt, dass sich Russland in zehn Jahren zu einem riesigen Markt für Medien aller Art entwickeln würde, und BMG sollte meiner Meinung nach rechtzeitig vor Ort sein, um diese Entwicklung nicht zu verpassen. Und ganz so schlecht kann ich rückblickend mit meiner Einschätzung nicht gelegen haben, in Anbetracht dessen, dass es die Firma, die wir schließlich im Jahr 1995 gründeten, nach wie vor gibt und dass sie wächst und gedeiht.

Strauss, Rudi Gassners Nachfolger, war meinem Vorschlag gegenüber nicht ganz so abgeneigt wie sein Vorgänger, bestand aber darauf, bei meinem nächsten Moskau-Besuch mit dabei zu sein und unsere Aktivitäten dort persönlich in Augenschein zu nehmen.

»Strauss, ich freue mich, wenn du mitkommst«, erklärte ich meinem neuen Chef. »Aber eines musst du mir versprechen: Du musst dich dort so verhalten, wie ich es dir sage, und das wird für dich mit Sicherheit etwas ungewohnt sein.«

Strauss sah mich fragend an. »Was meinst du damit? Was muss ich anders machen?«

»Ich habe beobachtet, dass du auf Veranstaltungen genau ein Glas Whiskey trinkst und dann für den ganzen Rest des Abends nur Wasser«, erklärte ich ihm. »Das mag gesund sein, aber in Moskau kannst du das nicht machen, dort herrschen andere Gepflogenheiten. Beim Abendessen hält jeder eine Tischrede, und zu jeder Tischrede wird ein Glas Wodka getrunken. Ich blamiere mich bis auf die Knochen, wenn mein amerikanischer Chef nicht weiß, wie dort die Usancen sind.«

Strauss schien beeindruckt ob meiner profunden Kenntnisse der Gepflogenheiten unserer russischen Freunde und versprach mir, sich daran zu halten.

Jetzt ging es los: Seine Sekretärin erhielt den Auftrag, das passende Hotel für ihn auszusuchen. Das war eine Staatsaffäre, die sie über Wochen beschäftigt hielt. Aus einem ganz bestimmten Grund: Strauss ließ seine Hotels grundsätzlich danach auswählen, ob das dortige Fitnessstudio mit Geräten seiner bevorzugten Marke ausgestattet war. Wie das Hotel selbst aussah, war dagegen zweitrangig.

Schließlich war sichergestellt, dass das feudale Kempinski, das nur ein paar Schritte vom Kreml und dem Roten Platz entfernt liegt, die hochgesteckten Kriterien erfüllte, und Strauss Zelnick reiste an.

Wenn mir jemand zu sehr auf den Senkel geht, kann ich schon mal ein ganz kleines bisschen gemein werden. Und Strauss ging mir mit seinen Marotten ganz gehörig auf den Senkel. Also war ich großzügig und lud zu dem geplanten Abendessen in einem der ältesten und berühmtesten Restaurants Moskaus, dem Jar, in dem schon Rasputin die Damen der russischen Gesellschaft vernascht hat, ein paar Gäste mehr ein, als unbedingt nötig gewesen wären. Mit dem Ergebnis, dass jeder, der am Tisch saß, im Lauf des Abends sechzehn Gläser Wodka trinken musste. Auch mein Amerikaner. Und noch ein weiteres Glas war traditionsgemäß fällig, als wir heftig schwankend das Lokal verließen, während drinnen eine Gruppe von Feuerwehrleuten soff und weinte und auf der Bühne eine Folkloregruppe feurige russische Melodien spielte.

Am nächsten Tag begegnete mir ein ziemlich zerknitterter Strauss auf dem Weg zum Frühstück.

»Guten Morgen, mein Lieber«, begrüßte ich ihn gut gelaunt, »wie war denn heute früh dein Sportstudio?«

Strauss sah mich verständnislos an. »Thomas, nett, dass du fragst, aber ich war gar nicht dort. Ich habe ja gestern Abend kaum mein Bett gefunden!«

»Ach nein? Aber du musstest vier Wochen lang deine Sekretärin damit beschäftigen, dieses sch … Sportstudio zu finden!« Eine gewisse Schadenfreude konnte ich mir dann doch nicht verkneifen, und jetzt erst begriff Strauss, was ich bezweckt hatte. Ich denke, es war ihm eine gewisse Lehre, jedenfalls legte er es später nie wieder darauf an, mit mir gemeinsam zu verreisen.

Mit dem neuen Wind, der durch das ehrwürdige Medienhaus Bertelsmann wehte, schlug auch das Herz von dessen Musikaktivitäten immer stärker im imposanten Bertelsmann Tower am New Yorker Times Square. Das bekamen wir, der deutsche Zweig der mächtigen Bertelsmann Music Group, mit der Zeit mehr als deutlich zu spüren. Rein praktisch äußerte sich das in solch bahnbrechenden Anweisungen, dass Meetings grundsätzlich auf Englisch abzuhalten waren, sobald ein Amerikaner im Raum war. Das konnte dazu führen, dass sich zehn Deutsche im Beisein eines einzelnen Amerikaners mühsam in dessen Muttersprache verständigten, um die Geschäftsentwicklung im deutschen Markt zu analysieren. Ob das der internen Kommunikation wirklich zuträglich war, mag dahingestellt bleiben.

Im Umkehrschluss kann man allerdings nicht gerade behaupten, dass auch die Erfolge mit neuen Gruppen nun hauptsächlich aus Amerika heraus entstanden wären. Nein, hier hatten die Trüffelschweine aus Deutschland nach wie vor die Nasen vorn. Allerdings mussten wir unsere amerikanischen und auch englischen Kollegen immer wieder mit viel Energie und Überzeugungskraft zum Jagen tragen, damit sie Gruppen, die wir in Deutschland an Land gezogen hatten, auch im englischsprachigen Raum vertrieben. Das hat mich manch schlaflose Nacht und vor allem manch heftige Diskussion gekostet, auch etliche meiner weißen Haare gehen vermutlich auf das Konto unserer englischen und amerikanischen Mitstreiter im Kampf um Marktanteile im ganz und gar nicht mehr prosperierenden Musikmarkt, auf dem sich mittlerweile eine unheilvolle Entwicklung ankündigte: Es war zu ahnen, dass es bald ein Überangebot von nicht lizenzierten Downloads geben würde, und ein regulierter Markt von lizenzierten Downloads war in weiter Ferne. Aber auch aus Streit kann Gutes entstehen. In meinem Fall war das nach einer heftigen Auseinandersetzung mit dem großen Clive Calder – dem Gründer und Besitzer solch erfolgreicher Labels wie Zomba und Jive – der Erfolg der Backstreet Boys.

Clive Calder kannte ich bereits aus meiner Zeit bei Teldec, wir hatten dort erfolgreich neue Gruppen auf den Markt gebracht wie beispielsweise die damals noch völlig unbekannte amerikanische Hip-Hop- und Funk-Band Whodini mit ihrem späteren Erfolgstitel »The Haunted House of Rock«, A Flock of Seagulls, Billy Ocean und viele andere. Wenn wir uns treffen, spricht mich Clive heute noch darauf an, dass ich ihn auf die Idee gebracht habe, Mitte der Achtzigerjahre den Schwerpunkt seiner Aktivitäten als Produzent von England nach Amerika zu verlagern. Dort wurde er mit Rap, Hip-Hop und vor allem vielen Mainstream-Produkten so erfolgreich und reich wie kaum ein Zweiter. Rund fünfzehn Jahre später verkaufte er seine Firma, die er quasi aus dem Nichts geschaffen hatte, zu einem wahrhaft märchenhaften Preis an Bertelsmann.

Clive war mit den Backstreet Boys, einer damals noch völlig unbekannten Boygroup, die der Musikmanager Lou Pearlman gegründet hatte, bei Ariola unter Vertrag, hatte aber vor, bei uns aufzuhören und zu einem neuen Vertriebspartner zu wechseln. Die erste Backstreet-Boys-Single »I'll Never Break Your Heart« war da gerade frisch im Markt.

Eines schönen Tages im Mai 1995 erreichte mich während meines Urlaubs in Florida im Auto der Anruf eines Mitarbeiters: »Thomas, es könnte sein, dass die Single der Backstreet Boys in die Charts kommt und erfolgreich wird!«

»Prima«, erwiderte ich, »aber wo ist der Haken, dass ihr mich deshalb in den Ferien anruft?«

»Der Haken ist, dass Clive Calder das dazugehörige Album nicht rausgeben will. Kannst du mal mit ihm sprechen, du kennst ihn doch am besten von uns allen?«

Noch aus dem Auto rief ich an. »Clive, was ist da los, warum gibst du uns das Album nicht?«

»Sieh mal, Thomas, ich hab mir überlegt, dass ich es lieber mitnehmen möchte, wenn ich Ende des Jahres von euch weggehe …«

Bei dieser Begründung schwoll mir dann doch der Kamm. Da hatten wir geackert wie die Gäule, um die Jungs in die Charts zu bringen, und jetzt wollte uns Clive die Tour vermasseln und den zu erhoffenden Reibach bei seinem neuen Vertriebspartner anlanden. Aber nicht mit mir.

Eine geschlagene halbe Stunde nahm ich Clive fernmündlich unter Drohungen und Verwünschungen dermaßen in die Mangel, dass er schließlich nachgab und einwilligte, auch das Album bei BMG Ariola zu veröffentlichen.

Der Einsatz lohnte: Schon kurz darauf konnten die Backstreet Boys ihre erste goldene Schallplatte für die Single in Empfang nehmen. Jetzt hieß es für uns dranbleiben, um mitzunehmen, was mitzunehmen war, bevor der untreue Clive Leine zog.

»So, Freunde, und jetzt hauen wir das Album raus«, instruierte ich meine Leute. Unser Ziel war, dass der neue Vertriebspartner im Januar keine großen Stückzahlen des Albums mehr im Handel unterbringen konnte.

Tatsächlich gelang es uns, innerhalb der restlichen vier Monate des Jahres eine Million Exemplare des »Backstreet Boys«-Albums zu verkaufen. Der neue Partner würde sich wohl etwas einfallen lassen müssen, um mit der Gruppe noch ein Geschäft zu machen. Und Clive wird nicht am Hungertuch genagt haben, schließlich partizipierte er kräftig an den sagenhaften Verkäufen.

Ein halbes Jahr später kam der Entdecker und Manager der Backstreet Boys zu mir, Lou Pearlman, der heute wegen Betrugs in den USA einsitzt, mir gegenüber aber immer korrekt war.

»Thomas«, eröffnete er mir, »die Backstreet Boys werden auch von mir weggehen. Meinst du, wir können so etwas wie diese Gruppe noch einmal hinbekommen?«

»Warum nicht?«, entgegnete ich, denn ich wusste, dass Lou einen sicheren Instinkt hatte und mir hundertprozentig vertraute. »Lass es uns versuchen!«

So kam Lou eines schönen Tages im Jahr 1995 mit fünf pubertierenden Burschen im Schlepptau nach München eingeflogen. Die Jungs sangen mir und meinen Geschäftsführern Jan Bolz und Frank Briegmann – der heute Geschäftsführer von Universal ist – vor, und wir entschieden spontan: »Die machen wir.« Vor allem der fünfzehnjährige Leadsänger hatte uns überzeugt. Er kam ins Büro, und wir wussten: Der Typ ist ein Star. Er hatte das gewisse Etwas, diesen Funken, der in den ersten Sekunden überspringt.

Die fünf wurden später unter dem Kunstnamen *NSYNC weltberühmt, ihr Leadsänger, eben der damals fünfzehnjährige Justin Timberlake, ist inzwischen einer der größten Pop-Künstler der Gegenwart.

Bis zu ihrem Durchbruch war es allerdings ein dorniger Weg. Lange diskutierten wir über die Zusammensetzung der Gruppe. Lance Bass, der blonde Basssänger, kam für unseren Geschmack ein bisschen zu unscheinbar rüber, wir hatten eigentlich vor, ihn auszuwechseln. Dagegen erhob glücklicherweise der Fotograf, zu dem ich die Jungs geschickt hatte, um ihre Kameratauglichkeit zu checken, Einspruch: »Nimm ihn nicht raus, Thomas. Der hat eine unheimlich gute Fotopräsenz.« Und deshalb blieb Lance dabei.

*NSYNC waren in Deutschland zunächst nur mittelmäßig erfolgreich. Also beschloss ich, erstmals intensiv den internationalen Bertelsmann-Verbund auszunutzen. Wofür waren wir schließlich ein Weltkonzern? Ich ging allen auf den Nerv, den Amerikanern, den Engländern, ich bot die fünf Boys an wie Sauerbier, quälte sie mit Auftritten, schleppte sie auf jede Tagung. Aber überall fiel ich mit ihnen auf die Nase. Niemand innerhalb der Gruppe wollte sie machen. Wir brauchten sage und schreibe zwei Jahre, bis die amerikanischen Kollegen sich schließlich herbeiließen, sie in den Vertrieb zu nehmen, damit ich endlich Ruhe gab. Womit keiner dort gerechnet hatte: Die Band explodierte in Amerika förmlich mit der Single »I Want You Back«.

Und dann passierte etwas, das ich nie vergessen und auch nie verzeihen werde: Jetzt, wo die Jungs erfolgreich waren und zwanzig Millionen Alben verkauften, versuchten die Amerikaner, ganz besonders die Eierköpfe um den damaligen RCA-Chef, sie uns abzuwerben, weil sie es offenbar nicht ertragen konnten, dass *NSYNC in Deutschland gesignt waren. So kam es zu einem scheußlichen Krach innerhalb der BMG-Gruppe, der damit endete, dass wir per Stallorder gezwungen wurden, klein beizugeben und die Goldjungs nach New York abzugeben. Und wie es immer so ist: Wenn zwei sich streiten, freut sich der Dritte. In diesem Fall mein alter Bekannter Clive Calder, der sich ebenfalls an *NSYNC heranmachte, da er dringend Ersatz für die Backstreet Boys brauchte, deren Stern mittlerweile im Sinken war. Das Sümmchen, das er den fünf Jungs bot, war so charmant, dass sie bei ihm unterschrieben. Damit war die Gruppe weg.

Um dem ganzen Verhau die Krone aufzusetzen, wanderte sie später im Zuge des Verkaufs des Calder-Labels Jive an Bertelsmann wieder in den Schoß des Konzerns zurück. Zu einem Vielfachen des Preises, den Clive seinerzeit für sie auf den Tisch gelegt hatte. Ein prima Geschäft – nur nicht für Bertelsmann. Viel hat der Konzern dann nicht mehr von ihnen gehabt: *NSYNC beschlossen, nach all der Aufregung um ihren Wechsel eine kreative Pause einzulegen.

Nicht viel anders als mit den beiden Boygroups ging es uns anfangs mit so erfolgreichen Künstlern wie Haddaway, Dr. Alban und den Gesangsdarstellern Milli Vanilli. Es war wie verhext: Die Amerikaner, allen voran der von allen hofierte Arista-Boss Clive Davis, wollten partout nichts veröffentlichen, was aus Deutschland kam. Wir waren für sie wohl eine zu starke Konkurrenz. Und wem gelingt es schon, einem Amerikaner Coca-Cola nach Amerika zu verkaufen? Es war ein riesiges Dilemma. Neid und Missgunst verhinderten mit Sicherheit Erfolge, die uns allen gut getan hätten.

Immer wieder schafften wir es, über ein Netz kleinerer Labels, das wir über Europa ausgeworfen hatten und über das wir kreativen Input bekamen, einen Act zu finden, der es wert war, dass wir uns einsetzten, um ihn groß zu machen. Und immer wieder gab es anschließend endlose Diskussionen über den weltweiten Vertrieb.

Wir setzten vieles durch, denn wir hatten die besten Produzenten, die besten Künstler. Und vor allem: Wir hatten die besten Mitarbeiter, die bereit waren mitzuziehen, Dinge auszuprobieren, Risiken einzugehen und die dabei sicher sein konnten, dass sie von mir den Rücken frei gehalten bekamen. Wir waren erfolgreich, weil wir alle von einer Sache überzeugt waren und an ihren Erfolg glaubten.

Der König ist tot, es lebe der König!

Den 23. Dezember des Jahres 2000 werde ich mein Leben lang nicht vergessen. Margret und ich waren in Tirol, alles war dick verschneit, das Haus weihnachtlich geschmückt, vor uns lagen ein paar entspannte Ferientage in den Bergen. Nach einem herrlichen Snowboard-Tag kamen wir gut gelaunt nach Hause und freuten uns auf einen gemütlichen Abend vor dem Kamin. Das neue Jahr würde wieder Veränderungen bringen, und ich war voller positiver Erwartung, denn die Veränderungen waren sehr in meinem Sinne.

Da läutete das Telefon, was an sich noch nichts Ungewöhnliches ist.

»Thomas, ich muss dir etwas sagen!« Eine Frauenstimme. Sie sprach Englisch. »Rudi ist tot!« Und dann nur noch ersticktes Schweigen am anderen Ende. Es war Brook, die amerikanische Frau meines Freundes Rudi Gassner.

Ich stand da wie vom Donner gerührt. Das konnte nicht wahr sein, vielleicht war ich ja vor dem Kamin eingeschlafen und hatte einen üblen Traum? Aber nein. Der Hörer in meiner Hand war echt, ich spürte sein Gewicht. Und auch der Geruch der Tannenzweige überall im Haus war echt. Dann musste es wohl stimmen.

Ich schluckte. »Was ist passiert?«, presste ich hervor.

»Heute früh. Beim Joggen. Wir haben in einer kleinen Kirche gerastet. Er ist einfach neben mir zusammengebrochen.«

Ein Hirninfarkt, mit gerade einmal 58 Jahren. Einer meiner allerengsten Freunde. Und in wenigen Tagen, am 1. Januar 2001, wäre er mein neuer Chef geworden. So war es geplant gewesen.

Rudi war – nach einem kurzen Intermezzo außerhalb des Konzerns – gerade erst in den Bertelsmann-Vorstand berufen worden und hätte President und CEO der Bertelsmann Music Group werden und damit Strauss Zelnick nachfolgen sollen, der sich mittlerweile aus dem Konzern verabschiedet hatte. Eine Wunschbesetzung, die, so hofften wir alle, das lähmende und unerquickliche Personalgerangel in der Vorstandsetage von BMG für die nächsten fünf Jahre beendet hätte.

Genau drei Tage vorher hatte ich mit Rudi noch zusammengesessen, und wir hatten all die Dinge besprochen, die im neuen Jahr auf uns zukommen würden. Die Feiertage wollte er mit seiner Frau und den drei Kindern in seinem Ferienhaus am Samerberg bei Rosenheim verbringen, bevor alle wieder in die amerikanische Heimat zurückflogen und Rudi seinen neuen Job bei BMG in New York antrat.

Jetzt war alles anders. Ich half Brook, wo ich konnte. Nachdem alle Formalitäten rund um die Überführung von Rudis Leichnam erledigt waren, fuhr ich die vier am ersten Weihnachtsfeiertag morgens um fünf Uhr an den Münchner Flughafen. Sie wollten nur noch nach Hause, nach Connecticut, wo Rudi beigesetzt werden sollte.

Bei Bertelsmann liefen mittlerweile die Drähte heiß; Rudis Tod traf den Vorstandsvorsitzenden Thomas Middelhoff ganz und gar unvorbereitet, wie uns alle. Kurz vor Jahreswechsel rief er mich schließlich an, um mich zu informieren, dass er den früheren »Stern«-Chefredakteur Rolf Schmidt-Holtz, der im Bertelsmann-Vorstand Beauftragter für Synergiefragen war, als Nachfolger für Rudi auserkoren habe.

Ich kannte Rolf und verstand mich gut mit ihm. Trotzdem erstaunte mich Middelhoffs Wahl, denn Rolf mochte viele Qualitäten haben, aber vom Musikgeschäft hatte er definitiv nicht die leiseste Ahnung.

Folgerichtig läutete ein paar Tage später wieder das Telefon in Österreich, ich saß gerade mit Margret beim Abendessen. Rolf Schmidt-Holtz war dran.

»Thomas, du weißt, dass ich gebeten wurde, BMG zu übernehmen. Jetzt brauche ich jemanden, dem ich vertraue. Ich möchte, dass du mit mir nach New York gehst.«

Bingo. Der perfekte Zeitpunkt. Wir hatten gerade unser neues Haus im Münchner Osten bezogen, und allmählich begannen die Umstrukturierungsmaßnahmen zu greifen, die ich als Chef von BMG

Deutschland – die mittlerweile die eindrucksvolle Bezeichnung BMG Entertainment Deutschland/Österreich/Schweiz/Eastern Europe trug – eingeleitet hatte. Und nun das Angebot, nach New York zu gehen.

Margret und ich hatten lange Diskussionen, bis endlich die Entscheidung fiel. Es ging meiner Frau gesundheitlich noch recht gut, aber die Belastungen durch die Behandlungen waren gegeben, daran war nichts zu deuteln. Ich hatte es jedoch immer bedauert, dass ich nie beruflich länger im Ausland gewesen war, und nun bot sich mir diese Chance. Ich sagte schließlich zu. Margret würde in München bleiben, ich nahm mir eine Wohnung in New York und begann zu pendeln.

Das Flugzeug wurde meine zweite Heimat. Rolf nahm mich in meiner neuen Funktion als Verantwortlicher für Marketing und Repertoire überallhin mit, damit ich ihm das Geschäft erklärte. Eine Zeit lang stieg er, wie mir schien, in kein Flugzeug ein, wenn ich nicht dabei war.

Ich wähnte mich von Freunden umgeben. Rolf Schmidt-Holtz und ich kamen gut miteinander aus, und mein Nachfolger in Deutschland, Österreich und der Schweiz wurde mein ehemaliger CFO Christoph Schmidt, der zwölf Jahre lang meine rechte Hand gewesen war und mit dem ich immerhin so eng befreundet war, dass wir sogar gemeinsam ein Ferienhaus in Florida besaßen.

So weit war also alles im Döschen. Bis mich nach drei Monaten Margret in New York anrief und mir die Neuigkeit überbrachte, dass unser Freund Christoph Schmidt ihre Mitarbeit bei BMG nicht mehr benötigte und ihr eine Vertragsauflösung anbot. Auf gut Deutsch: Er warf meine Frau nach mehr als dreißig Jahren aus dem Unternehmen. Ohne Grund, es sei denn, man führte die Tatsache, dass sie meine Frau war, als Begründung für eine Kündigung an. Genau das tat Christoph Schmidt.

Es war ein schwerer Schock für Margret, und wenn man weiß, wie stark seelische Erschütterungen sich auf die Gesundheit eines Menschen auswirken können, dann war es für mich kaum verwunderlich, dass sich der Krebs wenig später bei ihr zurückmeldete. Die Zellen, die bislang einigermaßen friedlich in ihrem Rückenmark geschlummert hatten, machten sich nun auf, Margrets Körper zu erobern.

Auch wenn ich hierarchisch über ihm stand, konnte ich nichts tun, um Christophs Entscheidung zu beeinflussen. Mir waren die Hände gebunden. Das ist gleichzeitig Vor- und Nachteil einer dezentralen Managementstruktur, wie sie bei Bertelsmann herrscht. Christoph war innerhalb seines Bereichs autark. Wir mussten also mit seiner Entscheidung leben.

Ich versuchte, Margret davon zu überzeugen, dass in solchen negativen Erlebnissen auch immer etwas Positives steckt, das sich zeigt, wenn man ihm die Chance dazu gibt. Insgeheim dachte ich, sie wäre durch die großzügige Abfindung, die sie für den Verlust ihrer Stelle erhielt, finanziell so unabhängig, dass sie sich den einen oder anderen Herzenswunsch erfüllen konnte, solange die Krankheit es noch zuließ. Margret reiste für ihr Leben gern, unser großes gemeinsames Ziel war Australien, wo wir beide noch nie gewesen waren.

Außer Christoph, Monti und der Familie Mohn wusste niemand bei Bertelsmann etwas von Margrets Krankheit, sie wollte es so. Sie war zwar gehandicapt, aber nicht so stark, dass sie nicht hätte arbeiten und ein wenig Sport treiben können. Und dass sie irgendwann den linken Arm nicht mehr bewegen konnte, kaschierte sie im Alltag geschickt. Er hing wie ein totes Stück Holz an ihr herab. Wir vermuteten, dass durch eine fehlerhafte Bestrahlung Nerven beschädigt worden waren, die genau unter dem Schlüsselbein lagen, an einer Stelle, die man nicht operieren konnte. Aber wie immer in solchen Fällen wiesen die Ärzte diese Möglichkeit weit von sich.

Ich war so daran gewöhnt, dass meine Frau ihren linken Arm nicht benutzen konnte, dass mich meine jetzige Frau Conny Jahre später bei einem Restaurantbesuch überrascht fragte: »Was machst du da eigentlich, warum schneidest du mir das Fleisch klein?« Es war ein alter Reflex, der bei mir hochgekommen war: Wenn das Essen serviert wurde, vertauschte ich schnell die Teller, das merkte ja niemand, schnitt das Fleisch in mundgerechte Stücke, tauschte die Teller wieder, und Margret aß.

17. Links *Gold für die Backstreet Boys.*

18. Unten *Der Traum aller Mädchen: Die Jungs von *NSYNC – und ich mittendrin.*

19. Oben *Die Herrscher der Boards: Platin für die Guano Apes.*

20. Rechts *In froher Erwartung – die Jury von DSDS: »Onkel Stein«, Shona Fraser, Dieter Bohlen und Thomas Bug.*

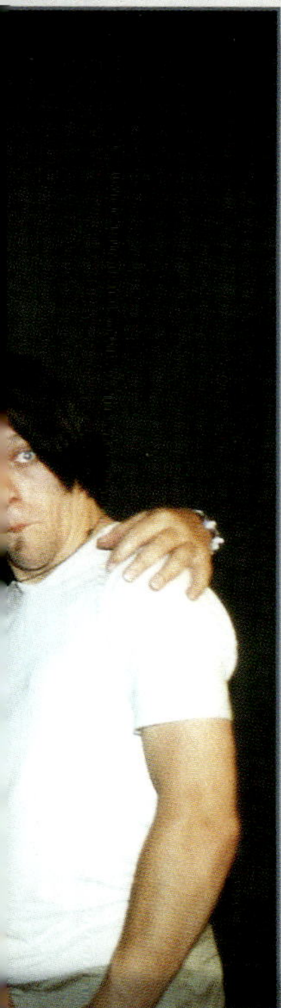

Deutschland sucht den SuperStar
Deutschland sucht den SuperStar

21. Rechts *Mit Alicia Keys, bevor sie ihre erste Auster aß.*

22. Unten *Fachsimpeln unter Freunden: Mit (v. l.) Ingolf Lück, Mirja Boes und Gastgeber Oliver Geissen in der »Ultimativen Chartshow«.*

23. Oben *Als Man in Black für die Musikzeitschrift »Rolling Stone«.*

24. Hund mit Dienstausweis: Margret mit unserem Westie Moritz.

25. Mit meiner Exfrau Joyce, meiner Tochter Daniela und Margret.

26. Meine drei »Mädels«: Daniela, Alana und Amelie.

27. Das Glück und das Lachen sind zurück. Conny – durch unsere Liebe mein Fels in der Brandung.

Sie war eine Kämpferin, ein Dickkopf, sie war nicht bereit zuzugeben, dass sie krank war. Noch im Winter 2003 fuhr sie mit mir Snowboard. Ich hatte jedes Mal entsetzliche Angst um sie. Wenn sie hingefallen wäre, wäre das furchtbar gewesen, sie konnte sich ja mit einem Arm nicht abstützen. Aber Margret blieb stur. Einarmig Autofahren ging ja schließlich auch, warum also nicht Snowboarden?

Mit Engelszungen redeten Rudolf Zettl und ich auf sie ein, regelmäßig ihre Medikamente zu nehmen. »So, nun habe ich das Zeug genommen, dann wird ja jetzt wohl alles wieder in Ordnung kommen!« Das in etwa war Margrets Einstellung. Tag für Tag, Monat für Monat, Jahr für Jahr musste ich ihr jeden Abend einbläuen, dass wir es hier nicht mit einer simplen Infektion zu tun hatten, die mit ein paar Pillen in den Griff zu bekommen war, sondern dass wir nur eine Chance hatten, wenn sie sich voll und ganz auf die medikamentöse Therapie einließ. Es war richtig anstrengend. Später nahm sie die Medikamente dann freiwillig, weil die Schmerzen so extrem waren.

Manchmal denke ich, vielleicht hätte ich ebenfalls 2001 aufhören sollen. Es wären uns noch drei relativ gute Jahre geblieben. 2004, als auch ich schließlich frei von beruflichen Verpflichtungen war, war es dafür zu spät. Die gemeinsame Australien-Reise blieb ein unerfüllter Traum, Margret hatte für größere Unternehmungen einfach keine Kraft mehr.

Doch ich tat das Gegenteil: Ich schuftete wie ein Berserker und reiste in der Weltgeschichte herum wie verrückt. Möglich, dass ich mich damit auch ein wenig ablenken wollte.

Gerade mal ein halbes Jahr, nachdem ich mit Rolf Schmidt-Holtz nach Amerika gegangen war, sorgte er dafür, dass die Position des Europachefs von BMG in London vakant wurde. Ohne größere Umschweife eröffnete er mir anschließend: »Thomas, wir brauchen dich jetzt in England. Pack deine Klamotten, zieh nach London und kümmere dich um den europäischen Markt.«

Kurzerhand packte ich also im Juli in New York zusammen und flog nach London. Gleich nach meiner Ankunft durfte ich den vollzählig angetretenen und vollkommen unvorbereiteten Hauptabteilungsleitern mitteilen, dass ihr Chef weg und ich der neue Boss war.

Mit das Grauenvollste, was man einem Engländer antun kann, ist es, ihm einen Deutschen vor die Nase zu setzen. Das war spürbar, tagtäglich. Es wurde erst besser, als wir ein paar Erfolge aus England heraus hatten. Aus der Zwangsehe wurde mit der Zeit zwar keine Liebesehe, aber immerhin so etwas wie eine Zweckgemeinschaft.

Eines Abends saß ich in meiner zauberhaften Stadtwohnung in der Queens Gate Terrace, hatte nichts Besseres vor und schob endlich die Videokassette in den Player, die mir mein Mitarbeiter Simon Cowell schon vor ein paar Tagen in die Hand gedrückt hatte mit der Bitte, sie mir bei nächster Gelegenheit einmal anzuschauen. Es handelte sich um den Trailer zu irgendeiner neuen Musiksendung, die Simon gerne unter Vertrag nehmen wollte.

Simon ist einer der besten A&R-Leute, die ich in Europa kennengelernt habe, und wenn er etwas anbrachte, konnte ich ziemlich sicher sein, dass sich dahinter etwas Interessantes verbarg.

Also drückte ich den Knopf und kam für die nächsten zwanzig Minuten aus dem Lachen nicht mehr heraus. Der Trailer war so genial! Eine Jury von vier Musikexperten, zu denen Simon Cowell und mein Freund, der Hitproduzent Pete Waterman, gehörten, castete neue Gesangstalente und solche, die sich dafür hielten. »Pop Idol« sollte das neue Format heißen. Das mussten wir haben!

Zügig brachten wir die Verträge unter Dach und Fach, damit uns niemand das Ding in letzter Minute vor der Nase wegschnappte. Am 5. Oktober 2001 ging die erste Staffel von »Pop Idol« in England auf Sendung, und was wir vielleicht im Stillen erhofft, aber womit wir in diesem Ausmaß nie gerechnet hatten: Es wurde ein Monstererfolg, der bis heute weltweit anhält. Simon Cowell war Juror der ersten beiden Staffeln von »Pop Idol« in Großbritannien. Heute ist er bekannt wie ein bunter Hund als Juror in »The X Factor«, »American Idol« und der Talentshow »Britain's got Talent«.

Es war ganz klar: Wir mussten unbedingt versuchen, das Format auch in Deutschland beim Bertelsmann-eigenen Fernsehsender RTL zu platzieren. Wenn unser Konzept aufging und es dort auch nur annähernd so gut lief wie in England, konnte das der unter der Ägide von Christoph Schmidt heftig kränkelnden BMG Deutschland wieder auf die Beine helfen.

Aber bis dahin floss noch einiges Wasser die Themse herunter. Und Rolf Schmidt-Holtz hielt ein weiteres Überraschungsei für mich parat. Ende des Jahres, nachdem wir innerhalb von wenigen Monaten eine neue, längst überfällige Europastruktur gestaltet hatten, die dummerweise auch vorsah, dass erhebliche Teile des Senior Managements wegfielen, kam er zu mir und meinte: »Thomas, pass mal auf, wir brauchen dich jetzt in Deutschland. Christoph Schmidt bringt es nicht. Du musst ihn rausschmeißen und den Job wieder selber machen.«

In der Tat war es Christoph gelungen, eine gesunde Firma, die regelmäßig Gewinn abgeworfen hatte, innerhalb nicht einmal eines Jahres in die roten Zahlen zu wirtschaften. Wie er das angestellt hat, ist mir ein Rätsel. Heute scheint so etwas über alle Branchen hinweg allerdings durchaus an der Tagesordnung, nicht zuletzt deshalb, weil modernes »Management« vor allem von der Devise geprägt ist, zu sparen, was das Zeug hält. Die Gefahr ist groß, dass dabei das eigentliche Geschäft vernachlässigt wird, sodass am Ende leider häufig das Unternehmen vor die Hunde geht – sicherlich die schlechteste aller möglichen Lösungen.

Ein paar Tage vor Heiligabend peste ich also nach Deutschland, eröffnete Christoph Schmidt, dass seine Dienste ab sofort nicht mehr benötigt würden, und war ab 1. Januar 2002 Deutschland- und Europachef der BMG in Personalunion sowie weiterhin zuständig für A&R weltweit.

Das klang gut, aber damit hatte ich drei relativ zeitintensive Tätigkeiten, um es einmal vorsichtig auszudrücken. Es bedeutete, dass ich noch mehr reisen würde als bisher. Wir hatten Firmen und Niederlassungen in ganz Europa, die stabilisiert und vorangebracht werden mussten, ich arbeitete in Russland, Ungarn, Tschechien, Slowenien, in Israel, Dänemark, Norwegen, Schweden, Frankreich, Italien, Spanien und England. Es konnte vorkommen, dass ich innerhalb einer Woche einmal quer durch Europa flog, nur um mich am Ende in den Flieger nach New York zu setzen.

Bald stellten sich auch wieder Erfolge ein. Aber trotzdem war mir nicht so wohl, wie es mir hätte sein können. Denn irgendetwas stimmte nicht mehr zwischen Rolf Schmidt-Holtz und mir, das spürte ich genau, ohne dass ich einen konkreten Grund dafür hätte nennen können.

Während »Pop Idol« in England wie eine Rakete abging, brauchte ich einiges an Überzeugungskraft und Vehemenz, um das Format auch bei RTL in Deutschland unterzubringen. Die Idee war, dass RTL mit diesem Format eine erfolgversprechende Sendung bekam und dass BMG die Sänger, die durch die Show neu entdeckt wurden, anschließend unter Vertrag nahm und vermarktete.

Eines Abends, auf einer Echo-Veranstaltung in Berlin, war es so weit: RTL-Chef Gerhard Zeiler sagte zu, die Sache mit uns gemeinsam anzugehen. Allerdings musste ich ihm an diesem Abend in die Hand hinein etwas versprechen: Er wollte, dass ich Mitglied der Jury würde, wenn sie die Sendung realisierten.

Heilfroh, überhaupt so weit gekommen zu sein, schlug ich ein, obwohl mir eines sehr deutlich bewusst war: Meine Tage bei Bertelsmann würden mit ziemlicher Sicherheit gezählt sein, falls mit der Sendung in Deutschland das Gleiche passierte wie in England. Wer Jurymitglied bei »Pop Idol« war, wurde selbst so etwas wie ein Popstar. Und ein solches Maß an Popularität eines Mitglieds der Geschäftsleitung war etwas, was sich mit dem eher konservativen Charakter des Hauses Bertelsmann ganz und gar nicht vertragen würde.

Ein halbes Jahr später rief mich Gerhard Zeiler an: »Thomas, wir besetzen jetzt die Jury. Du weißt, was du mir damals versprochen hast. Du musst da mitmachen!«

Da saß ich nun und hatte den Salat. »Das wird über kurz oder lang mein Ende bei Bertelsmann sein«, sagte ich abends zu Margret. »Wir müssen uns darauf einstellen, dass sich jetzt sehr viel für mich und damit auch für dich verändern wird. Bald wird jeder meine Nase aus dem Fernsehen kennen, und das wird längst nicht jedem bei Bertelsmann gefallen.«

Was ich Margret nicht sagte: Ihre Krankheit verschlimmerte sich zusehends, und ich hatte das ungute Gefühl, dass sie mich bald mehr brauchen würde, als ihr lieb war. Zu dem Brustkrebs hatte sich inzwischen Knochenkrebs gesellt. Abgesehen davon, dass sie ihren linken Arm nicht mehr bewegen konnte, fiel es ihr jetzt immer schwerer zu gehen, sie hatte immer häufiger Schmerzen, die mit starken Medikamenten bekämpft werden mussten. Wir würden gemeinsam viel Zeit und Energie aufbringen müssen, um den Krankheitsverlauf so erträglich wie möglich zu gestalten. Also beschloss ich, sehenden Auges das Risiko einzugehen. Es würde schon schiefgehen.

Es kam genau so, wie ich es erhofft und zugleich befürchtet hatte: »Pop Idol« wurde hierzulande unter dem Namen »Deutschland sucht den Superstar« nach der Erstausstrahlung am 9. November 2002 ein Straßenfeger, BMG Deutschland wurde durch die damit gekoppelten CD-Verkäufe innerhalb eines Jahres wieder profitabel, und ich wurde neben Dieter Bohlen, Shona Fraser und Thomas Bug als Mitglied der Jury bekannt wie ein bunter Hund. Nicht wirklich erstaunlich angesichts der Tatsache, dass die Sendungen der ersten Staffel bis zu 17 Millionen Zuschauer hatten. Weihnachten konnte also kommen.

Vorher machten Dieter und ich uns allen noch ein richtig schönes Geschenk: das von Dieter komponierte und von allen Teilnehmern gemeinsam gesungene Lied »We Have a Dream«, das am 23. Dezember herauskam und anschließend wochenlang auf Platz 1 der deutschen Single-Charts stand.

Zufällig hatte ich mitbekommen, dass die Engländer bei »Pop Idol« eine spezielle Weihnachtssendung planten. Warum sollten wir uns nicht etwas Ähnliches überlegen und gleichzeitig als krönenden Abschluss des Jahres etwas fürs Herz produzieren, etwas in der Richtung von Michael Jacksons »We Are the World«?

Ich rief Dieter an und erzählte ihm von meiner Idee. Dieter biss sofort an. »Ich lass mir was einfallen«, versprach er, »du hörst von mir!«

Schon am nächsten Tag meldete er sich wieder. »Thomas, ich hab was. Was hältst du von ›We had a dream‹?«

Ich ließ mir den Titel ein wenig auf der Zunge zergehen. Er war nicht schlecht, aber irgendetwas gefiel uns beiden nicht hundertprozentig. Wir überlegten hin und her, fanden und verwarfen, schweiften ab, kehrten zurück – und plötzlich wussten wir es: Eine winzige Veränderung genügte. Aus »We had a dream« wurde »We have a dream«.

Damit unser Weihnachtstraum in Erfüllung gehen konnte, bedurfte es allerdings noch einiger Überredungskünste gegenüber meinen lieben Kollegen. Mickrige fünfzigtausend Single-CDs sollten als Erstauflage hergestellt werden. Erinnerungen an Falco wurden bei mir wieder wach, und mit Grausen dachte ich daran, was geschehen würde, wenn wir so kurz vor dem Fest womöglich nicht lieferfähig wären, weil uns die Ware ausging, und so verdreifachte ich kurzerhand die Produktion, nicht ohne allerdings dem sicherheitsbedürftigen zuständigen Kollegen auf dessen ausdrücklichen Wunsch hin schriftlich zu bestätigen, dass die Geschäftsleitung – damit meinte er mich – eventuelle Retouren auf ihre Kostenstelle nehmen würde.

Kein Stück kam zurück. Wir verkauften sage und schreibe anderthalb Millionen Singles. »We Have a Dream« wurde die Sternstunde von DSDS, und BMG Deutschland gewann im Jahr 2003 mit dem Lied, dem dazugehörigen Album und anderen neuen Acts sieben Prozent Marktanteil dazu. Ein warmer Regen, den die Firma mehr als gut gebrauchen konnte, nachdem sie im Jahr vorher noch deutlich in den Miesen gewesen war.

Durch DSDS erhöhte sich die Geschwindigkeit meines Lebens noch einmal spürbar. Ich war permanent auf Achse. Fast jede Woche pendelte ich von New York nach Köln für die nächste Sendung. Es konnte vorkommen, dass ich am Samstagmorgen aus New York eintrudelte und am nächsten Morgen wieder zurückflog. Ich war dauernd im Fernsehen und hatte gleichzeitig zu Hause eine schwerkranke Frau – eine Tatsache, von der niemand erfahren sollte. Wir wollten Margrets Krankheit unbedingt aus den Medien heraushalten.

Irgendwann war mir klar, dass all das, was jetzt passierte, unweigerlich auf einen Punkt hinsteuerte, an dem ich mich entscheiden musste, was in meinem Leben Priorität haben sollte. Entweder vernachlässigte ich meinen Job, oder ich vernachlässigte meine Frau. Und darüber musste ich keine Sekunde lang nachdenken: Margret hatte für mich die absolute Top-Priorität. Kein Job der Welt konnte so wichtig sein wie die Pflege meiner Frau.

Mit vollem Bewusstsein sah ich, was da auf mich zurollte. Aber ich wich nicht aus, sondern versuchte, die Entwicklung noch weiter in die Richtung voranzutreiben, die ich mir vorstellte. Denn BMG Deutschland war trotz der guten Geschäfte, die wir inzwischen wieder machten, auf einem Weg, der mir ganz und gar nicht zusagte: Bertelsmann stand mit einem möglichen Partner für die Musiksparte in Verhandlungen, und dieser Partner war ausgerechnet unser Erzkonkurrent Sony. Ich war mit Herz und Seele dagegen und machte aus meiner Meinung keinen Hehl.

Es war kurz vor Weihnachten 2002, ich saß zusammen mit Rolf Schmidt-Holtz, dessen Frau, Margret und meiner Mutter im Hotel Tenne in Kitzbühel. Wieder kam die Sprache auf das Zusammengehen von BMG mit Sony, wieder machte ich Rolf unmissverständlich klar, was ich von dem internationalen Käse hielt, den sie da planten. »Macht, was ihr wollt«, erklärte ich Rolf sinngemäß, »aber lasst mich außen vor. Gebt mir die ›alte‹ Ariola zurück und beteiligt mich mit einem Viertel. Dann kann jeder das machen, wovon er überzeugt ist, und wir müssen uns nicht mehr ständig die Köpfe darüber heißreden.«

Rolf war mit meinem Vorschlag, mich an Ariola zu beteiligen, tatsächlich einverstanden. »So machen wir das«, erklärte er vor allen Anwesenden, und wir gaben uns die Hand darauf.

Gemeinsam mit meinem Assistenten Hubert Jakob machte ich mich umgehend daran, eine Hunderte von Seiten umfassende Präsentation zu erarbeiten und zu drucken, in der wir darstellten, wie Rolfs Zusage in die Praxis umzusetzen war. Dazu muss man wissen, dass in einem Konzern nichts geht ohne eine Präsentation, egal wie blödsinnig deren Inhalt ist. Ein wahres Musterbeispiel einer sinnfreien Präsentation hatte ich eines Tages in New York erlebt. Die hunderttausend Dollar teure und mehrere hundert Seiten dicke Ausarbeitung zum Thema »Wie steigere ich die Ertragskraft meines Unternehmens« endete – und das ist kein Witz! – mit dem messerscharfen Schluss: »Wenn Sie mehr Platten verkaufen, bekommen Sie ein besseres Ergebnis.«

Das Jahr 2003 begann für mich dann gleich im Januar mit einem verspäteten Silvesterknaller: Als ich zusammen mit Hubert Jakob zu Rolf nach New York pilgerte, um ihm das Konzept zu erläutern, wollte er von alledem plötzlich nichts mehr wissen. Ich war einigermaßen fassungslos, auch darüber, dass ich so blauäugig gewesen war, mich bei einem Zeitgenossen wie Rolf auf eine Abmachung zu verlassen, die per Handschlag besiegelt worden war. Rolf war nicht Monti, das hätte ich bedenken müssen.

In meiner unbändigen Wut gebrauchte ich ihm gegenüber ein paar sehr deftige Ausdrücke und sagte ihm ganz ungeschminkt, was ich von ihm und seinem Verhalten hielt.

Wer nach einem solchen Vorfall noch gedacht hätte, dass das wieder in Ordnung kommen könnte, der glaubt auch an Weihnachtsmann und Osterhase. Ich jedenfalls machte mir meinen eigenen Reim darauf.

Lange Zeit geschah nach außen hin nichts, was das Bild der friedlichen Koexistenz hätte stören können. Mein Vertrag war für weitere drei Jahre verlängert worden, DSDS ging nach dem grandiosen Erfolg der ersten Staffel in die zweite Runde, und BMG Deutschland war mittlerweile die reinste Goldgrube – nicht zuletzt auch aufgrund der Tatsache, dass ich Jahre zuvor gegen heftigen Widerstand den kompletten Katalog des ehemaligen VEB Deutsche Schallplatten gekauft hatte. Damit waren wir Besitzer des gesamten Musikguts der DDR ab 1950. Künstler und Bands wie die Puhdys, Silly, Karat oder Hauff & Henkler brachten uns gute Umsätze, der Kaufpreis hatte sich innerhalb von anderthalb Jahren amortisiert.

Aber hinter den Kulissen rumorte es, es geschahen Dinge, die normalerweise nicht ohne mich hätten passieren dürfen. Das konnte einfach nicht mehr lange gut gehen.

Den ersten konkreten Hinweis, dass sich bei BMG etwas gegen mich zusammenbraute, erhielt ich am 9. Dezember 2003. Ich erinnere mich deshalb so genau an das Datum, weil ich gerade auf dem Weg zur Bühne war, um Carlos Santana eine Platin-Schallplatte für »Supernatural« zu überreichen. In diesem Moment ging mein Telefon. Jörg war dran, der Mann meiner Tochter Daniela. »Ich wollte dir sagen, dass du gerade Opa geworden bist. Daniela hat ein kleines Mädchen zur Welt gebracht. Sie heißt Jana!«

Ich war außer mir vor Stolz und Freude und hätte darüber fast vergessen, dass draußen Carlos und seine Musiker auf mich warteten. Abends, auf einer Veranstaltung rund um die Platin-Verleihung, traf ich einen Journalisten, den ich schon lange Zeit kannte und der sehr gut in der Szene vernetzt war. »Herr Stein«, fragte er mich im Gespräch ganz nebenbei, »warum macht Rolf Schmidt-Holtz Sie eigentlich hinter Ihrem Rücken ständig so schlecht, Sie sind doch sein bestes Pferd im Stall?« Da wusste ich: Es ging los.

Mitte Januar 2004 bekam ich den Anruf eines Journalisten, mit dem ich gut bekannt war: »Thomas, ich war bei Rolf Schmidt-Holtz und habe herausgehört, dass er dich rausschmeißen möchte.«

So war ich vorgewarnt und konnte ganz cool bleiben, als Rolf mich wenige Tage später tatsächlich aus New York anrief.

»Thomas, ich komme nach Deutschland und möchte mal persönlich mit dir quatschen.«

»Gerne«, erwiderte ich. »Aber morgen bin ich in Köln auf einer Karnevalsveranstaltung von RTL.«

»Gut, dann komme ich nach Köln.«

»Rolf, mach dir keine Mühe. Ich weiß, dass du mich rausschmeißen willst. Dafür brauchst du nicht extra nach Köln zu kommen, das kannst du mir auch am Telefon sagen!«

»Nein, ich möchte mit dir quatschen.«

Ich wurde unsicher. Das hörte sich ja nicht so formal an, vielleicht wollte er wirklich nur reden, und vielleicht hatte sich der Journalist geirrt.

Ich traf Rolf am nächsten Abend in seiner Suite im Kölner Hyatt.

Sein Assistent, von dem ich wusste, dass er dabei war, weil er mit Rolf gemeinsam das Hotel betreten hatte, war nirgends zu sehen. Vermutlich saß er im dunklen Nebenraum als Zeuge, vielleicht auch, weil Rolf unsicher war, wie ich reagieren würde.

Höflich bot mir Rolf einen Platz an und eröffnete mir dann: »Thomas, wir müssen in Deutschland etwas ändern.«

Also doch. Mir platzte der Kragen. Warum konnte der Kerl keinen Klartext reden?

»Weißt du was, mein Lieber«, unterbrach ich ihn, »wenn du in Deutschland etwas ändern möchtest, dann mach deinen Mist allein. Ich werde morgen früh ganz normal ins Büro gehen wie jeden Tag auch, aber eines sage ich dir: Du hast nur Idioten um dich herum!«

Wir einigten uns schließlich darauf, dass es besser sei, wenn wir ohne viel Aufhebens – so weit das möglich war – einen Schlussstrich zogen. Damit war für mich die Angelegenheit erledigt. Ich stand auf und ließ einen völlig verdatterten Rolf Schmidt-Holtz zurück, der offenbar eine ausufernde Diskussion erwartet hatte.

Anschließend ging ich auf die Karnevalsveranstaltung, mimte dort den Clown für RTL, flog am nächsten Tag nach München, packte meine Sachen im Büro und verließ den Glaspalast in der Neumarkter Straße, der unter meiner Federführung gebaut worden und seit wenigen Jahren der neue Sitz von BMG Deutschland war. Es war der 17. Januar 2004.

Natürlich kippte ich mir am Abend des denkwürdigen Gesprächs mit Rolf Schmidt-Holtz in der Hotelbar noch sieben Caipirinhas hinter die Binde, bis ich an der Grenze zum Verlust der deutschen Muttersprache war, und führte Telefonate mit den verschiedensten Menschen, die annehmen mussten, sie seien in der Show eines Stimmen- und Dialektimitators. Aber anschließend schüttelte ich mich drei Mal, wie ein Hund, der aus dem Wasser kommt, und sagte mir: Es muss weitergehen. Denn ich hatte eine andere Aufgabe. Ich musste und wollte mich um Margret kümmern und hatte nun auch die Zeit dafür.

Es waren viele Dinge zusammengekommen, die zum Bruch führten. Und wenn man merkt, dass trotz guter Erfolge die Widerstände zu groß werden und die Akzeptanz nicht mehr gegeben ist, dann muss man loslassen können. Was soll man auch noch lange diskutieren? Wenn man weiß, dass sowieso die Trennungsabsicht besteht, dann kann man sich zwar auf den Kopf stellen und mit den Beinen wackeln – allein, es bringt nichts und raubt einem nur den Seelenfrieden.

Ich jedenfalls bin mit dieser Einstellung immer gut gefahren. Ich habe viele Kollegen kennengelernt, die auch nach langer Zeit noch voller Gram und innerer Zerrissenheit darüber waren, dass sie sich von ihrem Job trennen mussten. Aber wenn etwas nicht mehr zu ändern ist, sollte man es akzeptieren. Welchen Sinn hat es, ständig nachts schweißgebadet aufzuwachen und sich zu überlegen, was man gegen die Situation oder gegen einen bestimmten Menschen tun kann? Es führt zu nichts und vergällt einem nur das Leben, das man eigentlich genießen sollte. Es wird ohnehin immer kürzer, je älter man wird.

Natürlich gab es Friktionen, natürlich habe ich mich mit Leuten angelegt, wenn es im Interesse der Firma war, natürlich bin ich nicht derjenige, der wie eine Ballerina übers Parkett schwebt, sondern ich gehe festen Schrittes auf die Dinge zu, und natürlich spreche ich es klar aus, wenn mir etwas oder jemand gegen den Strich geht. Das ist mein Naturell. Was manche Kritiker aber vielleicht vergessen, wenn sie mir Härte im Umgang mit Mitarbeitern oder Geschäftspartnern vorwerfen: Ich habe es nicht für mich getan. Das Geld, das bei guten Geschäften und nach harten Verhandlungen floss, habe ja nicht ich bekommen. Es war das Unternehmen, das letztlich durch mein Agieren Marscherleichterung erhielt. Aber wo Erfolg ist, sind auch Neider. Und wo viel Erfolg ist, sind es logischerweise viele Neider.

Neid ist allerdings etwas, das ich in meinem ganzen Leben noch nie empfunden habe. Wenn jemand etwas hat, das mir gefällt, dann freue ich mich für ihn und wünsche es mir vielleicht selbst, doch ich neide es dem anderen nicht. Aber Neid ist eben leider ein prägender

Bestandteil unserer Gesellschaft. Ich hatte in vielen Dingen auch wirklich eine glückliche Hand. Und eine allzu glückliche Hand führt manchmal dazu, dass Respekt und Anerkennung irgendwann umschlagen – in Neid.

Umso erleichterter bin ich, dass die Trennung ordentlich und ohne Schlammschlacht über die Bühne ging. Mit Rolf Schmidt-Holtz kann ich mir trotz der Dinge, die vorgefallen sind, heute wieder die Hand geben und ein Bier trinken, und auch mit der Familie Mohn habe ich nach wie vor ein hervorragendes Verhältnis.

So kam es nach dem Sturz zu einer geplanten, wenngleich rauen Landung. Rau aber nicht, weil sich die Firma in den Trennungsverhandlungen nicht anständig verhalten hätte, sondern wegen Margrets Krankheit.

Vier Wochen später ging ich noch einmal durchs Haus, und es war, als hätte ich hier nie hingehört. Die Mitarbeiter grüßten mich freundlich, aber sie hatten sich bereits auf ihren neuen Lehnsherrn eingeschworen – »Der König ist tot, es lebe der König«. Ich merkte es selber: Innerlich hatte ich bereits komplett abgeschlossen und mich auf ein Leben nach BMG ausgerichtet.

Nach dem Weggang von Bertelsmann endete für mich aber auch mein Engagement bei »Deutschland sucht den Superstar«, der Castingshow, mit der ich in ganz Deutschland unter dem Spitznamen »Onkel Stein« bekannt geworden war.

Onkel Stein

Flughafen Köln-Bonn, ein sonniger, kalter Tag Anfang November. Ich war gerade aus München gekommen und wartete auf mein Gepäck. Etwas geistesabwesend und ohne die vielen Menschen um mich herum richtig wahrzunehmen, die ebenfalls auf ihre Koffer warteten, checkte ich die Nachrichten, die sich während des Fluges auf meinem Handy angesammelt hatten. Das Gepäckband setzte sich langsam in Bewegung, aber weit und breit war noch kein einziges Gepäckstück zu sehen.

Komisch. Irgendwo ganz in der Nähe sangen Menschen, alles Männerstimmen. Nicht sehr gut, nicht sehr rein, aber selten. Wann hört man schon Gesang an einem deutschen Flughafen?

Ich schaute von meinem Display auf und erschrak fast: Am Gepäckband vor mir hatten sich acht Männer aufgebaut. Alle schauten auf mich. Und sie sangen! Da begriff ich es: Sie hatten offenbar die erste Sendung von »Deutschland sucht den Superstar«, kurz: DSDS, gesehen und mich erkannt.

Lachend ging ich auf die tapferen Jungs zu und gratulierte ihnen zu ihrer gesanglichen Meisterleistung. Es stellte sich heraus, dass die sangesfreudigen Männer Mitglieder des Kegelclubs »Zwei Finger im Loch« waren, die hier auf dem Flughafen eine nicht ganz ernst gemeinte spontane Bewerbung für das nächste Casting ablieferten.

Ein paar Tage später in Hamburg passierte mir etwas Ähnliches, mit dem Unterschied, dass der Anblick ungleich charmanter war als der der eher stämmigen Kegelbrüder. Ich hatte auf die Schnelle einen Kaffee in einem Coffeeshop heruntergekippt und verließ den Laden, um zum nächsten Termin zu hetzen. Da bauten sich draußen auf dem Gehsteig plötzlich zwei hübsche junge Mädchen vor mir auf und sangen laut »Ciao, ciao, bambina«. Sie hatten mich in dem Café gesehen und mich erkannt.

Jetzt war mir endgültig klar: DSDS wurde gesehen und kam beim Fernsehpublikum an, genau wie wir es nach dem Erfolg von »Pop Idol« in England erhofft hatten. In mir keimte ein zartes Hoffnungspflänzchen, dass unsere Rechnung tatsächlich aufgehen könnte.

Einer der Gründe, warum die Castingshow hierzulande nicht »German Idol«, sondern »Deutschland sucht den Superstar« heißt und ich ein neutrales bis Nicht-Verhältnis zu Milli-Vanilli- und Boney-M.-Produzent Frank Farian habe, sind die Namensrechte an »Pop Idol«, der englischen Urversion.

Ich war mir mit Gerhard Zeiler von RTL handelseinig geworden, dass sie »Pop Idol«, das in England gerade vom Stapel gelaufen war, in Deutschland übernehmen würden. Als Nächstes stand die Besetzung der vierköpfigen Jury an. Dieter Bohlen war im Gespräch, ich konnte nicht hinter mein mündlich gegebenes Versprechen zurück und war damit ebenfalls mit von der Partie.

»Thomas, was hältst du davon, wenn wir Frank Farian als Dritten in die Jury holen?«, fragte mich Gerhard Zeiler eines Tages. Ich fand die Idee nicht schlecht. Frank gehört zu den erfolgreichsten Produzenten weltweit und hat ein untrügliches Gespür für Typen und Stimmen sowie einen hohen Sachverstand. So bat mich Gerhard, Frank bei meiner nächsten USA-Reise in dessen Wohnort Miami zu treffen und bei ihm anzufragen.

Zusammen mit Rolf Schmidt-Holtz, mit dem ich zu der Zeit wie ein schlecht getrenntes siamesisches Zwillingspaar durch die Gegend lief, pilgerte ich nach Florida, traf mich mit Frank Farian sowie seiner Mitarbeiterin Milli in einem wunderbaren Steakhouse am Hafen von Miami und erzählte ihm von »Pop Idol« und unseren Plänen in Deutschland. Doch Frank winkte ab, er hatte kein Interesse an unserem Angebot. Bedauerlich, aber nicht zu ändern. Rolf und ich fuhren unverrichteter Dinge wieder nach Hause.

Der findige Frank indessen blieb nicht untätig: Gleich am nächsten Tag ließ er sich hinter unser aller Rücken vorsorglich die Rechte auf den Namen »Pop Idol« eintragen, der außerhalb Englands nicht geschützt war, obgleich er mit der Sendung nicht das Allergeringste zu tun hatte. Mit dem Ergebnis, dass irgendwann wieder RTL zu mir kam und mich bat, mit Frank zu reden. Dieses Mal sollte ich ihn dazu bringen, dass er die Namensrechte an dem Format freigab. Und daraus resultierte so sicher wie das Amen in der Kirche Streit zwischen Frank und mir.

Seitdem gibt es in England »Pop Idol«, in Amerika »American Idol«, in Kanada »Canadian Idol«, selbst auf den Philippinen gibt es »Philippine Idol« – aber in Deutschland heißt es »Deutschland sucht den Superstar«. Dem Erfolg indes tat der Name keinen Abbruch.

Um einen anderen Namen gab es indes keinen Streit. Er ist eine Schöpfung meines Mit-Jurors Thomas Bug, der irgendwann während einer Livesendung meinte: »Ich übergebe jetzt das Wort an Onkel Stein.« Seitdem hängt der »Onkel« an mir wie der Knopf im Ohr eines Teddybären.

Dafür, dass die Sendung in Deutschland so einschlug, ist zweifellos zu einem großen Teil ihr Fixpunkt und Zugpferd Dieter Bohlen verantwortlich. Dieter und ich kannten uns zum Zeitpunkt der Erstausstrahlung schon viele Jahre, genau gesagt seit meiner Zeit bei Teldec, als Dieter in einem firmeneigenen Studio arbeitete, und wir sind uns bis heute freundschaftlich verbunden. Das hielt uns allerdings nie davon ab, uns zu fetzen und anzuschreien, wenn wir mal unterschiedlicher Meinung waren – und das kam durchaus nicht selten vor. Denn eines ist keine Frage: Dieter ist ein sehr schlauer Zeitgenosse und zweifellos der Weltmeister der »Me, myself and I«-Vermarktung. Und bevor Dieter an Herzgrimmen stirbt, sagt er lieber offen seine Meinung – hierin sind wir uns nicht unähnlich.

Im Unterschied zu vielen anderen Zeitgenossen hat Dieter dabei aber einen ausgesprochen positiven Zug: Er ist ein durch und durch geradliniger und ehrlicher Mensch, und er hat eine sehr realistische Selbsteinschätzung. Wenn er etwas macht, macht er es ganz bewusst, denn er weiß sehr genau, was dann passiert. Und wie bei allen Künstlern steckt auch in dieser ehrlichen Haut ein nicht gering zu schätzender Anteil Sensibelchen. Aber wer ehrlich und geradlinig mit Dieter umgeht, wird nie ein Problem mit ihm haben, so jedenfalls meine Erfahrung.

Dieter und ich kannten uns gut genug, um uns in den Livesendungen heftig und gerne mit kleinen Spitzen versehene Bälle hin und her zu spielen, häufig auch über die Köpfe der zwischen uns platzierten – man könnte auch sagen eingequetschten – und mitunter zwangsläufig nicht ganz richtig wahrgenommenen Mit-Juroren Shona Fraser und Thomas Bug hinweg. Sobald beim Casting wieder einmal so ein braunhaariges, zuckersüßes schlankes Rehlein Anfang achtzehn mit engelsgleichem Gesicht die Bühne betrat, wusste ich genau, was Dieter zu ihr sagen würde, auch wenn das »Schnuckelchen« für jeden erkennbar rein gar nicht singen konnte. Aber Dieter fand sie einfach so schön. Damit lieferte er mir eine willkommene Steilvorlage, um ihm zu unterstellen, er habe wohl in der Nacht zuvor auf den Ohren gelegen oder zumindest Quetschfalten im Auge.

Der Grund, weshalb sich neben dem überall präsenten Dieter Bohlen mein Kopf und mein Name vielen Fernsehzuschauern offenbar recht stark einprägten, ist vermutlich die Tatsache, dass ich mich zwar anders ausdrückte als Dieter, aber letztlich das Gleiche meinte. In der Rolle des »Plattenbosses« und als Vertreter eines Großkonzerns musste ich mich zwangsläufig seriöser darstellen und artikulieren als Dieter, der reden durfte, wie ihm die Schnodderschnauze gewachsen ist.

Also machte ich aus meiner Not eine Tugend und positionierte mich als Gegengewicht zu Dieter. Wenn Dieter sagte: »Du singst wie ein Dildo«, sagte ich: »Du klingst wie ein defekter Laptop-Lautsprecher.« Und wenn einer reinkam und etwas aus »Starlight Express« zum Besten gab, dann konnte es sein, dass Dieter urteilte: »Das war gequirlte Scheiße«, wohingegen ich meinte: »Das war kein Starlight Express, das war ein Bummelzug.« Unter dem Strich sagte ich nichts anderes als Dieter, mit dem Unterschied, dass der Bummelzug vielleicht etwas charmanter klang als die gequirlte Scheiße.

Was sollen auch vier Leute Unterschiedliches über einen Sänger sagen, der definitiv nicht singen kann? Wir mussten unterhalten, die Sendung sollte den Zuschauern am Fernsehschirm Spaß machen. Sonst hätten wir bald eine unterirdisch niedrige Einschaltquote und wären im Handumdrehen weg vom Fenster.

Was wir allerdings nicht immer richtig einschätzen konnten, war die Reaktion des Studiopublikums – immerhin rund 1500 Menschen. Wenn die plötzlich alle Buh schrien, hatte das durchaus eine beeindruckende Wirkung, und wir fragten uns manchmal schon, ob unser Urteil ganz richtig gewesen war und ob wir unser Ballspiel nicht vielleicht etwas überzogen hatten.

Wenn Dieter einer Sängerin mit seiner Art Hoffnung gemacht hatte und ich dagegenhielt und sagte, dass das einfach Käse sei, war ich logischerweise der böse Bube, häufig war es aber auch umgekehrt. Das Fatale an diesem Spiel ist nur: So ein Kind geht zum Casting, weil es sowieso überzeugt ist, dass es eine phantastische Stimme hat. Und wenn dann der große Dieter Bohlen sagt, es könne singen, obwohl das Gegenteil der Fall ist, dann gibt es früher oder später mehr oder minder herbe Enttäuschungen. Auch das gehört zum Konzept von DSDS. Für diese Kinder – und häufig auch für das Publikum – aber ist das Realität.

In einem Fall wurde es so kritisch, dass wir es regelrecht mit der Angst bekamen und froh um das Sicherheitspersonal waren, das uns von den Zuschauern abschirmte. Das Studiopublikum hatte sich auf die Seite einer Sängerin gestellt, ich machte eine blöde Bemerkung – und die Stimmung kippte bedrohlich. Es hätte nicht viel gefehlt, und ich hätte das Studio mit einem oder zwei Veilchen verlassen.

Als Jury hatten wir durchaus auch die Möglichkeit, den Meinungsbildungsprozess der Zuschauer zu beeinflussen, indem wir einzelne Sänger gegen den Trend hochlobten oder negativ beurteilten. Die Trotzreaktion des Publikums konnten wir mit ziemlicher Genauigkeit vorhersagen.

Das Spiel mit Emotionen konnte aber auch sehr sonderbare Blüten treiben. Eine der exotischsten ist mit Sicherheit Daniel Küblböck.

Dieter wollte ihn nicht haben, was ich gut verstehen kann, aber er ist Profi genug, um zu wissen, wie das Showgeschäft funktioniert: Schräge Typen wie Daniel bringen Farbe in eine Sendung und wecken Emotionen, die sonst schwer herauszukitzeln sind. Ich setzte mich dafür ein, dass Daniel drin blieb, denn dass er nicht singen konnte, konnte man hören; dass er aber etwas hatte, konnte man sehen.

Und dann geschah etwas, das nur in Maßen zu beeinflussen ist. Er wurde tatsächlich eine Zeit lang erfolgreich und bestätigte damit eine alte Regel: Es ist nicht immer der beste Sänger auch der erfolgreichste Sänger. Erfolg tritt ein, wenn Show, Selbstdarstellung und das Konzept des Sängers als Produkt eine Synthese eingehen.

Alle dauerhaft erfolgreichen Sänger haben eines gemeinsam: Sie haben eine klare Idee. Warum ist Elton John über dreißig Jahre lang erfolgreich? Warum ist Peter Maffay über dreißig Jahre lang erfolgreich? Warum sind es die Ärzte, warum Rod Stewart? Sie alle denken nicht nur über ihren Gesang und ihre Musik nach, sondern über sich als Produkt. Und wenn sie nicht selber denken, dann haben sie jemanden, der für sie denkt, um sie am Ende dort hinzubringen, wo sie hingehören oder wo sie sein sollten.

Bei den Teilnehmern von Castingshows ist das bei Weitem nicht immer der Fall, auch wenn, was viele nicht wissen, heute weltberühmte Künstler ursprünglich durch Castings gegangen sind. Die Beatles wurden gecastet, Take That wurde gecastet, die Backstreet Boys, *NSYNC, Kelly Clarkson, die die erste Staffel von »American Idol« gewann, und viele andere.

Wenn ich die mit schöner Regelmäßigkeit in den Medien wiederkehrenden Vorwürfe höre oder lese, dass die armen Kinder in den Castingshows so böse vorgeführt würden, kann ich nur lachen. Denn wer als Kandidat nach der sechsten Folge noch immer nicht weiß, was dort mit ihm passiert, dem ist beim besten Willen nicht zu helfen.

Diejenigen, die es wissen, sehen sich allerdings mit einem Problem konfrontiert, für das sie definitiv nichts können: Sie wissen vielleicht, was da mit ihnen passiert, aber sie wissen nicht, wie es ist, *wenn* es mit ihnen passiert. Auch Daniel Küblböck wusste es nicht. Sein Erfolg stieg ihm zu Kopf, das Management versagte, und die Gurkenlaster-Eskapaden sind hinlänglich bekannt.

Um dauerhaft Erfolg zu haben, hätte er systematisch aufgebaut werden müssen. Und wie bei allen Künstlern, die man aufbaut, muss man sich im Vorhinein Gedanken machen, wohin die Reise gehen soll. Immer wieder wird Kritik laut, die armen Schweine müssten singen, was andere ihnen sagen. Das sind Hirngespinste. Keiner muss singen, was andere ihm sagen, denn es singt ja nicht die Plattenfirma, sondern es singt immer noch der Künstler. Man kann einen jungen Menschen nur bis zu einem bestimmten Punkt prägen. Die Plattenfirma oder das Management können dem Künstler lediglich Empfehlungen geben.

Ich habe viele höchst erfolgreiche Künstlerlaufbahnen begleitet, aber ich habe auch etliche erlebt, die grandios gescheitert sind. Die Guano Apes sind ein gutes Beispiel. Wir hatten sie in ihrer Anfangszeit erfolgreich im Snowboarder-Segment platziert. Dann gingen sie aus dem Segment heraus – und wo sind sie jetzt? Weg sind sie. Denn plötzlich nahm das Segment, in dem sie ursprünglich beheimatet waren, sie nicht mehr wahr, und wenn sie heute wieder einsteigen würden, würden sie von ihren Fans nicht mehr ernst genommen. Denn Fans sind nicht blöd. Sie sind treu, nahezu nibelungentreu, aber sie möchten nicht enttäuscht werden. Sie wollen von ihren Künstlern eigentlich nichts anderes als das, was ihnen gefällt, sie wollen einfach »ihren« Künstler hören. Diese Erwartungen möchten sie bedient bekommen, höchstens mit ein paar neuen Ideen pro Album. Wenn aber der Künstler sich zu schnell aus dem Segment herausbewegt, dann nimmt der Fan ihm das dauerhaft übel.

Die einzige ernsthafte Differenz hatten Dieter und ich während der ersten Staffel. Es ging um den Abschlusstitel, den Dieter extra für diesen Zweck komponiert hatte. Im Rennen waren noch Alexander Klaws und Juliette Schoppmann, die Entscheidung sollte also zwischen einem Mann und einer Frau fallen. In dem Moment, als ich den Titel des Schlusssongs zum ersten Mal hörte, wusste ich jedoch: Trotz ihrer tausendmal besseren Stimme, ihrer hervorragenden Ausbildung, ihrer internationalen Qualifikation und ihrer Perfektion konnte Juliette gar nicht gewinnen, egal, wie gut sie war. Der Titel hieß: »Take Me Tonight« – Nimm mich heut Nacht. Ein Mann kann das singen, eine junge Frau darf es nicht. Das Publikum würde gegen Juliette stimmen. Und genauso kam es.

Dieter war das egal, ihm ging es um die Phrasierung, und die fand er gut. Für mich steht fest: Mit einem anderen Titel hätte Juliette die erste Staffel gewonnen. Und für mich steht außerdem fest: Sie hätte es, obwohl sie eine sehr schwierige Person ist, auch international schaffen können, wenn sie sich nicht selbst im Weg gestanden hätte.

Doch der wahre Jakob zeigt sich immer erst, wenn die Gewinner der Show die Leistung, die sie einmal gebracht haben, dauerhaft abrufen müssen. Und das gelingt bei Weitem nicht allen. Nur weil einer eine gute Stimme hat, ist er noch lange kein Star. Die Arbeit fängt hinterher an.

Mark Medlock, der Gewinner der vierten Staffel, wird erfolgreich bleiben, weil er eine extrem gute Stimme hat und zu dem steht, wofür das Publikum ihn zum Sieger gekürt hat. Wenn er konsequent in diese Richtung weiterarbeitet, könnte er eine Art zweiter Lionel Richie werden. Die Fans kaufen seine CDs, weil sie ihn mögen und wissen, was sie von ihm zu erwarten haben. Er macht keine riskanten Experimente, keine voreiligen Ausflüge in Freejazz oder Heavy Metal, sondern präsentiert ihnen seine warme, sofort erkennbare Stimme, die ihnen für die Länge der CD eine gewisse Art von Traum suggeriert.

Ganz anders drei andere DSDS-Superstars: Elli Erl, die Gewinnerin der zweiten Staffel, Tobias Regner, der in der dritten Staffel siegte, und Thomas Godoj, Gewinner der fünften Staffel. Elli hat eine wunderbare Stimme, aber genau wie ihre beiden Kollegen identifiziert sie sich nicht mit der Art von Musik, für die die Leute sie gewählt haben. Alle drei stehen sich selbst im Weg. Sie nahmen die Show als Vehikel, fühlen sich aber eigentlich zu einer ganz anderen Art von Musik berufen. Doch die Pferde kann ein Künstler erst wechseln, wenn seine

Karriere stabilisiert ist, und auch dann nur mit äußerster Vorsicht. Er muss sich erst einmal ein tragfähiges Podest erbauen und von diesem Podest aus sachte die nächsten kreativen Schritte unternehmen.

Peter Maffay hat nach seinem ersten Hit »Du«, einem Schlager, gute acht Jahre gebraucht, um das Schlagersänger-Image langsam, aber sicher abzuschütteln. Er hat sich schließlich durchgesetzt. Warum? Weil er sich konsequent selbst präsentiert hat. Und das hält er bis heute durch. Nur so kann ein Künstler auch mit sechzig Jahren noch Erfolg haben.

Dass Elli und Dieter Bohlen eine herzliche Abneigung verbindet, darüber könnte ich heute noch wahnsinnig werden. Denn Dieter kann Stimmen hervorragend einschätzen und weiß genau, welcher Titel und welche Musikart am besten zu welcher Stimme passen. Er hätte aus Ellis wunderbar einprägsamer Stimme wirklich etwas machen können. Es ist eine Stimme, die man unter vielen anderen heraushört. Und das ist ein entscheidendes Kriterium. Es war mir sogar einmal gelungen, Dieter und Elli dazu zu bringen, es ein letztes Mal miteinander zu versuchen – bis so ein Rindvieh kam und das Gras, das gerade über ihre gegenseitigen Animositäten gewachsen war, wieder abfraß.

Vorausgesetzt, alle Beteiligten gehen mit dem Format entsprechend vorsichtig um, kann DSDS eine Sendung bleiben, die – vielleicht zum Leidwesen des einen oder anderen – auch noch in zwanzig Jahren funktioniert und gute und erfolgreiche Nachwuchs-Sänger hervorbringt. Wenn es in Deutschland gelingt, zwei Künstler aus DSDS groß zu machen, vielleicht Mark Medlock und noch einen zweiten, dann wird das Format eine ganz andere Reputation bekommen, als es heute hat. Entscheidend ist dabei jedoch, dass das Casting nicht auf die plakativen Erstshows reduziert wird, sondern dass die Künstler auch im Anschluss an den Sieg in der Show Unterstützung auf dem harten Weg erhalten, im Markt zu reüssieren, und gründlich lernen, mit ihrem Erfolg und der damit zwangsläufig einhergehenden Popularität fertig zu werden.

Auch ich musste lernen, mit meiner Bekanntheit klarzukommen, die durch meine Fernsehpräsenz nun plötzlich über mein unmittelbares berufliches Umfeld weit hinausging, und dabei stießen mir teils drollige, teils auch ungewöhnliche Dinge zu. Der heiße Kaffee, den mir eine Kellnerin in einem Restaurant vorsätzlich über die Hose kippte, weil ich ihre Schwägerin im Casting hatte durchfallen lassen, zählt da eher zu den nicht ungewöhnlichen Begebenheiten. Auch dass mich bis heute wildfremde Frauen auf Veranstaltungen zur Begrüßung umarmen, weil sie irrtümlich denken, sie würden mich kennen, ist mir nicht immer nur unangenehm.

Dass ich einmal bekannt werden würde, war mir ja schon in die Wiege gelegt – zumindest wenn es nach meiner Mutter geht, die immer der festen Überzeugung war, dass ihr Junge einmal der führende Regensburger Domspatz oder doch zumindest der engste Freund von Prinz Charles in einem feinen englischen Internat werden würde. Dass es dann etwas anders kam, hat sie allerdings auch verkraftet.

Durch DSDS fand bei mir ein Quantensprung in meinem Bekanntheitsgrad statt. Es war ein ganz neues Format und zog deshalb die geballte Aufmerksamkeit der Medien auf sich, bedingt durch den Neuheitenwert sicherlich noch etwas stärker als heute.

Jetzt »kannten« mich plötzlich Leute, die keine Ahnung hatten, was ich vorher gemacht hatte. Natürlich war ich auch vor DSDS kein unbeschriebenes Blatt – wer Chef einer großen Plattenfirma ist, befindet sich automatisch in einer prominenteren, dominierenderen Rolle als der Leiter einer Schraubenfabrik. Ich tauchte im Zusammenhang mit Veranstaltungen oder Konzerten immer mal wieder in Zeitungen und Zeitschriften auf, gab Interviews zu Themen rund um Musik und Künstler, kannte viele Journalisten, Fernsehleute und Radiomoderatoren durch zum Teil jahrzehntelange Zusammenarbeit. Doch das war nichts im Vergleich zu den bis zu 17 Millionen Fernsehzuschauern, die DSDS sahen und sich nun auch mit mir und meinen Urteilen beschäftigten, ob sie das wollten oder nicht. Und wenn »Onkel Stein« einen Publikumsliebling kritisierte, konnte es durchaus sein, dass die Stewardess im Flugzeug am nächsten Tag meinen Sitznachbarn deutlich zuvorkommender behandelte als mich. Oder dass Küblböck-Fans mir im Schützenzelt auf dem Münchner Oktoberfest schier an die Gurgel gingen, weil ich es gewagt hatte, ihren Liebling als »sympathischen Nichtsänger« zu bezeichnen.

Wer in irgendeiner Weise »prominent« wird, ob allmählich oder buchstäblich über Nacht, hat unzweifelhaft viele Vorteile im praktischen Leben, aber durchaus auch ein paar Nachteile. Der beste Platz beim eigentlich ständig ausgebuchten Italiener ist ein solch praktischer Vorteil. Und natürlich ist es mir angenehmer, wenn die Flughafenmitarbeiterin bei der Kontrolle des Handgepäcks sagt: »Ach, Herr Stein, haben Sie mal wieder ein paar CDs dabei?«, statt mich aufzufordern, doch bitte mal das dusslige Kosmetikbeutelchen vorzuzeigen. Wem wäre es das nicht?

Manchmal kann es jedoch etwas befremdend sein, wenn man keine wirkliche Anonymität mehr hat. Im Wirtshaus kommt plötzlich ein Schnaps vom Nachbartisch. Gut, das ist halt so. Dann kommt der zweite Schnaps. Auf einem Bein kannst du nicht stehen, also kippst du den auch. Wenn du aber den dritten und vierten ablehnst, sind die Spender plötzlich beleidigt, weil du eingebildeter Schnösel nicht mit ihnen trinken willst.

Wer im Fernsehen auftritt, der muss sich klarmachen, dass man ihn quasi als elektronisches Haustier betrachtet. Die Menschen meinen, einen zu kennen, weil man via Bildschirm gewissermaßen bei ihnen zu Hause mit am Tisch sitzt, wie ein alter Kumpel, den man wer weiß wie lange kennt.

Da hilft nur eines, und das habe ich bei Medienprofis wie Peter Maffay oder Dieter Bohlen sehr genau beobachtet: offensiv auf die Menschen zugehen, ihnen das geben, was sie erwarten. Das hat nichts mit PR-Geilheit oder Sucht nach Aufmerksamkeit zu tun. Das gebietet einfach der Respekt gegenüber dem Publikum. So ein Foto tut nicht weh, die Unterschrift auf einer Autogrammkarte auch nicht. Und wenn das erledigt ist, kann man getrost sagen, dass man jetzt seine Ruhe haben möchte. In aller Regel werden die Fans das akzeptieren und respektieren, dass auch der sogenannte »Prominente« seine Privatsphäre hat.

Dabei muss man sich wirklich manchmal fragen: Wer ist eigentlich prominent? Wenn man aus dem Fernsehen bekannt ist, gibt es viele Menschen, die einem auf der Schulter herumklopfen, in welcher Intensität auch immer. Und wenn man dann nicht mit beiden Füßen auf dem Boden steht und einigermaßen geerdet ist, dann glaubt man am Schluss wirklich, man sei prominent, nur weil das eigene Gesicht bekannt ist.

Für mich ist zum Beispiel ein Physik-Genie wie Stephen Hawking, den vermutlich nur eine Minderheit kennt, ein Prominenter. Angela Merkel ist für mich prominent, SAP-Mitbegründer Dietmar Hopp oder Bill Gates. Aber ein Sänger, der zehn Millionen CDs verkauft hat, oder ein Plattenboss, der Möchtegern-Nachwuchskünstler im Fernsehen mit seinen Sprüchen traktiert, ist für mich deshalb noch lange nicht prominent.

Ich würde mich eher mit so etwas wie einem vertrauten alten Möbelstück vergleichen: Man kennt mich halt aus dem Fernsehen. Wenn ich durch die Fußgängerzone in München laufe und die Leute, die mir entgegenkommen, anschaue, merke ich, dass sie unmerklich zucken: Irgendwie komme ich ihnen bekannt vor, und vielleicht überlegen sie im Weitergehen sogar fieberhaft, woher sie mich kennen, ohne dass es ihnen deshalb gleich einfallen würde. Ich heiße ja auch nicht Brad Pitt oder George Clooney, worüber ich ganz und gar nicht unglücklich bin, auch wenn ihr Bankkonto zu haben manchmal ganz prima wäre.

Allerdings habe und hatte auch ich es mit hartnäckigen Fans der eher unangenehmen Sorte zu tun, mit jungen Frauen und Männern, die Himmel und Hölle in Bewegung setzten, damit sie mir vorsingen durften, weil sie sich davon den Einstieg in eine großartige Karriere erhofften. Oder die es einfach darauf anlegten, mich persönlich kennenzulernen.

Auch damit muss einer umgehen können, der sich im Fernsehen exponiert, und zwar ohne sich deshalb gleich eine ganze Armee von Bodyguards zuzulegen, was offenbar etliche aus der Branche als zum Image gehörig betrachten. Häufig sind Eltern oder wohlmeinende

Bekannte die treibende Kraft: »Herr Stein, mein Kind kann so wunderbar singen. Wären Sie so nett, sich meine Kleine einmal anzuhören?« Oder ein Bekannter hat eine Bekannte, die mir vorsingen möchte.

Wenn es geht, tue ich ihnen den Gefallen und höre sie mir an, auch wenn das Dargebotene häufig einfach nur grauenvoll ist. Keine Stimme, keine Musikalität, keine Ausstrahlung – nichts. Selbstbild und Fremdbild scheinen mir im Musikgeschäft manchmal besonders weit auseinanderzuklaffen. Wahrscheinlich liegt es daran, dass DSDS vielen Leuten das Gefühl vermittelt, man könne mit relativ wenig Aufwand relativ schnell erfolgreich werden. Dass die Realität ganz anders aussieht, wollen die wenigsten wahrhaben.

Manche Fans sind so treu, dass es schon bedrückend ist. Seit ein paar Jahren hat sich hierfür der Begriff »Stalker« herausgebildet. Wer einen Stalker hat, braucht keinen Feind mehr, diese Erfahrung durfte ich selbst mehrfach machen.

Stalker betrachten sich nicht mehr als bloße Fans, und wenn man sie als Fan bezeichnet, sind sie enttäuscht. Denn eigentlich sind sie in ihrer eigenen Wahrnehmung bereits der Freund oder die Freundin ihres auserwählten Prominenten, selbst wenn der oder die Betreffende davon nicht das Geringste ahnt.

Ich habe weibliche Fans dieser Kategorie, die bei jeder Veranstaltung, an der ich teilnehme, unter den Zuschauern sitzen, zu jedem Vortrag fahren, den ich halte, immer im selben Hotel absteigen, in dem ich absteige, und abends nach der Veranstaltung in der Hotelbar sitzen und erwarten, dass ich mich mit ihnen unterhalte. Jede Woche bekomme ich persönliche Briefe und Fotos, mit denen sie mich an ihrem Privatleben teilhaben lassen, ob ich will oder nicht.

Es heißt, man soll auf solche Annäherungsversuche nicht reagieren, also reagiere ich nicht. Die Flut von Briefen und Fotos nimmt trotzdem nicht ab. Und ab einem bestimmten Punkt – wenn man merkt, dass fremde Menschen jedes Foto, alles, was irgendwo einmal über einen selbst veröffentlicht wurde, im Internet finden und sammeln und auf Tag und Stunde genau sagen können, was man wo gemacht hat – wird das belastend. Der Fan nimmt dann einen Raum ein, der ihm in dieser Form nicht zusteht.

Es gibt aber auch welche, die weniger unangenehm sind. Ein weiblicher Fan schreibt mir stets dann einen Brief, wenn ich einen braunen Anzug anhatte: »Sie hatten gestern wieder einen braunen Anzug an. Braun sieht an Ihnen einfach nicht gut aus«, oder etwas in der Art. Vielleicht hat sie ja sogar recht. Jedenfalls weiß ich immer, wann ich mit Post von ihr zu rechnen habe.

Als ich am 16. Januar 2004 bei Bertelsmann ausschied, war für mich klar, dass auch mein Mitwirken bei DSDS zu Ende gehen würde. Es war logisch, und es kam so. Da ich nicht zu den Menschen gehöre, die etwas groß bedauern und Vergangenem nachweinen, fiel mir die Trennung nicht wirklich schwer. Im Gegenteil: Wie hätte ich in einer dritten Staffel Dönkes mit Dieter machen und kleinen Möchtegern-Künstlern die Köpfe zurechtrücken können, wenn gleichzeitig zu Hause meine Frau um ihr Leben kämpfte? Priorität hatte Margret, darüber gab es für mich keinerlei Diskussion.

Viele Menschen wissen nicht, wo ihre Prioritäten liegen sollten, und geraten deshalb in unübersichtlichen Situationen leicht ins Schlingern. Für mich hatte meine Familie, auch wenn das aus dem, was war, nicht immer ganz klar erkennbar war, immer die höchste Priorität. Zudem gehöre ich zu den Menschen, die sagen, wenn du Dinge nicht ändern kannst, dann musst du sie so nehmen, wie sie sind. Denn wenn du das nicht machst, bekommst du Magenschmerzen oder womöglich Schlimmeres.

Eine Weihnachtsgeschichte

Klare, eisige Luft schnitt sich in meine Lunge. Die Sonne schien mir ins Gesicht, aber sie wärmte nicht. Von unten stieg allmählich die Kälte an meinen Beinen hoch. Es roch nach Holzfeuer, das in vier großen ausgehöhlten Baumstämmen brannte. Alte Weisen, von Tiroler Bläsern gespielt, erklangen auf dem Kirchplatz, nur hin und wieder war ein Hüsteln zu hören.

Ich schaute blicklos auf den schlichten Holzsarg, in dem meine Margret lag. Er war genau zur tiefstehenden Nachmittagssonne hin ausgerichtet, die von einem wolkenlosen, strahlend blauen Himmel schien. Wir hatten Margret im Freien aufgebahrt, auf dem Platz vor der wunderschönen barocken Kirche von Sankt Ulrich, um von ihr Abschied zu nehmen. »Wir haben den Kampf auf Erden verloren, aber die Engel haben einen Kämpfer gewonnen«, hatte ich auf ihre Todesanzeige setzen lassen. Die Worte waren mir in der Nacht vor ihrem Tod eingefallen.

Wegen der Umstände rund um Margrets Trauerfeier gab es in Österreich später einige Kirchenaustritte, denn die Feier durfte, weil meine Frau vor Jahren aus der Kirche ausgetreten war, nicht im Inneren des kleinen Gotteshauses stattfinden, das als die Stammkirche der katholischen Kirche in Tirol gilt. So mussten sich die zweihundert Trauergäste bei klirrender Kälte auf dem Kirchplatz – der Gemeindegrund ist – versammeln, um meiner Frau die letzte Ehre zu erweisen.

Es war harte Arbeit gewesen, den Platz von den drei Meter hohen Schneebergen zu befreien. Den Boden hatte ich gegen die Kälte vorsorglich mit Holzplatten belegen lassen, und das war gut so, denn manche Damen kamen tatsächlich in Pumps. Offensichtlich wussten sie nicht, dass man bei 25 Grad unter Null besser feste Schuhe anzieht.

Mit der Trauerfeier unter freiem Himmel machten wir aus der Not eine Tugend: Es war ein Abschied, wie Margret ihn sich gewünscht hätte. Sie war draußen in der Natur, die sie über alles geliebt hatte, und über allem thronte der Hausberg Ulrichshorn, den wir noch wenige Jahre zuvor mit unserem kleinen Hund Moritz bestiegen hatten. Sein Gipfel leuchtete rot in der Abendsonne.

Es war eine würdige, schöne und liebevolle Verabschiedung von einem wunderbaren Menschen, den viele sehr gern gemocht hatten. Ein professioneller Trauerredner hielt eine beeindruckende Ansprache, Tobey Wilson sang zwei herrliche Tenor-Arien. Und auch der Pfarrer von Sankt Ulrich, ein sehr engagierter und sympathischer Mann, sprach bewegende Worte, erteilte aber nicht den Segen, weil ihm das von seinen Kirchenoberen untersagt worden war.

Als die Einzelheiten rund um die Trauerfeier durch die Medien bekannt wurden, schickten mir mindestens zehn Menschen später Kopien ihrer Austrittsbescheinigungen, um zu zeigen, wie empört sie über die starre Haltung der katholischen Kirche waren. Meine Erfahrung mit der Kirche von Sankt Ulrich war jedoch mit Sicherheit keine österreichische Besonderheit. Ich nehme an, dass es in Bayern oder in anderen überwiegend katholischen Regionen nicht viel anders gewesen wäre. Manche katholischen Gemeinden haben da wohl noch einen gewissen intellektuellen Nachholbedarf.

Dem Pfarrer selbst mache ich keinen Vorwurf. Er ist Inder, kommt also aus einem Land, das eine Amtskirche überhaupt nicht kennt, so etwas wie staatlich eingetriebene Kirchensteuer schon dreimal nicht. Ich möchte sogar unterstellen, dass für ihn als Inder der Glaube und die damit verbundenen Rituale nicht unbedingt daran gebunden sind, ob jemand offizielles Mitglied einer Kirche ist. Die Hindus verbrennen all ihre Toten einfach am Wasser!

Wer auch immer den Pfarrer von Sankt Ulrich zu seinem Nein gezwungen hat, handelte nicht sehr christlich, meine ich. Zur Sicherheit wurde im Anschluss an die Trauerfeier an der Kirchentür von Sankt Ulrich sogar noch eine Bekanntmachung angebracht, dass Menschen, die keine Kirchenmitglieder seien, keine Veranstaltungen und Feiern in dem Gotteshaus abhalten könnten. Aber sprach Jesus nicht: »Lasst die Kinder zu mir kommen und wehret ihnen nicht«? Margret und ich wurden abgewehrt, zur Strafe dafür, dass wir nicht mehr der Amtskirche angehörten. Doch was sagt das schon über den persönlichen Glauben aus? Nichts.

Ich selbst bin sehr christlich erzogen worden und ging als Jugendlicher gerne in die Kirche, nicht zuletzt deshalb, weil wir in Stuttgart damals einen tollen Pfarrer hatten. Meine kritische Einstellung gegenüber der Kirche als Institution entwickelte ich erst später. Ich habe meine beiden großen Töchter nicht taufen lassen, und wir werden auch Amelie nicht taufen lassen. Denn der Mensch hat ein Recht darauf, sich selbst zu entscheiden, welchem Glauben er sich zuwenden möchte. Und um diese Entscheidung zu treffen, braucht er vor allem den Seelsorger, den Pfarrer in der Schule, die Gemeinschaft.

Ein positives Beispiel für das, was ich unter wahrer Seelsorge verstehe, ist mein guter Freund Pater Bruno, ein Franziskanermönch in Münster. Als er von der Geburt meiner jüngsten Tochter erfuhr, rief er uns an, um zu gratulieren, und überraschte uns mit einem wunderbaren Geschenk: »Thomas, ich weiß, du bist nicht mehr in der Kirche. Aber wir würden uns freuen, wenn wir Amelie bei uns im Kloster für euch segnen dürften.« Ich musste keine Sekunde darüber nachdenken, ob ich dieses Geschenk annehmen wollte.

Meiner Meinung nach kommen die Kirchen ihrer seelsorgerischen Aufgabe nicht so nach, wie das Einrichtungen, die Mitglieder an sich ziehen und binden wollen, tun müssten. Denn da ist ja diese wunderbare Einrichtung der Kirchensteuer, einer Zwangssteuer, die noch aus der Zeit der Weimarer Republik stammt. Außer in Deutschland, Österreich und der Schweiz existiert sie nur in ganz wenigen europäischen Ländern wie zum Beispiel Italien. Außerhalb Europas gibt es sie in keinem Land der Welt.

Würde die Kirchensteuer abgeschafft, wofür ich nachdrücklich plädiere, dann müssten die Kirchen zusehen, wie sie ihre Mitglieder halten. Dann würde es Pfarreien geben, die sich wirklich bemühen und ihre seelsorgerische Aufgabe so wahrnehmen, dass die Gläubigen ihrem Pfarrer gerne und mit Freude Geld für seine gute Arbeit geben. Und es würde solche geben, denen das aus irgendwelchen Gründen nicht gelingt und die deshalb zugrunde gehen – genau wie ein schlecht geführtes Unternehmen in der freien Wirtschaft.

Es ist sehr bedauerlich, dass die christlichen Kirchen es nur beschränkt schaffen, die Funktion, die von ihnen erwartet werden kann, zu erfüllen. Gerade in Zeiten von Finanz- und Wirtschaftskrisen, in Zeiten von Unsicherheit und Existenzsorgen gibt es ein ungeheures Bedürfnis nach Seelsorge, ein Potenzial, das auf der Straße liegt und das die Kirchen nutzen müssten, wenn sie die Rolle, die ihnen zukommt, wirklich ausfüllen wollen.

Wer wie ich viel Zeit in Amerika verbracht hat, der kennt ein auffälliges Phänomen: Wo in Amerika befinden sich die größten Parkplätze? Vor Wal-Mart? Nein, vor den Kirchen! In Amerika gehört es einfach zum Gemeindewesen, dass man am Sonntag in die Kirche geht, und deshalb macht Wal-Mart an diesem Tag erst um elf Uhr auf und nicht um neun. Die Kunden sind ja bis elf in der Kirche. Wenn man in Amerika an einem normalen Sonntag an einem Gotteshaus vorbeifährt, stehen Hunderte von Autos davor. In Deutschland habe ich das ganz selten gesehen, am ehesten noch bei großen Beerdigungen.

Natürlich sind die Amerikaner auch ein wenig bigott. Doch das ist nicht der Hauptgrund für den Zulauf, den Glaubensgemeinschaften dort haben. Der Grund ist, dass die Kirchen nicht über Steuern finanziert sind und selbst dafür sorgen müssen, dass Geld in ihre Kassen kommt. Sie müssen sich engagieren, sie brauchen Spenden und müssen von den Spenden leben. Folglich haben sie eine ganz andere Einstellung ihren Gläubigen gegenüber. Sie müssen ihrer Klientel etwas bieten. Die Gemeindemitglieder freuen sich, wenn sie an einer neuen Kirche mitbauen oder ein neues Fenster stiften dürfen. Dafür nehmen die Kirchen den seelsorgerischen Aspekt wahr, etwas, das meiner Beobachtung nach in unseren christlichen Amtskirchen häufig vernachlässigt wird.

Sicherlich gibt es auch hierzulande viele Pfarreien, in denen unglaublich engagierte, echte Seelsorger agieren – der Pfarrer von Sankt

Ulrich zum Beispiel ist ein solcher –, das will ich gar nicht bestreiten. Aber ich habe im Lauf meines Lebens viele Pfarreien kennengelernt, ob in Hamburg, Frankfurt, Karlsruhe oder Baldham, wo das definitiv nicht der Fall war. Die breite Masse der sogenannten Seelsorger, so meine ich, müsste ihre Berufswahl noch einmal gründlich überdenken.

Die Abschiedsfeier für Margret fand am vorletzten Tag des Jahres 2005 statt, dem 30. Dezember, zwei Tage nach ihrem Tod. Ich wollte es unbedingt so. Wer möchte schon das neue Jahr mit einer Beerdigung beginnen? Das Organisieren der Feier lenkte mich ab, ich kam kaum zum Nachdenken. All unsere Freunde und Bekannten in Sankt Ulrich halfen mit, wie und wo sie konnten, ganz besonders mein Freund, der Zimmermann, der mit Vornamen ausgerechnet Josef heißt.

Noch am Abend der Trauerfeier ließ ich Margret nach Innsbruck bringen, wo ihr Körper später verbrannt werden sollte. Dann musste sie wenigstens nicht über Silvester und Neujahr in der kleinen, kalten Aussegnungshalle des Sankt Ulricher Friedhofs bleiben. Und ich hätte über den ganzen Jahreswechsel hinweg nur daran gedacht, dass meine Frau dort irgendwo in der eisigen Dunkelheit lag. Sie war zwar tot und hätte die Kälte nicht mehr gespürt. Aber sie war mir noch so nah.

Als sich die Heckklappe des Leichenwagens hinter Margrets Sarg schloss, endete für mich ein Jahr, das ich ohne Übertreibung als das schlimmste meines Lebens bezeichnen kann.

Es begann mit einem Anruf bei meiner Exfrau Waltraud Ende Januar. Wir telefonierten öfter, auch wegen unserer Tochter Alana, aus der inzwischen eine hübsche junge Frau von achtzehn Jahren geworden war. Trotz der teilweise unerquicklichen Umstände rund um unsere Scheidung war es Waltraud und mir glücklicherweise gelungen, anschließend ein loses, aber normales und vernünftiges Verhältnis zueinander zu finden. Wirtschaftlich war sie gut gestellt, die Abfindung, die sie von mir erhalten hatte, sicherte ihr über den Zinsertrag ein anständiges monatliches Einkommen, und sie hatte unser Haus bekommen.

»Wie geht es dir?«, fragte ich sie, wie man eben so fragt, wenn man eine Weile nicht miteinander gesprochen hat.

»Ganz gut«, erwiderte sie. Aber ich hörte durch das Telefon, dass irgendetwas nicht stimmte.

»Ist etwas mit dem Geld?«, fragte ich wie in einer Ahnung.

»Jaaa …«, kam es zögernd zurück.

»Was ist damit? Ist es weg?«

»Mhm …«

Sie war also pleite. Weiß der Himmel, wie sie das angestellt hatte. In mir schrillten gleich mehrere Alarmglocken.

»Hast du wenigstens deine Krankenversicherung bezahlt?«, fragte ich weiter, denn Krankheit und die daraus resultierenden horrenden Kosten waren für mich zu der Zeit bedingt durch Margret ein beherrschendes Thema.

»Ja, die muss ich jetzt auch mal zahlen.«

»Wie lang hast du denn nicht mehr gezahlt?«

»Sechs Monate.«

Also ein Kollateralschaden auf der ganzen Linie. Ich zahlte erst einmal ihre Krankenversicherung nach. Eine glückliche Fügung, wie sich zwei Monate später herausstellen sollte.

Waltraud war zwar ausgebildete Reiki-Meisterin, womit man sicherlich vieles machen kann, aber ganz sicher kein Geld verdienen, wenn man nicht gerade Ärztin oder Heilpraktikerin ist und diese alternative ganzheitliche Behandlungsmethode als Zusatzqualifikation anbietet. Aber wer geht schon zu einer Reiki-Meisterin, die gestern noch bei einer Bank gearbeitet hat? Meine Tochter und ich haben bis heute nicht herausfinden können, wo das viele Geld geblieben ist. Wahrscheinlich hat Wally es in irgendwelche teuren Kurse und Essenzen investiert. Jedenfalls war kein Cent mehr davon übrig.

Zwei Monate später bekam sie eigenartige Rückenschmerzen, die immer schlimmer wurden, sodass sie schließlich einen Arzt konsultierte. Danach ging alles ganz schnell. Waltraud hatte Bauchspeicheldrüsenkrebs im fortgeschrittenen Stadium, eine der aggressivsten Krebsarten überhaupt, mit geringsten bis überhaupt keinen Heilungschancen. Der Tumor war schon sechs Zentimeter groß. Eine Operation wäre sinnlos gewesen.

Durch die Beschäftigung mit Margrets Krankheit wusste ich ziemlich genau, dass nun eine sehr schlimme Zeit auf uns alle zukommen würde. Mit das Schwierigste war, meiner Tochter klarzumachen, dass ihre Mami sehr, sehr bald nicht mehr da sein würde. Wie sollte das Kind das auch begreifen? Für Alana hatte sich die Welt innerhalb kürzester Zeit komplett gedreht, und ich musste ihr, so gut ich es als Vater eben konnte, helfen, damit fertig zu werden.

Waltraud wollte anfangs nicht wahrhaben, dass sie todkrank war, Alana verständlicherweise auch nicht. Ich sprach hinter ihrem Rücken mit Ärzten und mit Menschen, die Wally nahestanden, denen sie vertraute und die die schwere Aufgabe übernahmen, beiden schrittweise die bittere Wahrheit zu vermitteln. Glücklicherweise hatte Waltraud einige sehr gute Freundinnen, die ihr in dieser Zeit beistanden und die auch später viel für Alana und mich taten. Denn ich allein hätte es nicht geschafft, dafür war Margrets Krankheit schon zu weit fortgeschritten. Ich musste mich darauf einstellen, dass bei Margret das Endstadium begann, zum gleichen Zeitpunkt wie bei Waltraud.

Ich brachte Waltraud in einer schön gelegenen Klinik bei Oberaudorf unter, die auf Palliativmedizin spezialisiert ist und einen guten Eindruck auf mich machte, auch wenn ich mich später heftig mit der Klinikleitung um die Unterbringungskosten streiten musste. Doch Waltraud hatte ein schönes Zimmer und war gut versorgt, was mir im Moment das Wichtigste war. Zu Hause hätte sie nicht bleiben können. Sie war allein, Alana hatte gerade eine Lehrstelle bekommen und tat die ersten Schritte ins Erwachsenenleben. Es wäre einfach nicht anders gegangen.

Waltraud und ich telefonierten nahezu jeden Tag miteinander, häufig auch mehrmals. Oft fuhr ich morgens zu ihr in die Klinik und kümmerte mich nachmittags zu Hause um Margret, die inzwischen rund um die Uhr Betreuung brauchte.

Verzweifelt versuchte ich zu erreichen, dass Waltraud Behandlungen erhielt, die bei Margret Erfolg gehabt hatten. Doch ich musste die Erfahrung machen, dass uns Leistungen verkauft wurden, die nutzlos waren und uns eine Menge Geld kosteten. Hyperthermie beispielsweise, mit der Dietrich Grönemeyer in Herdecke bei Margret gute Ergebnisse erzielt hatte. Auch Waltrauds Arzt erklärte sich bereit, Hyperthermie bei ihr einzusetzen. Was er aber offenbar nicht wusste – und wir auch nicht: Hyperthermie wirkt nur in Verbindung mit bestimmten ergänzenden Therapien. Eine alleinige Hyperthermie-Behandlung ist wirkungslos. Das Geld verlangte er trotzdem.

Waltrauds Kräfte schwanden sehr schnell. Bald konnte sie nicht mehr gehen, saß nur noch in ihrem Bett, häkelte und strickte, um sich zu beschäftigen, während sie auf den Tod wartete. Ihr letztes Werk war ein drei Meter langer bunter Schal.

Es war eine unvorstellbar mühselige Zeit, und ich bin froh darüber, dass ich es geschafft habe, darüber nicht zum Alkoholiker zu werden. Ein weiser und lebenserfahrener alter Mann, der ebenfalls sehr krank war, hat mir damals sehr geholfen.

»Wissen Sie, Herr Stein«, erklärte er mir, »ich habe jetzt fünfundsiebzig gute Jahre gehabt, da muss ich auch mal fünf schlechte Jahre akzeptieren.« Was Margret, Waltraud, meine Töchter und ich gemeinsam durchmachten, war furchtbar, war tragisch, es war anstrengend und qualvoll. Aber an diesem einen Satz habe ich mich immer wieder hochgehangelt.

Denn außer mit Rudolf Zettl, Margrets Arzt, sprach ich mit niemandem über das, was mich belastete, ich fraß alles in mich hinein. Nicht einmal meine Mutter kannte das ganze Ausmaß von Margrets Krankheit. Mein Ventil war lange Zeit mein ausgefülltes Berufsleben, das mir keine Zeit zum Grübeln ließ, und das Laufband im Keller, das ich jeden Morgen eine Stunde lang traktierte. Und da war ja auch immer wieder ein Hoffnungsschimmer, der Hauch einer Chance, dass wir vielleicht doch noch ein Medikament oder eine Behandlung finden würden, die halfen.

Was besonders schwierig war: Ich musste mit allen Mitteln versuchen, das ganze Drama aus den Medien herauszuhalten. DSDS war so bekannt geworden, und ich automatisch mit. Häufig zog ich mir deshalb eine Kapuze über oder setzte eine Sonnenbrille auf, wenn ich Wally im Krankenhaus besuchte oder Margret zu einem Arzt brachte. Denn wenn die Presse dahintergekommen wäre, was in »Onkel Steins« Privatleben ablief, hätten wir alle bis zum Ende keine ruhige Minute mehr gehabt.

Andere Ärzte hätten auch Margret in ihrem Zustand längst in eine Palliativklinik geschickt. Doch ihr größter Wunsch war es, zu Hause behandelt zu werden und zu Hause sterben zu dürfen, und ich hatte ihr versprochen, gemeinsam mit Rudolf Zettl alles dafür zu tun, was möglich war. Das bedeutete allerdings für mich, dass ich ab einem gewissen Zeitpunkt fast nichts anderes mehr machte als Krankenbetreuung. Von daher war meine Trennung von Bertelsmann geradezu eine Fügung.

Ich engagierte Hilfskräfte, die sich mit mir bei der Pflege und im Haushalt abwechselten, und sah zu, dass ich jeden Tag ein paar Stunden in meinem kleinen Büro zubrachte, um ein bisschen Luft holen zu können und nicht am Ende selber krank zu werden. Ich konsultierte auch weiterhin Ärzte und Spezialisten, denn ich wollte genau wissen, was alles noch auf mich zukommen würde. Ich beschäftigte mich so intensiv mit der Krankheit, dass ich bald mehr darüber wusste als Margret und vielleicht auch mehr als viele andere Betroffene. Ich wollte wissen, wer unser Feind war und ob es eine Chance gab, ihn zu besiegen. Als ich allerdings begriff, dass der Befall der Lymphknoten das größte Problem bei Margret war, wusste ich, dass es unweigerlich irgendwann vorbei sein würde. Letzten Endes war immer nur die Frage: Würde es bis dahin vielleicht neue, wirksame Behandlungsmethoden geben, die Margret retten oder ihr Leben wenigstens verlängern konnten?

Die letzten beiden Jahre waren wie Klippenspringen: Wir versuchten, der Krankheit vorauszueilen, aber meistens liefen wir ihr dann doch hinterher, wie in der Geschichte vom Hasen und Igel. Es hatte mit Brustkrebs begonnen, doch irgendwann bekam Margret Schmerzen in der Hüfte: Knochenmetastasen, eine besonders schmerzhafte Variante. Wie ein Pingpongball sprang der Krebs in Margrets Körper hin und her, er poppte mal hier auf und mal da, mal in der Leber, mal im Rückgrat, mal im Gehirn. Das Schlimmste waren die Schmerzen. Sie müssen entsetzlich gewesen sein, Margret schrie am Schluss wie ein angestochenes Tier.

Rudolf Zettl arbeitete eng mit einem Kollegen an der Charité in Berlin zusammen, ein Vierteljahr lang unterzog sich Margret einer Hyperthermie-Behandlung bei Professor Grönemeyer in Herdecke. Hierbei werden die vom Krebs befallenen Körperareale oder auch der ganze Körper gezielt überwärmt. Auch das half ein bisschen weiter, immer wieder taten sich kleine Hoffnungsfenster auf.

Ein unschätzbares Verdienst von Rudolf Zettl war die Tatsache, dass Margret trotz der Chemotherapien bis Anfang 2005 ihre schönen blonden Haare behielt. Gerade für eine Frau sind die Haare etwas ungeheuer Wichtiges, das wird von vielen Ärzten sehr unterschätzt. Rudolf Zettl behandelte Margret mit einer lokalen Eisbehandlung der Kopfhaut und mithilfe eines etwas geänderten Chemotherapieschemas.

Irgendwann war aber doch der Punkt gekommen, an dem nichts mehr half. Ich werde nie vergessen, wie Margret eines Morgens zu mir kam und sagte: »Thomas, schau mal hier, meine Haare!« Sie gingen ihr büschelweise aus, überall an ihrem schönen Kopf bekam sie auf einen Schlag kahle Stellen.

Jetzt musste es also sein. »Schatz, da machen wir gar nicht lange herum«, sagte ich aufmunternd, obwohl mir nicht im Geringsten danach zumute war, »wir gehen in die Stadt und kaufen dir eine Perücke.«

»Ja, das machen wir«, sagte sie nur.

Da standen wir nun in einem Perückengeschäft, zum ersten Mal in unserem Leben. Um uns herum überall diese bleichen Styroporköpfe mit den toten Augen und den seltsamen Frisuren, wie in einem Wachsfigurenkabinett.

»Ich kann Ihnen die Haare auch gleich ganz abschneiden«, meinte die freundliche Verkäuferin zu Margret, als sei das das Natürlichste von der Welt. Warum eigentlich nicht, dachte ich. Sie hatte ja recht: Margret hatte einen schön geformten Kopf, es würde auf jeden Fall besser aussehen, als wenn sie diese Placken hatte.

»Komm, mach sie weg«, meinte ich nur, »das ist vernünftig. Und wenn die Chemotherapie fertig ist, wachsen sie ja auch wieder nach.«

Die Perücke war hervorragend gearbeitet, doch Margret trug sie nur zwei Mal. Sie juckte, vor allem aber sah sie einfach nicht gut aus, jedenfalls nicht so, wie es sein sollte. Lieber trug sie Tücher, so lange, bis sie nicht mehr aus dem Haus konnte.

Ein besonders schwieriges Thema war die richtige Dosierung der Schmerzmittel, je stärker der Krebs von Margrets Körper Besitz ergriff. Man muss gerade bei Krebs immer wieder die Präparate ändern, denn der Körper gewöhnt sich an sie und nimmt sie irgendwann nicht mehr auf. Aber jeder Mensch reagiert anders auf die wirksamen Substanzen, auch die Ärzte können nicht genau wissen, welches im individuellen Fall die richtige Dosierung ist. Und bis der Organismus anfängt zu »begreifen«, dass er ein neues Medikament bekommt, muss der Patient die Tabletten oft über mehrere Wochen hinweg nehmen, ohne dass sie gleich die gewünschte Wirkung zeigen.

Margret drehte durch, wenn sie eine Überdosierung hatte – nicht wegen der Schmerzen, die ohnehin immer das größte Problem waren. Nein, sie war plötzlich ein ganz anderer Mensch, ihre Persönlichkeit veränderte sich. Einmal wollte sie vom Balkon springen, weil sie völlig desorientiert war und überhaupt nicht mehr wusste, wo sie war. In meiner Not rief ich Rudolf Zettl an und ließ mir eine niedrigere Dosierung durchgeben. Tatsächlich wurde es sofort besser.

Oder sie schlug mit der blechernen Nierenschale, die sie immer griffbereit hatte, falls sie sich übergeben musste, an die Wand, rief nach mir und stieß die wüstesten Beschimpfungen gegen Gott und die Welt aus. Wenn ich dann aus meinem Arbeitszimmer im ersten Stock zu ihr hinuntereilte, um nachzuschauen, was los war, sagte sie: »Ich wollte nur wissen, ob du da bist.« Und sobald ich den Raum wieder verlassen hatte, ging das Geschrei und das Gepolter von vorne los.

Wer den Film »The Green Mile« mit Tom Hanks gesehen hat, weiß, wovon ich spreche. Nur gab es bei uns leider keinen John Coffey, der die übernatürliche Gabe besitzt, Menschen von Schmerzen zu befreien, indem er die Krankheit aus ihnen heraussaugt.

Der Tegernsee ist für viele Menschen der Inbegriff weißblauer oberbayerischer Pracht und Herrlichkeit. Für mich verbinden sich mit ihm vor allem schmerzliche Erinnerungen. In der Hoffnung, dass Margret die frische Luft und die gute Pflege dort guttäten, ging ich mit ihr für drei Wochen im September nach Bad Wiessee in den Jägerwinkel, ein Sanatorium, das eher einem Hotel als einer Klinik gleicht. Meistens schob ich sie dort im Rollstuhl herum, weil sie Schmerzen hatte beim Gehen. Eines Tages fuhr ich mit ihr in den Ort, wir wollten ein Eis essen. Vor der Eisdiele bestand meine Frau felsenfest darauf, aus ihrem Rollstuhl aufzustehen, selbst die vier Stufen hochzugehen und sich ihr Eis an der Theke auszusuchen.

Da fiel sie beim Herausgehen die Treppe hinunter, weil sie schon so schwach war. Die Mütze flog ihr von ihrem kahlen Kopf, das Eis hing ihr im Gesicht. Es war entsetzlich. Ich brach in Tränen aus und mache mir bis heute Vorwürfe, dass ich nicht besser auf sie aufgepasst habe. Aber man kann nicht immer zur Stelle, nicht überall gleichzeitig sein. Sie hat es selbst so gewollt. Sie war eben ein Dickkopf und ein sehr stolzer Mensch dazu.

Ein besonders wichtiges Wesen in Margrets Leben war unser kleiner Hund Moritz, ein pfiffiger weißer Westhighland-Terrier, der für Margret fast so etwas wie ein Kind-Ersatz war. Hunde waren im Jägerwinkel nicht erlaubt, aber ich wusste genau, wie gut es Margret tun würde, wenn er ab und zu bei ihr war. Also schmuggelte ich den kleinen Kerl manchmal abends unter dem Mantel verborgen zu ihr ins Zimmer, damit sie ihn wenigstens ein paar Stunden um sich hatte.

Irgendwann wurde ihre Stimme plötzlich ungewöhnlich rau. »Hast du dich erkältet?«, fragte ich beunruhigt.

»Ja, wahrscheinlich, vielleicht habe ich Zug bekommen. Es geht bestimmt bald wieder weg.«

Erst durch die Suche nach der Ursache für die raue Stimme kamen die Ärzte dahinter, dass sich mittlerweile darüber hinaus im Gehirn drei Tochtergeschwulste der Mammakarzinome gebildet hatten. Die einzige Chance war eine direkte Bestrahlung.

»Ich will diese Behandlung nicht!«, wehrte sich Margret anfangs. Ich konnte es verstehen. Sie hatte schon so viel über sich ergehen lassen. Aber wir konnten ja nicht einfach abwarten und zusehen, wie die Metastasen ihr Gehirn zerstörten.

Schließlich willigte Margret ein, ihren Kopf bestrahlen zu lassen. Die Haare, die sie während der Chemotherapie verloren hatte, wuchsen relativ bald wieder nach, allerdings hatten sie jetzt eine andere Struktur, sie waren kräftiger und lockiger. Nur an den Stellen, wo der Hinterkopf bestrahlt worden war, blieben freie Felder. Zum Glück sah Margret das selbst nicht gleich, sie wäre am Boden zerstört gewesen.

»Schatz, lass dir die Haare doch lieber wieder abschneiden«, bat ich sie, in der Hoffnung, dass sie den wahren Beweggrund nicht erkannte. »Du hast so einen wunderschönen Kopf, und mit den neuen Haaren, die so abstehen, siehst du ein bisschen aus wie deine eigene Großmutter.«

Also ließen wir die Haare wieder abschneiden. Es war das letzte Mal.

Im September begannen die richtig schlimmen Monate. Margret hatte solch extreme Schmerzen, dass sie trotz der hochdosierten Schmerzmittel markerschütternd schrie. Es wurde immer schlimmer, in den letzten Wochen vor ihrem Tod mussten wir ihr alle vier Stunden Morphium spritzen, und es war trotzdem für sie nicht mehr auszuhalten. Man kann es sich nicht vorstellen, wie sie gelitten haben muss, man möchte es sich auch gar nicht vorstellen. Häufig musste Rudolf Zettl mitten in der Nacht kommen, und kaum war er eine Stunde weg, schrie Margret schon wieder: »Wo ist Doktor Zettl!?«

Der SPD-Vorsitzende Franz Müntefering hat in einem ergreifenden Interview zum Krebstod seiner Frau im Jahr 2008 gesagt: »Tot sein ist nicht schwer. Sterben kann schwer sein.« Er hat recht.

Als wäre das alles nicht genug, starb im September mein bester Freund Eugen Jöckel an Bauchspeicheldrüsenkrebs, im Oktober, drei Wochen vor seinem 90. Geburtstag, mein Lieblingsonkel Ernst; einen Monat später, am 13. November, schlief Waltraud ein. Ich hatte es nicht fertiggebracht, Margret von Waltrauds Krankheit zu berichten, erst als es gar nicht mehr anders ging, weihte ich sie ein. »Meinst du, Alana ist mir böse, wenn ich nicht zur Beerdigung komme?«, war Margrets größte Sorge.

Und jetzt ging es auf Weihnachten zu.

Margrets großer Wunsch war, noch einmal den Christbaum in unserem Haus in Sankt Ulrich zu sehen. Aber wie bringt man einen todkranken Menschen, der vor Schmerzen schon schreit, wenn man ihn nur anrührt, mitten im Winter von München nach Tirol? Irgendwie gelang uns auch das. Ein letztes Mal fuhr ich mit ihr in unserem Auto die uns so vertraute Strecke von München nach Sankt Ulrich. Am Irschenberg, wo jeder Urlauber auf dem Weg nach Süden den berühmten Postkartenblick auf das gelbe Wallfahrtskirchlein Wilparting, in den Chiemgau und auf die Alpenkette hat, sagte sie: »Ich würde so gerne noch ein wenig bei euch bleiben.«

Unsere damals wie heute besten Freunde Wulf und Marianne Hackler, die über die Jahre von Margrets Krankheit unsere stabilste Hilfe waren, hatte ich gebeten, ein Krankenbett zu organisieren und es im Wohnzimmer aufstellen zu lassen. Als wir mit Margret in das Zimmer kamen, wo alles für sie vorbereitet war, sah sie das Bett an und sagte rundheraus: »Nein, in dieses Bett gehe ich nicht. Das ist ja ein Krankenbett!«

Mir brach kalter Schweiß aus. Sie in ihrem Zustand in ihr eigenes Bett im ersten Stock zu transportieren war aussichtslos.

»Gut, wenn du es nicht möchtest, lassen wir es bleiben«, erklärte ich ihr ruhig, wie einem trotzigen kleinen Kind. »Ich habe das Bett aber extra hier hinstellen lassen, damit du den Weihnachtsbaum draußen auf der Terrasse siehst. Wie wäre es, wenn du dich jetzt eine Stunde hier hinlegst? Und hinterher bringen wir dich hoch ins Schlafzimmer.«

Sie war so schwach, dass sie sich nun doch widerstandslos in das Bett legte. Und daraus stand sie dann nicht wieder auf.

An Heiligabend sagte ich Margret, dass wir es nicht mehr schaffen würden. Sie starb am 28. Dezember. Das letzte Musikstück, das wir gemeinsam hörten, war »Kalimanku Denku« mit der wunderbaren bulgarischen Mezzosopranistin Vesselina Kasarova. Ich habe es seitdem nie wieder gehört.

Mein persönlicher Pragmatismus verbietet es mir, an ein Leben nach dem Tod zu glauben oder daran, dass der Geist eines geliebten Menschen sich in eine Welt außerhalb unserer Wahrnehmung bewegt, uns von dort beobachtet und eine gewisse schützende Hand über uns hält. Ein Erlebnis im Zusammenhang mit Margrets Tod hat mich jedoch nachdenklich gemacht: Als Margret ihren letzten Atemzug tat, wurde ihr Gesicht plötzlich unendlich friedlich und ausgeglichen, als wenn dieser Moment eine Befreiung sei. Die Last der Krankheit, die Schmerzen – alles war aus ihrem Gesicht verschwunden, als hätte es nie existiert oder als sei es mit der Seele aus ihrem Körper entwichen.

Unmittelbar nach Margrets Tod war ich dennoch nahe daran, mich fallen zu lassen. Ihr Weggang ließ mich stark daran zweifeln, ob das, was das Leben lebenswert macht, wirklich so lebenswert ist. Ich betäubte mich mit den Vorbereitungen für ihre Trauerfeier, aber über diesen letzten Akt hinaus konnte ich nicht weiterdenken.

Ich weiß nicht, wie ich diese Zeit überstanden hätte, wenn ich nicht meine Töchter gehabt hätte. Daniela half mir, wo es ging, und Alana, die selbst erst sechs Wochen zuvor ihre Mutter verloren hatte, wich uns nicht von der Seite.

Nach Margrets Verabschiedung flog ich mit Alana nach Dubai. Wir wollten nur noch weg, weg aus Deutschland, weg aus Österreich, weg von allem, was uns an die beiden geliebten Menschen erinnerte, die wir verloren hatten. Es war alles zu viel. Mein bester Freund, mein Onkel, Waltraud, Margret …

Zwei Tage und Nächte weinte ich durch, ununterbrochen. Dann war es aus mir heraus. Ich begriff, dass Schluss sein musste: Wenn ich jetzt nicht nach vorn schaute, dann würde ich mich gehen lassen, und wenn ich mich gehen ließ, wäre alles kaputt. Ich musste an die Zukunft denken. Ich hatte zwei Töchter, die mich brauchten und für die ich da sein musste, auch wenn sie keine Kinder mehr waren. Das war meine Motivation weiterzumachen. Meine Kinder.

Da war sie wieder, die Erziehung meiner Mutter. »Wenn etwas passiert ist, dann ist es passiert«, pflegt sie zu sagen. »Dann musst du nach vorne schauen, du musst weitermachen, denn du darfst dich nicht vor der Verantwortung drücken.«

Genau am Tag von Margrets 51. Geburtstag, am 20. Januar 2006, bestatteten wir die Urne mit ihrer Asche auf dem Friedhof von Sankt Ulrich. Es war vorbei. Viele Jahre hatte ich mich auf den Abschied von meiner Frau vorbereiten können, viele gute und ein paar wenige sehr schlechte. Ich bin dankbar dafür.

Dieses scheiss kleine Leben

Jeder Mensch macht wahrscheinlich im Lauf seines Lebens irgendwann seine Erfahrungen mit Ärzten, mancher mehr, mancher weniger. Ich hatte das Glück und zugleich das Pech, Erfahrungen mit sehr vielen Ärzten zu sammeln. Glück deswegen, weil ich einige wirklich schätzen gelernt habe, und Pech, weil ich nur sehr wenige getroffen habe, von denen ich uneingeschränkt sagen kann, dass sie kennengelernt zu haben eine positive Erfahrung war.

Mein Eindruck nach allem, was ich durch die Beschäftigung mit Waltrauds und Margrets schweren Krankheiten mitbekommen habe, ist, dass viele Ärzte immer noch glauben, sie seien etwas ganz Besonderes – die berühmten Halbgötter in Weiß, an deren Nimbus lange Zeit niemand zu kratzen wagte. Einer der wenigen, die die eigenen Standeskollegen offen kritisierten und damit eine heftige Diskussion in Gang setzten, war bis Mitte der Neunzigerjahre der Chirurg und Krebsspezialist Julius Hackethal. Durch ihn hat sich in den letzten Jahren das Bewusstsein vieler Patienten verändert, der Status des Besonderen und Unantastbaren ist dem Stand der Ärzte verloren gegangen.

Doch Ärzte sind in der Tat etwas Besonderes. Denn sie haben die Chance, kranken Menschen zu helfen, mit dem Ziel, gesund zu werden. Vor allem haben sie die Chance, ihren Patienten die Hoffnung auf Heilung zu geben. Dort, wo keine Hoffnung mehr besteht, sollten sie allerdings auch bereit und in der Lage sein, den Betroffenen das zu sagen. Dies setzt jedoch voraus, dass das Thema Psychologie und Umgang mit Patienten wesentlich mehr Raum in der Ausbildung der angehenden Mediziner einnimmt.

Natürlich kommt eine solche Ehrlichkeit und Offenheit bei Patienten unterschiedlich gut an und kann sich unterschiedlich auf die Psyche auswirken. Ich glaube jedoch, man kann als Patient verlangen und erwarten, dass der Arzt mit dieser Verantwortung vernünftig umgeht und sorgfältig abwägt, was er seinem Patienten sagen kann und wie er es ihm sagt. Dafür ist Sensibilität und psychologisches Einfühlungsvermögen unerlässlich, sollte man meinen. Doch ausgerechnet Sensibilität ist etwas, das ich bei Ärzten häufig genug schmerzlich vermisst habe.

Was nützt mir der beste Chirurg, wenn sich sein psychologisches Einfühlungsvermögen auf dem Niveau bewegt, das ein Metzger gegenüber seinem Schlachtvieh hat? Ich habe leider diese Erfahrung gemacht, und sie ist deswegen so bitter, weil ich von mir behaupten kann, ein relativ stabiles Innenleben zu haben. Die Ärzte, die ich erlebt habe, machten es mir jedoch häufig verdammt schwer, mir diese Stabilität zu bewahren und meiner Frau eine Stütze zu sein. Wie muss es dann erst Menschen ergehen, deren Psyche nicht ganz so robust ist?

Ich will nur ein Beispiel nennen, stellvertretend für zahlreiche andere. Und es ist sicherlich nur meine Erfahrung und nicht zu verallgemeinern, aber ich bin mir ziemlich sicher, dass andere Angehörige schwer kranker Menschen ähnliche Geschichten zu berichten wüssten.

Margret hatte zum Schluss drei Tumore im Gehirn. Die behandelnden Ärzte empfahlen die direkte Bestrahlung, eine extrem belastende Behandlung, zumal sie im Anschluss an die ohnehin schon sehr belastende Chemotherapie gegen die Krebszellen im Rückenmark stattfand. Wir waren beide skeptisch, Margret hatte einen regelrechten Horror davor. Doch die Ärzte überzeugten uns von der Notwendigkeit und stellten uns in Aussicht, dass die Tumore damit wegzubekommen wären und die Chance auf Heilung bestünde.

Du glaubst das ja. Du *musst* es einfach glauben. Also beschlossen wir gemeinsam, dass Margret sich dieser schrecklichen Prozedur unterziehen würde. Dass ihre Haare an den bestrahlten Stellen später nicht mehr nachwuchsen, war noch das verhältnismäßig geringste Übel.

Nach der Besprechung mit den Ärzten saß ich im Auto, um nach Hause zu fahren. Da ging mein Telefon. Es war der für Margret zuständige Chefarzt: »Herr Stein, ich hätte fast etwas vergessen, das ich noch mit Ihnen besprechen wollte. Heute war dazu keine Zeit.«

Ich war müde und hatte nach einem ganzen Tag im Krankenhaus eigentlich genug. »Können wir das nicht morgen machen, wenn ich wiederkomme?«, fragte ich etwas genervt.

»Ach, wissen Sie, ich kann es Ihnen auch gleich am Telefon sagen: Wenn Ihre Frau diese Behandlung überlebt, wird sie in zwei Jahren Demenz haben.«

Wenn ich ein sensiblerer und labilerer Mensch gewesen wäre, wäre ich in diesem Moment wahrscheinlich gegen einen Baum gefahren. Die Dreistigkeit dieses Menschen, mir eine solche Nachricht mal eben am Telefon zu überbringen – frei nach dem Motto: Ach übrigens, Sie kriegen noch einen blauen Fleck davon –, hat mich zutiefst erschüttert und meine Meinung über das Gros der Ärzteschaft nicht gerade gebessert.

Einige Zeit nach Margrets Tod war ich als Diskussionsteilnehmer auf einem Kongress für Palliativmedizin eingeladen, um über meine ambivalenten Erfahrungen als Angehöriger im Umgang mit der Ärzteschaft zu berichten. Wie nicht anders zu erwarten, reagierten die anwesenden Ärzte auf meine Vorhaltungen mit den hinlänglich bekannten Argumenten: »Ich habe siebzig Patienten am Tag«, verteidigte sich einer, »da habe ich nur ein begrenztes Zeitbudget für jeden Patienten!«

»Es geht nicht darum, dass der Arzt viel Zeit hat«, hielt ich ihm entgegen, »es geht darum, dass er die wenige Zeit, die er hat, nutzt. Der Patient möchte von ihm ein nettes Wort hören, er möchte positiv motiviert werden für das, was ihm vielleicht bevorsteht. Dafür ist nicht viel Zeit nötig, dafür braucht man ein gewisses psychologisches Einfühlungsvermögen. Und das geht meiner Erfahrung nach leider vielen Ärzten ab.«

Als ich das losgelassen hatte, standen zwei junge Männer auf. »Wir studieren beide Medizin«, sagte einer der beiden. »Bisher haben wir uns das nicht bewusst gemacht, aber Sie sprechen uns aus der Seele. Die psychologische Komponente ist in unserem Studium so gut wie nicht existent.«

Da stellt sich mir allerdings schon die Frage: Warum gehe ich dann nicht gleich zum Metzger?

Doch meine Frau hätte nicht so lange relativ gut mit ihrer Krankheit gelebt, wenn es nicht auch leuchtende Gegenbeispiele gäbe. Stellvertretend für hoffentlich viele andere, die ich nicht kennengelernt habe, seien hier drei Ärzte genannt, die ich aus der Sicht von Betroffenen und Angehörigen als vorbildlich bezeichnen würde: unser Freund Rudolf Zettl, der Margrets Krankheitsprozess am intensivsten und längsten von allen begleitete, Helmut Schwitzer in Fieberbrunn, der immer dann zu jeder Tages- und Nachtzeit half, wenn wir in Tirol waren, und Dietrich Grönemeyer. An seinem Lehrstuhl an der Privatuniversität Witten/Herdecke merkte ich zum ersten Mal, wie vorteilhaft es für einen Patienten ist, wenn ein ganzes Universitätsteam ohne die in einem normalen Klinikbetrieb üblichen Kompetenzgrenzen zusammenarbeitet, um auf diese Weise dem Patienten eine ganzheitliche Behandlung zukommen zu lassen.

Wie findet man solche Ärzte? Ganz einfach, und zugleich sehr schwer: suchen, suchen, suchen. Wer in einer ähnlichen Situation ist, wie Margret und ich es waren, dem rate ich heute: Laufen Sie von Pontius zu Pilatus und entscheiden Sie sich letztlich für denjenigen, dem Sie wirklich vertrauen. Die Gründe, warum man ausgerechnet einem bestimmten Arzt vertraut, können unterschiedlicher Natur sein. Aber wenn man sich einmal entschlossen hat, dann sollte man dies uneingeschränkt tun, auch wenn der Arzt im Lauf der Behandlung vielleicht einmal etwas sagt oder tut, das einen verunsichert. Denn meine Erfahrung ist die: Kein Arzt ist unfehlbar, auch der berühmteste und erfahrenste nicht. Die Behandlung nahezu jeder komplizierteren Krankheit basiert auf learning by doing. Jeder Körper, jeder Organismus reagiert zu fünfzig oder sechzig Prozent gleich auf Medikamente und Therapien. Aber die anderen fünfzig oder vierzig Prozent – und das sind die viel wichtigeren – reagieren unterschiedlich. Eine Medikamentierung, die für den einen Patienten richtig ist, muss deshalb nicht automatisch auch für den anderen richtig sein. Was nützt mir da der beste Arzt, der mir das beste und vielleicht auch teuerste Medikament verschreibt, wenn es in diesem speziellen Fall nicht so wirkt, wie es soll? Deshalb ist das Vertrauen so wichtig, das gemeinsame, geduldige Herantasten an die richtige Methode, die richtige Therapie, die richtige Dosierung.

Ich bin wie gesagt viel in Deutschland herumgefahren, von einem Arzt zum anderen, und habe die abenteuerlichsten Dinge erlebt. Ein bekannter Krebsspezialist in Oberhausen hörte sich Margrets Krankengeschichte an, und das Einzige, was ihm dazu einfiel, war sinngemäß: »So eine Scheiße, da brauchen Sie gar nicht groß rumzumachen, das geht sowieso nicht mehr lang.« Was ich als Angehöriger seiner Meinung nach mit einem solchen Urteil anfangen sollte, ist mir ein Rätsel. Hätte ich die Hände in den Schoß legen und warten sollen, dass meine Frau jämmerlich krepierte?

Wer als Angehöriger oder Patient die Behandlung mündig mit begleiten möchte, dem kann ich nur raten, möglichst viele und möglichst breit gefächerte Informationen einzuholen, um sicherzugehen, dass das, was die behandelnden Ärzte sagen und vorschlagen, auch das Richtige ist. Man muss ihre Methoden hinterfragen. Wie häufig habe ich es erlebt, dass hoch spezialisierte, renommierte Ärzte mit ihrem Tunnelblick nach dem Motto handelten: Das haben wir immer schon so gemacht, und deshalb machen wir es jetzt auch so. Das Problem ist nur: Man kann etwas auch zwanzig Jahre lang falsch machen, und die Zeche zahlt am Ende der Patient.

Ich habe mich nie davon abhalten lassen, eine zweite oder womöglich dritte Meinung einzuholen, wenn mir das sinnvoll erschien, egal, wie sauer manche Ärzte darauf reagierten. Dabei will mir eines nicht in den Kopf: Wenn ich ein Auto reparieren lasse oder ein Haus renoviere, dann lasse ich auch Gutachten machen und hole Angebote ein. Und was ist ein Arzt letztendlich anderes als ein hoffentlich hoch qualifizierter Handwerker? In seiner eigenen Wahrnehmung offensichtlich immer noch ein Halbgott in Weiß, der es nicht ertragen kann, wenn ihm ein Laie auf die Finger schaut.

Aber das wird sich ändern, weil die Patienten sich ändern. Sie werden selbstbewusster, und ich hoffe, dass Beispiele wie das meiner Frau mit dazu beitragen. Es geht ja um den eigenen verdammten Körper, es geht um das scheiß kleine Leben, das man hat, und zwar nur ein Mal!

Wenn dem Kranken am Ende trotz aller Bemühungen nicht mehr zu helfen ist, ist das dramatisch und bedauerlich. Aber er muss wenigstens mit der Gewissheit sterben können, dass nichts Sinnvolles unversucht gelassen wurde. Diese Gewissheit kann er nur bekommen durch Eigeninitiative, durch Engagement, entweder durch das eigene oder das des Lebenspartners. Denn wir wollen ehrlich sein: Viele Betroffene, so war es auch bei Waltraud und Margret, können ab einem bestimmten Stadium ihrer Krankheit nicht mehr selbst reagieren, weil sie dazu gar nicht mehr in der Lage sind. Dann fällt die Aufgabe dem Lebenspartner zu.

Natürlich ist es nicht einfach, den richtigen Arzt zu finden. Doch wer glaubt, mir hätte vielleicht die Tatsache geholfen, dass ein paar Menschen schon mal mein Gesicht gesehen hatten, der irrt sich. Das Gegenteil war sogar der Fall. Ich habe die Erfahrung gemacht, dass manch teure Behandlung, manch teures Krankenhauszimmer, die ich schließlich aus eigener Tasche zahlen musste, der Tatsache zu verdanken ist, dass bei mir aufgrund meiner Bekanntheit ein gut gefüllter Geldbeutel vermutet wurde.

Die Ärzte, bei denen Margret in Behandlung war, haben wir nicht gefunden, weil ich in DSDS die Qualitäten von Nachwuchstalenten beurteilte. *Ich* habe mich informiert, *ich* bin losgelaufen, *ich* habe sie aufgesucht und mich mit ihnen beraten. Um das zu tun, muss man kein sogenannter Prominenter sein. Was hätte es auch genützt, wenn ich angerufen und gesagt hätte: »Guten Tag, ich bin Herr Stein vom Fernsehen«? Nichts. Wenn ich zu einem Arzt in Düsseldorf, Oberhausen, London, Heidelberg, Hanau, Frankfurt oder wo auch immer wollte, habe ich angerufen und um einen Termin gebeten. Das kann jeder, und das sollte auch jeder tun, wenn es ihm irgendwie möglich ist. Und es hat nicht das Geringste damit zu tun, wie bekannt jemand ist oder wie jemand versichert ist. Informieren und kümmern muss man sich selbst, das nimmt einem keine Kasse, keine Versicherung ab.

Auf hoher See, vor Gericht und in den Mühlen einer Universitätsklinik, in die sich auch meine Margret leider immer wieder begeben musste, als es gar nicht mehr anders ging, sind ohnehin alle Menschen gleich.

Dort hatte Margret einen Arzt gefunden, dem sie sehr vertraute. Doch dieser Arzt durfte sie irgendwann nicht mehr weiterbehandeln, weil sie in eine andere Abteilung verlegt worden war. Wenn ich ihn zufällig auf dem Gang traf und ihn bat, ob er vielleicht zwischendurch einmal zu meiner Frau gehen könnte, hob er bedauernd die Schultern. Es täte ihm leid, aber es sei ihm verboten worden, nach der Patientin in der anderen Abteilung zu sehen. Er durfte ihr nicht einmal mehr Blut abnehmen, obwohl er einer der ganz wenigen war, dem es gelang, bei Margret überhaupt noch eine brauchbare Vene zu finden.

Was tat die Klinik stattdessen? Sie ließen Jungärzte ran, die Margret die dünnen Arme zerstachen, bis sie von Blutergüssen übersät waren – trial and error auf Kosten der Patientin. Zum Schluss war ich so sauer, dass ich einen Zettel an die Tür klebte, auf dem in großen Buchstaben stand: »Blutabnahme nur nach Rücksprache mit dem leitenden Arzt!« Genutzt hat es freilich wenig.

Natürlich hat das Personal in solch einem Klinikbetrieb viel Arbeit. Aber was kostet es, ein wenig auf das Wohlbefinden und auf die Psyche der Patienten Rücksicht zu nehmen? Man muss sich doch vor Augen führen, warum der Patient dort ist: Er will gesund werden, er möchte möglichst schnell wieder raus! Was tut er stattdessen den lieben langen Tag? Er wartet. Auf die Schwester, auf die Arztvisite – und auf das Essen.

Von dem, was da auf den Teller kommt und als »Essen« bezeichnet wird, könnte er allerdings fast noch kränker werden, wenn er nicht ein extrem genügsames Wesen ist. In einer Klinik ist der Pudding meist wärmer als die Hauptspeise. Um sechs gibt es Frühstück, um zwölf Mittagessen, und schon um fünf Uhr muss der Kranke sein dann bereits nur noch lauwarmes Abendessen zu sich nehmen. Und das war dann der letzte Höhepunkt eines an Ereignissen nicht gerade reichen Klinikalltags.

»Das geht nicht anders bei der Menge von Mahlzeiten, die wir jeden Tag zubereiten müssen«, ist die Standardbegründung für den lieblosen, garantiert vitaminfreien und manchmal sogar unhygienischen Fraß. Keiner kann mir das erzählen, natürlich geht das, auch bei der Menge.

Also wurde ich zum Caterer und brachte Margret Essen ins Krankenhaus, wie so viele andere Angehörige das auch taten. Was machen nur die armen Schweine, die niemanden haben, der ihnen etwas bringt? Vermutlich eine unfreiwillige Fastenkur. Margret konnte gar nicht mehr viel essen. Es ging einfach nur darum, dass es gut roch und appetitlich aussah und dass sie in diesem tristen Zimmer ein Stückchen von zu Hause hatte.

Vielleicht stumpft der tagtägliche Umgang mit schwer kranken Menschen ab, den Eindruck musste man hier jedenfalls gewinnen. Ganz besonders im Gedächtnis geblieben ist mir eine Ärztin, die so harte Absätze hatte, dass man das laute *bamm, bamm, bamm* ihrer Schritte schon hören konnte, wenn sie noch am anderen Ende des sechzig Meter langen Flurs war. Schmerzpatienten, denen sowieso schon alles wehtut, empfinden solche harten Geräusche, die selbst einen Gesunden schmerzen, besonders stark.

»Ist Ihnen auch aufgefallen, dass die Lautstärke in den Krankenhäusern in den letzten Jahren unglaublich zugenommen hat?«, fragte ich sie eines Tages etwas hinterhältig.

»Ja«, erwiderte sie, »das finde ich auch.«

»Dann sollten Sie als erste Maßnahme Ihre Schuhe ausziehen! Sie sind nämlich diejenige, die hier am meisten Lärm verursacht.«

Sie war stinkwütend auf mich und wäre mir wahrscheinlich am liebsten ins Gesicht gesprungen. Aber von da an war es merklich ruhiger auf dem Flur.

Wir suchten, probierten aus, informierten uns und schöpften immer wieder Hoffnung, teils berechtigt, teils unberechtigt. Und wir hatten auch in dem letzten, schwersten Jahr immer wieder gute Momente, die diese ganze Schinderei wert waren.

Nach der Vorstellung der meisten Ärzte, die wir konsultierten, hätte ich meine Frau bereits ein Dreivierteljahr vor ihrem Tod in eine

Palliativklinik bringen sollen, wo sie dann zugedröhnt mit Medikamenten dem Ende entgegengedämmert wäre. Aber das Einzige, so meine ich, was man als Lebenspartner oder Angehöriger dem Patienten noch geben kann, ist der Versuch, ihm den Rest der Wegstrecke einigermaßen lebenswert zu gestalten und es ihm zu ermöglichen, das Leben so weit wie möglich zu genießen. Ich betone bewusst: *einigermaßen*. Natürlich verschwimmt das mit dem Fortschreiten der Krankheit mehr und mehr. Aber es gibt einen gewissen Zeitraum, in dem der Kranke noch viele Dinge tun, vieles unternehmen kann, auch unter starken Schmerzpräparaten.

Die Schmerztherapie war wie erwähnt in Margrets Fall ein besonders schwieriges Thema, gerade auch deswegen, weil sie so stur war und sich gegen eine kontinuierliche Einnahme von Tabletten anfangs heftig wehrte.

Es war sehr mühsam, ihr klarzumachen, wie entscheidend es war, dass sie die Schmerztabletten dauerhaft nahm, damit auch die Schmerzen dauerhaft verschwanden. Denn der Körper baut, wenn ihm etwas ständig wehtut, eine sogenannte Schmerzbrücke auf, die immer höher wird, je länger die Schmerzen andauern und je intensiver sie sind. Die Schmerzen brennen sich dem Gedächtnis des Körpers gleichsam ein, sie werden chronisch. Das ist die große Gefahr.

Jeder Mensch vermag ein gewisses, allerdings individuell unterschiedlich hohes Schmerzlevel zu ertragen. Wenn dieses Level erreicht ist, kommt man mit der normalen Medikamentierung nicht mehr gegen die Schmerzen an und muss die Dosis erhöhen, immer und immer wieder, bis auch das stärkste Medikament versagt und nur noch Morphium und Stärkeres dem Patienten Erleichterung verschaffen. Diese Teufelsspirale kann in vielen Fällen verhindert werden, wenn der Patient von Anfang an kontinuierlich Schmerzmittel in der richtigen Dosierung nimmt. Es ist wissenschaftlich erwiesen, dass sich dann die Schmerzbrücke nicht erhöht.

Welches die richtige Dosierung und welches das richtige Medikament ist, kann der Arzt jedoch in der Regel nicht wissen, hier ist die Forschung noch nicht weit genug. Da bleibt ihm meist, sehr zum

Leidwesen des Patienten, nichts anderes übrig, als sich mit vielen kleinen Schritten zum erwünschten Ergebnis hinzutasten.

Bei Margret waren die Schmerzen am Ende chronisch, und sie waren unmenschlich. Der Krebs fraß sich durch ihre Knochen, durch ihr Gehirn, durch ihre inneren Organe. Oft schrie sie so, dass ich mir die Ohren zuhalten musste, weil ich es kaum noch aushielt. Und wenn ich es schon nicht aushielt – wie musste es ihr dann erst ergehen?

Wenn ein geliebter Mensch solche Qualen leidet und es kaum mehr gelingt, ihm Erleichterung zu verschaffen, dann beschäftigt man sich unweigerlich irgendwann mit dem Gedanken, ihm beim Sterben zu helfen.

Der Winter, in dem Margret starb, war besonders kalt und schneereich. Nachts fiel das Thermometer häufig auf zweistellige Minusgrade. Wie oft sagte sie zu mir: »Thomas, bitte stell mich doch einfach draußen auf den Balkon, dann schlafe ich ein und wache nicht mehr auf.« So schwach, wie sie war, wäre sie bei der Kälte tatsächlich innerhalb von höchstens zwei Stunden einfach eingeschlafen und erfroren.

Ich hätte das niemals über mich gebracht, es wäre mir vorgekommen wie Mord an meiner eigenen Frau, auch wenn Margret es selbst wollte. Wer als Patient und als Angehöriger an einem Punkt angelangt ist, an dem der einzige friedvolle Ausweg der Tod ist, dem sind in Deutschland die Hände gebunden. Eine Patientenverfügung – die meiner Meinung nach jeder Mensch selbstverständlich haben sollte, ebenso einen Organspenderausweis – hilft in diesem Fall keinen Schritt weiter. Wer Sterbehilfe in Anspruch nehmen möchte, den sogenannten assistierten Suizid begehen möchte, der muss ins Ausland gehen, in die Schweiz oder nach Holland, solange er dazu körperlich noch in der Lage ist.

Margret hätte es so gewollt, es war schon alles vorbereitet. Doch irgendwann mussten wir feststellen, dass wir den richtigen Zeitpunkt verpasst hatten. Immer wieder war ein Fünkchen Hoffnung aufgeglommen und hatte uns dazu bewogen weiterzumachen. Und dann war es zu spät, Margret war zu einer so weiten Reise nicht mehr in der Lage. Also ging ihre letzte Autofahrt von München nach Sankt Ulrich.

Natürlich haben wir in Deutschland eine Historie, die uns belastet und die den sachlichen Umgang mit dem Thema Sterbehilfe sehr schwer macht. Aber ich bin der Meinung, dass man todkranken Menschen die Möglichkeit geben muss, zu einem Zeitpunkt, an dem sie rational dazu noch in der Lage sind, selbst über ihr Ende zu entscheiden. Wir müssen deshalb irgendwann beginnen, offensiver mit dem Thema Sterbehilfe umzugehen, und endlich aufhören, uns hinter unserer Geschichte zu verstecken.

Solange das in Deutschland nicht möglich ist, müssen Todkranke den harten Weg gehen. Die einzige Unterstützung, auf die sie dabei neben der Behandlung durch mehr oder weniger einfühlsame Ärzte bauen können, ist die Anteilnahme von Verwandten, Freunden und Bekannten. Margret wollte nicht, dass andere von ihrer Krankheit erfuhren, sie wollte, dass die Menschen sie so in Erinnerung behielten, wie sie sie gekannt hatten. Ich musste das respektieren, auch wenn es mir schwerfiel und ich es nicht immer richtig fand. Selbst unseren besten Freunden durfte ich erst wenige Monate vor Margrets Tod sagen, dass sie krank war. Sie hatten tatsächlich nichts bemerkt, weil es uns lange Zeit gelang, es sehr gut zu kaschieren.

Umso bewundernswerter und mutiger finde ich es, wenn bekannte Persönlichkeiten wie die im Mai 2009 gestorbene Schauspielerin Barbara Rudnik, der Regisseur Christoph Schlingensief oder die wunderbaren Sängerinnen Anastacia und Kylie Minogue mit ihren Krebserkrankungen an die Öffentlichkeit gehen und damit vielleicht sogar eine hilfreiche Diskussion über den Umgang mit der Krankheit anstoßen. Denn eines muss man einmal klar aussprechen: Wer mit einem Krebskranken Kontakt hat, steckt sich nicht an, genauso wenig wie jemandem, der einen Leprakranken anfasst, die Hand abfällt.

Ich glaube, dass viele Menschen es sich zu leicht machen und sich hinter Ausreden verstecken wie: »Der kann ja eh nicht telefonieren, dem geht es so schlecht«, oder: »Der will ja gar nicht darüber sprechen«, weil sie unsicher sind, wie sie mit dem kranken Menschen umgehen sollen.

Ganz einfach: Anrufen! Kontakt halten! Reden, und wenn es nur kurz ist! Natürlich klingt der Kranke grauenvoll am Telefon, natürlich kann er nicht stundenlang telefonieren, weil er schwach ist und das Reden ihn anstrengt. Aber die Tatsache, dass Menschen an ihn denken, mit ihm sprechen, gibt ihm auch wieder ein Stück weit Hoffnung. Es geht einfach darum, dem anderen das Gefühl zu vermitteln: Ich denke an dich, du bist noch nicht abgeschrieben. Das tut mir, dem Gesunden, nicht weh. Dem Kranken aber kann es helfen, meist deutlich mehr, als man sich als Gesunder vorstellt.

Auf den Hund gekommen

Ärzte können helfen, sie können heilen, ab und an auch trösten. Häufig gelingt ihnen das jedoch nicht, wie ich leider öfter feststellen musste, als mir lieb war. Doch selbst ein rationaler Mensch wie ich muss manchmal erkennen, dass es heilende Kräfte gibt, die nicht durch Medikamente, Verordnungen oder Therapiemaßnahmen aktiviert werden. Aus wissenschaftlich nicht nachvollziehbaren Gründen geht es körperlich oder psychisch Kranken häufig besser, wenn sie durch positive Gedanken oder Ereignisse motiviert werden, wenn sie Freude empfinden, sich geborgen fühlen oder ein festes Ziel haben, auf das sie hinarbeiten. Diese Einflüsse steigern den Heilungsprozess. Und selbst gestandene Schulmediziner geben zu, dass es Selbstheilungskräfte gibt, die sich ihrer Beeinflussung entziehen, aber unzweifelhaft das Befinden von Kranken verbessern können.

Interessanterweise ist auch der Umgang mit Tieren ein Weg, um den Heilungswillen zu stärken und die Selbstheilungskräfte zu aktivieren. Man denke nur an häufig belächelte, aber nichts desto trotz nachweislich erfolgreiche Therapien mit Pferden oder Delfinen. Etwas vom sanftmütigen Wesen der Tiere scheint sich dem Menschen mitzuteilen, scheint Regionen zu erreichen, in die Medikamente nicht vorstoßen. Und völlig unstrittig ist sicherlich inzwischen, dass die Gegenwart vor allem von Hunden und Katzen im Alltagsleben die Lebensfreude und den Lebensmut spürbar steigern können.

Mit Katzen habe ich keine Erfahrung, mit Hunden dafür umso mehr, denn Hunde haben mein Leben geteilt, seit ich denken kann. Und zwar jedweder Rasse, Größe, Provenienz. Aus eigener Anschauung kann ich nur bestätigen: Es ist wahr. Die Gesellschaft eines Hundes macht froh, egal, wie grau oder feindlich die Welt um dich herum aussieht.

Mit meinen Hunden hatte ich so viele schöne Erlebnisse, dass ich mir ein Leben ohne so ein Tier gar nicht mehr vorstellen kann. Und wahrscheinlich wird es mir am Ende gehen wie Margret: Wenn ich den Löffel abgebe, wird neben mir ein Hund liegen.

Die Sympathie beruht auf Gegenseitigkeit: Hunde reagieren auf mich, von einigen ganz wenigen Ausnahmen abgesehen, durchweg positiv. Kaum einer, der nicht freudig auf mich zugerannt käme, wenn ich irgendwo zu Besuch bin oder mit meinem eigenen Hund spazieren gehe, und mich, wie der junge Bernhardiner, der mir eines Tages im Schwarzwald über den Weg lief, am liebsten hingebungsvoll von oben bis unten abschlabbern würde, wenn ich ihn denn ließe.

Nur wenn es zum Äußersten kommt, kann ich auch mal ruppig werden. Ich habe kein Problem, einem Hund, der einen Menschen anzugreifen versucht, ins Maul zu fassen und an der Zunge festzuhalten. Dann ist unter Garantie sofort Ruhe. Oder den scheinbar friedlichen Hund auf der Alm, an der ich eines Tages nichts ahnend mit unserem kleinen Westie Moritz vorbeispazierte, mit einem beherzten Wanderstiefeltritt ins Maul zu verjagen, als der plötzlich auf uns zugeschossen kam, offenbar in der ganz und gar nicht friedlichen Absicht, Moritz zum Frühstück zu verspeisen.

Hunde spüren, ob ein Mensch es gut oder schlecht mit ihnen meint. Immer wieder habe ich die Erfahrung gemacht, dass selbst als bissig oder aggressiv verschriene Hunderassen friedlich und unkompliziert sind, wenn man sie gut behandelt.

Dobermänner beispielsweise haben durchaus einen Respekt einflößenden Ruf, dessen Berechtigung ich eines Abends selbst überprüfen konnte. Ich war Filialleiter bei Montanus in Karlsruhe und hatte mich mit einer Clique von Freunden und Bekannten nach der Arbeit in Stuttgart zum Essen verabredet. Da erzählte einer im Lauf des feuchtfröhlichen Abends von seinen beiden Hunden. »Die ältere der beiden muss ich nächste Woche einschläfern lassen«, erwähnte er beiläufig, »die hat einen Gebissfehler.«

Ich dachte, ich hätte mich verhört. Einen Hund einfach einschläfern zu lassen, bloß weil er einen Schönheitsfehler hat?

»Was soll ich denn machen?«, erwiderte der Typ. »Mit dem Gebissfehler taugt sie nicht zur Zucht, und wer nimmt schon ein sechsjähriges Dobermann-Weibchen?«

»Zeig mir den Hund doch mal«, meinte ich leicht bierselig.

»Kein Problem. Aber beweg dich bitte ganz langsam, wenn wir in meiner Wohnung sind, die Hunde werden bei schnellen Bewegungen leicht nervös!«

Zwei nervöse Dobermänner waren eigentlich nicht gerade das, worauf ich scharf war, doch die Neugier siegte.

In der Wohnung war es dann um mich geschehen: Es kam ein Dobermann-Weibchen ins Zimmer, so bildschön, dass ich, ohne lang nachzudenken, meinte: »Die nehm ich mit.« Sie hieß Honey.

»In Ordnung, dann nimm sie mit«, meinte der Typ, legte dem Hund einen Maulkorb an und schickte mich mit ihm in die Freiheit.

Mit geschätzten gut anderthalb Promille – damals die Obergrenze für Alkohol am Steuer – stieg ich in meinen Dienstwagen, einen grauen VW-Käfer, und fuhr mit meinem Brausebrand und meinem Dobermann zurück nach Karlsruhe.

»Was machen wir beide jetzt?«, fragte ich meine neue Bekanntschaft, nachdem sie mir, ohne zu mucken, in meine Wohnung gefolgt war. »Du bist bissig, und ich bin besoffen. Ich denke, es ist das Beste, wir legen uns jetzt erst mal aufs Ohr.«

Gesagt, getan. Ich legte mich hin, der Hund legte sich hin, und wir schliefen beide tief und fest. Als ich am nächsten Morgen mit einem heftigen Brummschädel erwachte, war meine Neuerwerbung immer noch da und schaute mich hinter ihrem Maulkorb erwartungsvoll an.

Tja, doch kein Traum. Dann musste ich dem Tier jetzt wohl etwas zu fressen geben. Ich zog los und besorgte erst einmal die einschlägigen Zutaten. Das nächste Problem folgte postwendend: Mit dem Maulkorb konnte Honey natürlich nicht fressen. Sehr, sehr vorsichtig und mit genügend Sicherheitsabstand nahm ich ihr den Maulkorb ab. Honey fraß, anschließend kam der Maulkorb wieder drauf.

Nach ungefähr drei Wochen waren wir richtig gute Freunde. Ich konnte mit Honey in der Wohnung spielen und toben, ohne dass der

Maulkorb auch nur ansatzweise notwendig gewesen wäre. Lediglich beim Spazierengehen legte ich ihn ihr wieder an.

Bis ich eines Tages im wunderschönen Karlsruher Wildpark den Maulkorb versuchsweise wegließ. Ausgerechnet da kam mir eine ältere Dame mit einem Fellknäuel entgegen, das angeblich ebenfalls ein Hund war. Trotz Leine gab es umgehend großes Gezeter, alles verwickelte und verhedderte sich ineinander, die alte Dame schrie, die Hunde bellten, knurrten und jaulten, es war ein einziges Tohuwabohu, und irgendwann schnappte Honey nach dem Kleinen und erwischte stattdessen meine Kniekehle. Ich schrie auf vor Schmerz, und sofort herrschte Ruhe. Mein Hund lag vor mir, beide Pfoten über die Ohren gelegt, und bat um Verzeihung – ein Bild für Götter. Es war ein Irrtum gewesen und ihr sichtlich unangenehm. Von diesem Tag an brauchte Honey nie wieder einen Maulkorb.

Doch so leid es mir tat – Hund und Arbeit, das funktionierte auf Dauer nicht. Ich musste für Honey einen anderen Platz finden, wo man ihr mehr Zeit widmen konnte und sie tagsüber nicht als Kassenwart fungieren musste wie bei mir in der Montanus-Filiale. Schweren Herzens gab ich sie schließlich an die Schwester meiner Exfrau Joyce weiter, bei der Honey noch mehr als vier Jahre blieb und dann leider an Krebs starb.

Einen Hund zu halten ist fast so, als hätte man plötzlich ein Kleinkind im Haus. Man muss den eigenen Tagesablauf gänzlich umgestalten und sich auch in alltäglichen Dingen wie Wohnungssuche oder Urlaubsplanung nach dem vierbeinigen Familienmitglied richten. Ich würde es deshalb trotzdem nicht missen wollen, auch wenn ich hin und wieder hundebedingt in etwas unorthodoxe Wohnsituationen geriet.

In Dörnigheim lebte ich mit Waltraud und einem liebenswerten schwarzen Labrador namens Marco in einer Vierzimmerwohnung im zehnten Stock eines Hochhauses. Mit einem Hund ging das noch so gerade. Irgendwann legte sich ein Freund, der unbedingt ebenfalls einen Hund haben wollte und im selben Ort lebte, einen Schäferhund namens Benno zu, den er bereits nach vier Wochen überhatte. Daraufhin hatte ich zwei Hunde und die Aufgabe, eine hundefreundlichere Wohnung zu finden. Die Suche endete schließlich damit, dass ich einen gut hundert Quadratmeter großen Hundezwinger-Palast samt dazugehöriger vierzig Quadratmeter kleiner Menschenhütte auf dem Gelände einer Gärtnerei in Hattersheim bei Höchst mietete und eine junge Frau namens Doris als Hundesitterin engagierte.

Irgendwann läutete es an der Tür, und die halbwüchsige Tochter meines Nachbarn erklärte mir völlig aufgelöst: »Herr Stein, Herr Stein, der Papa hat den Hund in den Müllcontainer geworfen, und jetzt ist er wieder rausgekommen!«

Ich verstand nur Bahnhof und musste das Mädchen erst einmal beruhigen, damit sie einen logischen Satz über die Lippen brachte. Es stellte sich heraus, dass der Vater des Mädchens den Hund der Familie, einen kleinen Mischling namens Ronny, immer wieder prügelte und misshandelte. Zuletzt hatte er ihn gegen die Wand geworfen und das leblose Bündel anschließend auf den Müll geschmissen. Aber der Kleine war zäh und stand zwei Tage später wieder vor der Tür.

Das Ende vom Lied: Ich ging rüber, stellte den Mann zur Rede, drohte ihm mit der Polizei und Schlimmerem, bis er mir den kleinen Ronny schließlich widerspruchslos überließ. Da waren es schon drei.

Anscheinend sprach sich die Kunde von der Stein'schen Hundepension in Hattersheim rasch herum, denn wenig später stand eine Art Dogge mit langem Fell vor meiner Haustür und sah mich so erwartungsfroh und mitleidheischend an, dass ich nicht anders konnte, als ihr ebenfalls ein Plätzchen im Zwinger freizuräumen. Die Besitzer ließen sich trotz Anzeigen und Aushängen nicht ermitteln, da waren es nun vier.

Vier Wochen später musste ich den Großen allerdings wieder hergeben: Aus heiterem Himmel tauchte plötzlich sein Herrchen bei mir auf. Er war in Ferien gefahren, hatte den Hund zurückgelassen und darauf vertraut, dass der für die Zeit seines Urlaubs schon irgendein Dach über dem Kopf finden würde.

Drei Rüden in einem Zwinger, das bedeutete häufige Keilereien bei ziemlicher Lautstärke, vor allem nachts. Wie gut, dass das Badezimmerfenster direkt auf den Zwinger hinausging: Ein Eimer Wasser auf die ineinander verkeilten Hundeleiber, auch bei Eiseskälte im Winter, wirkte Wunder und kühlte die erhitzten Gemüter innerhalb weniger Sekunden auf normale Betriebstemperatur ab.

Ein paar Jahre später mussten wir ausziehen, weil das kleine Haus verkauft werden sollte, und damit musste ich mich zwangsläufig auch von meinen drei Orgelpfeifen trennen. Der hochintelligente Benno, der inzwischen ein echter Champion geworden war, kam in einen Schäferhunde-Verein, der Kleine bekam einen guten Platz bei einem Bauern, und Marco fand ein neues Zuhause bei einem Gärtner, der einen Narren an dem schönen Tier gefressen hatte und bei dem er noch ganze zehn Jahre lebte.

In Hamburg langten Wally und ich ausnahmsweise einmal ohne Hund an, was Wally nicht sehr bedauert haben dürfte, denn im Unterschied zu mir konnte sich meine Frau ein Leben ohne Hund ausgesprochen gut vorstellen. So musste ich etwas Kreativität an den Tag legen, um doch wieder an einen vierbeinigen Gefährten zu kommen.

Da traf es sich gut, dass ein Bekannter, der in der Einliegerwohnung des Hauses wohnte, das wir in Hamburg gekauft und bezogen hatten, beabsichtigte, sich bei einem dänischen Züchter einen Hund zu kaufen. Das gefiel mir sehr, und ich witterte meine Chance.

»Nimm doch Wally mit und such mit ihr zusammen zwei Hunde aus«, schlug ich ihm vor. »Du brauchst ihr ja nicht zu sagen, dass einer davon für uns ist.«

So kam Cindy zu uns, ein wunderhübscher kleiner Golden Retriever. Wally war anfangs ziemlich sauer über meinen Alleingang und die Tatsache, dass sie den Hund, ohne es zu wissen, sogar mit ausgesucht hatte. Aber wer kann schon lange einem kleinen plüschigen Retriever-Welpen widerstehen? Auch Wally kapitulierte schließlich vor Cindys Charme und schloss sie in ihr Herz.

Verreisen mit Hund ist eine Sache. Verreisen mit Kind eine andere. Familienurlaub mit Hund und Kind dagegen ist eine echte Herausforderung. Der gedachten auch Wally und ich uns zu stellen, als Alana gerade ein Dreivierteljahr jung war.

Wir hatten vor, Freunde in Spanien zu besuchen, die für die Sommermonate ein Haus bei Alicante gemietet hatten. Ganz klar: Der Hund musste mit, er war ja schließlich Familienmitglied und sollte auch ein wenig Erholung haben. Vor der Erholung stand jedoch die Aufgabe, den Hund, der noch nie geflogen war, heil in einer speziellen Flugbox nach Spanien zu expedieren. Der Tierarzt, den ich vorsorglich befragte, riet mir zu einer Beruhigungstablette pro zehn Kilogramm Hund, in Cindys Fall also drei Tabletten. Schön in eine Scheibe Wurst verpackt, waren die drei Tabletten denn auch umgehend in Cindys Magen verschwunden. Auf dem Weg zum Hamburger Flughafen kam sie mir ungewohnt still vor, aber ich dachte mir nichts weiter dabei. So schnell konnten die Beruhigungstabletten doch wohl nicht wirken.

Am Flughafen angekommen, stieg Cindy etwas schwerfällig aus dem Auto und trottete gemächlich neben mir her. Plötzlich machte es »wusch«, und mein Hund lag platt auf dem Bauch, alle viere weit von sich gestreckt. Was ich auch unternahm, das Tier war nicht mehr gehfähig, und ich musste den schweren Hund wie einen Wischmopp an der Leine hinter mir herziehen. Wir waren der beste Act am ganzen Flughafen.

Irgendwie schaffte ich es, die betäubte Cindy durch die Handgepäck-Kontrolle durchzuschieben und in die Box zu verfrachten. Wir kamen heil in Alicante an, aber das arme Tier war noch die folgenden drei Tage vollkommen belämmert. Die Tabletten waren hoffnungslos überdosiert gewesen.

Auf dem Rückflug würde mir das nicht passieren, schwor ich mir und gab ihr nur die halbe Menge des Beruhigungsmittels. Cindy ließ sich anstandslos in die Box schieben, und wir landeten planmäßig in Hamburg. Aus dem Flughafenbus heraus konnte ich beobachten, wie die Arbeiter beim Entladen des Gepäcks mit Cindys Box kämpften und sie zu meinem Entsetzen schließlich, als sie sie einfach nicht aus der Ladeluke herausbekamen, in ihre Einzelteile zerlegten. Es kam, wie es kommen musste: Cindy war putzmunter, sprang mit einem Riesensatz aus dem Flugzeug und raste vollkommen aufgedreht über das Rollfeld. Erst nach einer wilden Verfolgungsjagd in einem schwarzgelben Follow me gelang es mir, meinen völlig verstörten Hund wieder einzufangen.

Zweiundzwanzig Jahre später bin ich aus Schaden klug geworden: Kurti, unseren kleinen Flat-Coated-Retriever-Welpen, habe ich schon mit acht Wochen an die Flugbox gewöhnt. Seinen ersten Flug nach Mallorca absolvierte er mit größtmöglichem Anstand, ohne jedes Jaulen oder Jammern, und entstieg seiner Box auf dem Flughafen von Palma mit hoch erhobenem Haupt und sichtlichem Stolz.

Ein paar Jahre nach Cindys Ausflug auf dem Hamburger Rollfeld, sie war mittlerweile sieben Jahre und mit uns nach München umgezogen, forderte Wally von mir allerdings ultimativ, den Hund abzuschaffen, und das mit gutem Grund: Ich kam eines Abends nach der Präsentation der neuen Platte der DDR-Gruppe Silly nach Hause und fand Wally mit einer blutverschmierten zweijährigen Alana in den Armen vor. Der Hund hatte die Kleine ins Gesicht gebissen – vermutlich hatte sie Cindy aus Versehen wehgetan, und das Tier hatte sich gewehrt.

Zum Glück ist heute nichts mehr davon in Alanas Gesicht zu sehen, außer einer winzigkleinen Narbe. Doch nach diesem Vorfall war klar: Der Hund musste weg. Glücklicherweise – das werde ich nie vergessen – nahm Peter Maffay Cindy zu sich, und sie lebte noch zehn Jahre glücklich auf seiner Finca auf Mallorca.

Nun war ich hundelos, inzwischen aber so viel beruflich unterwegs, dass mir das nicht ganz so gravierend auffiel.

Und dann kam Moritz.

Meine Mutter war mir mit ihren damals Mitte siebzig seit geraumer Zeit in den Ohren gelegen, dass sie unbedingt einen Hund wollte. So ein nettes kleines Tierchen, das sei doch etwas Schönes fürs Alter. Weihnachten nahte, Margret und ich dachten nach, was wir meiner Mutter schenken könnten, und beschlossen, ihr endlich den Hundewunsch zu erfüllen. Ganz sachlich überlegten wir, dass es eine Rasse sein sollte, die uns selbst gefallen würde, für den Fall, dass der

Hund meiner Mutter irgendwann doch zu viel würde und wir ihn zu uns nehmen müssten.

Unsere Wahl fiel auf einen weißen Westhighland-Terrier – zu einer Zeit, als es die »Cesar«-Werbung noch nicht gab. Da wir vorhatten, ein Rundum-sorglos-Paket zu schnüren und meiner Mutter einen einwandfrei stubenreinen Hund unter den Christbaum zu setzen, suchte ich bereits einen Monat vor dem Fest einen entzückenden kleinen Kerl aus einem Wurf von sechs Westies aus. Das war dann Moritz. Vier Wochen lang lebte dieses weiße Energiebündel bei uns und wuchs Margret und mir sofort ans Herz.

Weihnachten kam. Wir waren in Tirol, es schneite, die Lichter am Christbaum brannten, es gab Bescherung, der inzwischen stubenreine Moritz wurde mit einer roten Schleife um den Hals unter den Baum gesetzt und blieb tatsächlich brav dort sitzen. Die Tür ging auf, meine Mutter kam herein, wir bereiteten uns schon auf ihren Freudenausbruch vor … Und dann kam es: »Was soll ich denn mit einem Hund?«, war ihr einziger Kommentar. Margret und ich sahen uns völlig entgeistert an. »Der ist niedlich, aber viel zu groß. Eigentlich will ich überhaupt keinen Hund.«

Und wenn meine Mutter etwas nicht möchte, dann ist sie konsequent. Es blieb dabei: Meine Mutter hatte keinen Hund, dafür hatten wir einen. Als meine Mutter am nächsten Tag mit Moritz spazieren gehen wollte, weigerte sich das verschmähte Weihnachtsgeschenk standhaft, auch nur einen Schritt mit ihr zu laufen. Und das behielt Moritz bis zu seinem Tod unbeirrt bei, egal, wie heftig sein Drang war. Mit meiner Mutter ging er nicht, basta.

Nun hatten wir Moritz, und mit ihm ein Problem, das jeder berufstätige Hundebesitzer kennt: Wohin mit meinem Hund, wenn ich ins Büro muss oder auf Geschäftsreise bin? Margret arbeitete noch, obwohl die Krankheit inzwischen bei ihr ausgebrochen war.

Ein Jahr lang hatten wir einen Hundesitter, einer von uns musste Moritz morgens hinbringen und ihn abends abholen, wie ein Kindergartenkind. Mal kamen wir zu früh, mal kamen wir zu spät, es war ein einziges Geródel.

Wir konnten ihn aber auch nicht mit zu Ariola nehmen, denn ich selbst hatte, als ich das Ruder dort übernahm, ein striktes Hundeverbot ausgesprochen. Bis dahin lebten in den Büroräumen in der Steinhauser Straße sage und schreibe sieben Hunde von Mitarbeitern, und alle taten und ließen, wonach ihnen gerade der Sinn stand. Der eine verrichtete sein großes Geschäft gerne direkt auf dem Flur, ein anderer fraß mit Vorliebe wichtige Unterlagen, einer stank, einer hatte Flöhe – es war schlicht unerträglich.

Schließlich bot Margrets Bruder an, Moritz zu sich und seiner Familie zu nehmen. Kaum war der Kleine weg, ging es los. Jeden Morgen, jeden Abend wiederholte Margret gebetsmühlenartig: »Was macht denn wohl jetzt mein Moritz?«

Nach einem Jahr und der ersten großen Operation pfiff ich auf mein eigenes Hundeverbot, sollten sich die Leute in der Firma doch die Mäuler darüber zerreißen, dass sich der Chef eine Extrawurst briet. Meine Frau war krank, und sie brauchte ihren Hund um sich.

Moritz zurückzuholen war kein einfaches Unterfangen und löste in der Familie meines Schwagers erhebliche Dramen aus. Auch sie hatten sich an Moritz gewöhnt und den kleinen Kerl lieb gewonnen. Doch es half nichts. Margrets Seelenfrieden war mir wichtiger. Ich wusste, der Hund würde Margret etwas Ablenkung verschaffen und sie die Behandlungen besser durchstehen lassen.

Das Hundeverbot auszuhebeln würde nicht minder mühselig werden. Doch wie es sich manchmal so fügt, flatterte mir just in dieser vertrackten Situation eine wissenschaftliche Studie aus Japan auf den Tisch, die ergeben hatte, dass Hunde das Betriebsklima erheblich verbessern können. Also kam die japanische Untersuchung bei Ariola in Gestalt von Moritz zur Anwendung.

Unterstützt von den japanischen Forschungsergebnissen, brachten wir Moritz erst einmal als Gast mit. Und siehe da: Er verbesserte tatsächlich das Klima, in der Form, dass all die hartgesottenen Rechtsanwälte und all die berühmten Künstler dieser Welt, die zu Ariola kamen, um knallharte Verträge und haarsträubende Konditionen auszuhandeln, immer erst einmal vor dem putzigen Moritz in die Knie gingen, ihn gebührend würdigten und sich anschließend sichtlich wohlgelaunt an den Verhandlungstisch setzten.

Irgendwann bekam Moritz im Scherz einen Dienstausweis und war damit kein einfacher Hund mehr, sondern offizielles Mitglied der Firma BMG. Natürlich moserten die Leute, dass ich mir rausnahm, gegen mein eigenes Hundeverbot zu verstoßen. Doch ich konnte ja niemandem sagen, dass meine Frau krank und Moritz praktisch ihr Kind war. So musste ich eben mit dem, was hinter meinem Rücken geredet wurde, leben.

Und das war es wert: Moritz war ein toller kleiner Knopf mit einer unglaublichen Energie, der uns alle sehr glücklich machte. Ich glaube, Moritz wachte jeden Morgen auf, schaute in den Spiegel und sagte sich: Ich bin ein Löwe, und heute werde ich es den anderen mal so richtig zeigen. Genauso verhielt er sich und bekam folgerichtig ständig einen auf die vorwitzige kleine Schnauze. Er war die Liebenswürdigkeit in Person, aber sobald er einem größeren Hund begegnete, knurrte er ihn an, als könnte ihn nichts und niemand erschrecken – ein Idefix, der glaubte, er sei in den Zaubertrank gefallen.

Wie alle Terrier war der Kleine unglaublich zäh. Er ging mit Margret und mir auf die Berge, einen Zweieinhalbtausender zu besteigen war für ihn kein Problem. Wenn es nur nicht anschließend wieder runtergegangen wäre. Absteigen war sein Ding nicht, er bekam es regelmäßig mit der Angst zu tun. Das hieß für mich, dass ich ihn an steilen Passagen sehr zu seinem Missvergnügen zu meinen anderen Sachen in den Rucksack stopfen und heruntertragen musste.

Lange Zeit hat Moritz sehr geholfen, die Krankheit für Margret erträglicher zu machen. Er war immer da, er verbreitete immer gute Laune. Eines werde ich jedoch nie vergessen: Als ich Margret für unser letztes gemeinsames Weihnachtsfest nach Österreich gebracht hatte und sie völlig ermattet in dem Krankenbett im Wohnzimmer lag, holte ich Moritz, der zu der Zeit zu meiner Entlastung meistens bei unseren Freunden war, und setzte ihn ihr aufs Bett. Der kleine Kerl, der so sehr an Margret gehangen hatte, muss gespürt haben, was los war. Er zuckte erschrocken zusammen, schoss wie elektrisiert hoch, sprang aus dem Bett und raste in heller Panik aus dem Zimmer. Zum Glück hat Margret das nicht mehr richtig wahrgenommen, sie wäre untröstlich gewesen.

Als Margret starb, war auch Moritz schon sehr krank. Ein knappes Jahr später beschlossen Conny und ich, einen jungen Hund zu kaufen, damit Moritz auf seine alten Tage einen Spielkameraden hatte, der ihn fit und bei Laune hielt. Doch als ob der Kleine es geahnt hätte: Zwei Wochen, bevor wir Kurti, einen schwarzen Flat-Coated-Retriever-Welpen, abholten, starb Moritz mit dreizehn Jahren friedlich in der Tierklinik, wo er eigentlich noch einmal hätte aufgepäppelt werden sollen.

Eines weiß ich sicher: Da, wo Margret jetzt ist, ist auch Moritz. Der kleine Kerl war ein Teil von ihrem Leben und ist es sicher auch jetzt. Und wenn ich heute auf den Sankt Ulricher Friedhof gehe, um Margret zu grüßen, dann grüße ich dort auch unseren kleinen Westie Moritz.

Kurti ist Moritz' würdiger Nachfolger: ein Ausbund an Fröhlichkeit und ein unglaublich freundlicher Zeitgenosse, wenn auch jetzt schon drei mal so groß wie Moritz. Die beiden hätten sich bestimmt wunderbar verstanden, selbst wenn Moritz es sich vermutlich nicht hätte verkneifen können, Kurti in der Manier eines Löwen hin und wieder kräftig anzuknurren.

Der Bär lächelt. Leise, fast unmerklich hebt und senkt sich sein Brustfell. Es ist mucksmäuschenstill, draußen schneit es dicht und fein. Ich stehe da, starr wie eine Salzsäule, und traue mich kaum, mich zu rühren.

Wieder bewegt er sich, diesmal etwas stärker. Eine winzige Hand schaut plötzlich aus einer Fellfalte hervor, der Bär gibt kleine knurrende, quietschende Laute von sich.

Sachte hebe ich die Kinderdecke an und schaue sie an – meine jüngste Tochter. Die dritte, mit dem schönen Namen Amelie. Ich muss schmunzeln. Alle zwanzig Jahre eine Tochter. Erst Daniela, später Alana, und jetzt die kleine Amelie. Die vierte dann mit achtzig? Wohl eher nicht, obwohl … Anthony Quinn ist auch im hohen Alter noch einmal Vater geworden, allerdings mit einer anderen Frau. So weit möchte ich es dann doch nicht kommen lassen. Denn Conny, meine Frau, ist mein großes Glück. Ein Glück, an das ich eigentlich nicht mehr geglaubt habe nach allem, was in den vergangenen Jahren in meinem Leben passiert ist.

Zahnärzte haben immer eine besondere Rolle in meinem Leben gespielt. Ich sah meinen Zahnarzt fast so oft wie meinen Steuerberater, was jedoch nichts daran änderte, dass meine Beißwerkzeuge mit der Zeit immer maroder wurden. Für mich ist ein Zahnarzt fast noch mehr Vertrauensperson als ein Steuerberater: Man sieht nicht, was er macht, man kann nur hoffen, dass er es richtig macht. Dass ein Zahnarzt letztlich indirekt zu meinem Heiratsvermittler werden würde, hätte ich dann allerdings doch nicht gedacht, er vermutlich auch nicht.

Es war im September 2005. Margret ging es schon sehr schlecht, und zu allem Überfluss bekam ich heftige Zahnschmerzen. Wahrscheinlich eine Entzündung, wieder einmal. Also ging ich in München zum Zahnarzt. Der machte kurzen Prozess und riss mir auf äußerst unfreundliche Art und Weise einen Zahn aus dem Mund. Nun hatte das Ding mir die längste Zeit Probleme bereitet. Dachte ich jedenfalls.

Einen Tag später flog ich mit immer noch dicker Backe nach Berlin. Ich sollte am nächsten Morgen auf der Popkomm, dem großen Branchentreffen der Musikindustrie, einen Vortrag halten. Schon im Flugzeug fing es in meiner Backe wieder an zu pochen. Im Hotel hatte sich das Pochen schließlich zu heftigen Zahnschmerzen ausgewachsen, die schlimmer waren als zuvor.

Leichte Panik stieg in mir auf. Da saß ich in Berlin, konnte vor Schmerzen kaum sprechen, hatte einen Horror vor Zahnärzten, kannte in der Stadt keine Sau und sollte in wenigen Stunden eine Rede halten.

Ich überlegte fieberhaft, wen ich anrufen und um Rat fragen könnte. Da fiel mir ein, dass ich vor ein paar Jahren bei einem Besuch des BMG-eigenen Plattenlabels Hansa in Berlin eine pfiffige junge Frau kennengelernt und bei verschiedenen Anlässen wiedergetroffen hatte. Sie hieß Cornelia Eckhardt, arbeitete in der Marketingabteilung und hatte mir in irgendeinem Zusammenhang von einem guten Zahnarzt in der Stadt erzählt.

Ihre Telefonnummer herauszubekommen war nicht schwer. Ich wusste, dass sie mittlerweile bei BMG in München arbeitete.

Zum Glück bekam ich sie gleich ans Telefon, und sie gab mir die ersehnte Nummer. »Aber ich muss Sie warnen«, fügte sie noch hinzu, »der Name des Zahnarztes ist ziemlich schwierig auszusprechen, wenn man eine dicke Backe hat. Er heißt Sandro Tsouloukidse.«

Na toll. Ich bedankte mich, versprach ihr, sie irgendwann einmal zum Essen einzuladen, wenn ihre Empfehlung den ersehnten Erfolg gehabt haben sollte, und rief sofort in der Praxis an. Irgendwie gelang es mir, mich trotz dicker Backe am Telefon verständlich zu machen und für den Nachmittag einen Termin zu ergattern.

Des Rätsels Lösung war dann so einfach wie erschütternd: Der

Münchner Vollprofi hatte mir zielsicher einen meiner wenigen noch verbliebenen gesunden Backenzähne gezogen. Dass zwei Weisheitszähne völlig vereitert waren, hatte er dagegen geflissentlich übersehen.

Der Abend endete schließlich um halb zehn auf dem Behandlungsstuhl eines Kieferchirurgen, an den mich Connys Zahnarzt weitervermittelt hatte. Nach anfänglichem Widerstreben erklärte er sich schließlich bereit, mir noch am selben Abend auf einen Schlag beide Zähne aus dem Kiefer herauszumeißeln. Anschließend schickte er mich mit einer einzigen Schmerztablette versehen ins Hotel zurück.

Und o Wunder, der Mann hatte ganze Arbeit geleistet: Am anderen Morgen erwachte ich ohne dicke Backe, ohne pochende Schmerzen, hielt meine Rede auf der Popkomm und kehrte um zwei Zähne ärmer, aber um zwei wertvolle Telefonnummern reicher nach München zurück. Dem Berliner Zahnarzt mit dem unaussprechlichen Namen bin ich seitdem treu geblieben, auch wenn ich für einen Besuch bei ihm einmal durch die Republik reisen muss.

Zu ihrem Erstaunen rief ich Conny, die Margret noch aus BMG-Zeiten kannte und wusste, dass sie im Dezember gestorben war, tatsächlich zwei Monate später an, um sie wie versprochen zum Essen einzuladen und mich bei ihr für den Beitrag zur Beseitigung meiner Zahnschmerzen zu bedanken.

Um diesen ersten gemeinsamen Abend in einem netten Kölner Lokal zu beschreiben, würde genau genommen ein einziger Satz genügen: Vor mir saß das Leben. Seit Margrets Tod war ich kaum ausgegangen, war viel mit Daniela und Alana zusammen, lebte ansonsten sehr zurückgezogen und absolvierte wie eine Maschine nur die allernotwendigsten geschäftlichen Termine.

Der heutige Abend war anders. Es war, als hätte eine unsichtbare Hand mir eine wärmende Decke umgelegt. Da war ihr Lachen. Dieses befreite, ungekünstelte Lachen, diese Fröhlichkeit, diese strahlenden Augen in dem zauberhaften jungen Gesicht mit der frechen Kurzhaarfrisur nahmen mich vom ersten Augenblick an gefangen. Niemals hätte ich es nach all den Jahren des Kummers, der Sorgen und des Mit-Leidens mit einem anderen Menschen für möglich gehalten, dass ich in der Lage wäre, noch einmal solch warme Gefühle für eine Frau zu entwickeln. Wenn ich heute darüber nachdenke, muss ich sagen: Es war Liebe von der ersten Sekunde an.

Wir sprachen stundenlang über eigentlich völlig Belangloses, was man eben so redet, wenn man sich kaum kennt, aber aus derselben Branche kommt. Es sollte ja lediglich ein »Herzlichen Dank«-Abendessen sein. Dabei kamen wir von Hölzchen auf Stöckchen, entdeckten im Lauf des Abends viele Gemeinsamkeiten, und ich genoss die Unterhaltung mit dieser intelligenten, schönen jungen Frau ungeheuer.

Ganz im Gegensatz zu mir war Conny eine hervorragende Schülerin gewesen, hatte ihr Abitur mit einer Eins vor dem Komma abgeschlossen und hatte sich aus Freiberg, wo ihre Eltern noch heute wohnen, nach Köln aufgemacht, um dort Volkswirtschaft zu studieren. Das Geld, das sie für das Studium brauchte, verdiente sie sich durch die verschiedensten Nebenjobs selbst. Ein Mensch also, der es gewohnt war, anzupacken, sein Leben selbst in die Hand zu nehmen und deshalb von niemandem abhängig war.

Mit ihrer Offenheit, Natürlichkeit und Herzenswärme hatte Conny es innerhalb weniger Stunden fertiggebracht, in mir ein ganzes Orchester zum Klingen zu bringen. Während ich ins Hotel zurückfuhr, überlegte ich bereits fieberhaft, wie ich es anstellen könnte, diesen wunderbaren Menschen näher kennenzulernen.

Zu meinem Glück hatte sich herausgestellt, dass wir einen gemeinsamen Bekannten hatten: meinen Freund Peter Maffay. Conny war als Produktmanagerin bei BMG für ihn zuständig und hatte irgendwann nebenbei erwähnt, dass sie demnächst einen Videodreh auf Mallorca planten. Mir kam da eine Idee. Warum eigentlich nicht?, dachte ich mir. Mallorca im Frühsommer würde mir nicht schaden, ein Wiedersehen mit Peter, seiner Frau Tanja und ihrem kleinen Sohn Yaris sowieso nicht, und ganz zufällig würde ich dabei auch wieder Conny über den Weg laufen.

Die Überraschung, die ich mit Peter hinter Connys Rücken austüftelte, war ein voller Erfolg – und sie führte letzten Endes dazu, dass es trotz des Altersunterschieds von vierundzwanzig Jahren zwischen

Conny und mir heftig funkte. So heftig, dass wir ein Jahr später, im Juli 2007, bei herrlichstem Sommerwetter am Riessersee in Garmisch im Kreis von hundert Freunden heirateten.

Einige Leute werden sich gefragt haben, wie es sein konnte, dass ich so kurz nach Margrets Tod schon wieder bereit war für eine neue Beziehung. Die Antwort ist: Ich hatte mich elf Jahre lang Schritt für Schritt von meiner Frau verabschieden und mich innerlich darauf vorbereiten können, dass sie irgendwann nicht mehr da sein würde. Wäre sie ohne Vorwarnung aus dem Leben gerissen worden, beispielsweise durch einen Autounfall, dann wäre die Verbindung mit Conny vermutlich nicht zustande gekommen, weil ich emotional dazu gar nicht in der Lage gewesen wäre. So jedoch war ich frei, nach vorne zu schauen und mein weiteres Geschick in die eigenen Hände zu nehmen.

Heute habe ich das, was ich mir immer gewünscht habe: eine wunderbare Ehe mit einer wunderbaren Frau und eine richtige Familie mit kleinen, größeren und großen Kindern, die zwar ihr eigenes Leben führen, aber genauso bei uns zu Hause und hier jederzeit von Herzen willkommen sind. Daniela und Alana lieben ihre kleine Schwester Amelie heiß und innig, und damit ist für mich die größte Schlacht sowieso schon geschlagen. Die Familie hat einen inneren Zusammenhalt, was nicht zuletzt der warmherzigen und liebevollen Art meiner Frau zu verdanken ist.

Amelie kam im November 2008 zur Welt. Als ich unserer Bäckersfrau die Neuigkeit überbrachte, auf die sie schon seit Tagen so gespannt gewartet hatte, strahlte sie mich über ihren Tresen hinweg an und meinte: »Ach, Herr Stein, es ist doch eine richtige Gnade, wenn man in hohem Alter noch ein Kind bekommt!«

Ja, so kann man es auch sehen. Allerdings war ich versucht klarzustellen, dass nicht ich das Kind bekommen hatte, sondern meine fünfunddreißigjährige Frau, und dass ich nur der alte Sack war, der dazu beigetragen hatte. Ich verkniff mir die Bemerkung, denn natürlich habe auch ich mir im Vorfeld oft die Frage gestellt, ob es richtig ist, in meinem Alter noch ein Kind in die Welt zu setzen.

Schließlich war eine schlichte Überlegung Connys ausschlaggebend: Wenn ich irgendwann einmal nicht mehr wäre, sollte von mir mehr bleiben als nur Erinnerungen und Fotos. Ich verstand sofort, was sie meinte. Auch von Waltraud war mir mehr geblieben als Erinnerungen und Fotos, nämlich unsere gemeinsame Tochter Alana, zu der ich eine innige Beziehung habe und in der etwas von Wally weiterlebt. Aus diesem Wissen heraus bin ich fest davon überzeugt, dass es die richtige Entscheidung war. Letzten Endes müssen wir als Eltern die Verantwortung tragen. Wir haben alles gut bedacht, und deswegen ist es auch richtig so.

Nun bin ich also im hohen Alter junger Vater und denke natürlich oft darüber nach, wie lange ich wohl noch mit meinem jungen Kind zusammen sein werde. Eigentlich ist mein Plan ganz einfach: Ich habe vor, mit meiner kleinen Amelie und meiner geliebten Frau Conny die nächsten Jahre – ich denke da so an zwanzig, dreißig – guter Dinge in Tirol zu verbringen, in unserem wunderschönen, neu gebauten Haus mit dem großen Garten, in dem Apfel-, Kirsch- und Birnbäume gedeihen. Bei uns darf alles wachsen, was sich wohlfühlt. Nur einen Nussbaum wird es hier nie geben. Wenn man in Tirol die Todesanzeigen in der Zeitung studiert, stellt man immer wieder fest: Die Leute sind meist weit über achtzig, wenn sie sterben. Also muss das Leben hier recht gesund sein, vielleicht liegt es ja auch an der guten Luft. Und wenn ich darüber hinaus an meine rüstige Mutter denke, die mit achtundachtzig noch mit Begeisterung das Livekonzert von Peter Maffay in der Stuttgarter Liederhalle besucht, dann scheinen die genetischen Voraussetzungen für das Erreichen dieses Plans bei mir gar nicht so schlecht zu sein.

Sollte es allerdings geschehen, dass ich ganz unerwartet morgen den Löffel abgebe, dann tue ich das in dem Wissen, dass ich für die Meinen so gut vorgesorgt habe, wie es im Dickicht des verhunzten deutschen Erbschaftssteuergesetzes nur eben möglich ist. Denn auch wenn ich in beruflichen und geschäftlichen Dingen offenen Worten und heftigen Auseinandersetzungen nie aus dem Weg gegangen bin – im Privatleben brauche ich Streit so nötig wie ein Loch im Kopf. Und Streit ums Erbe schon drei Mal nicht.

Für meinen Beruf war mir keine Zeit zu schade, das Musikgeschäft hat mich ausgefüllt, weil ich es gerne gemacht habe, so wie ich alles, was ich mache, gerne mache, sonst würde ich gar nicht erst damit anfangen. Die Kehrseite der Medaille: Ich habe meine beiden größeren Töchter nicht aufwachsen sehen, weil ich in dieser Zeit mit anderen Dingen beschäftigt war. Das ist heute glücklicherweise anders, und so kann ich meiner kleinen Tochter häufiger mal den ganzen Tag auf den Nerv gehen, vorausgesetzt, sie lässt mich.

In Sankt Ulrich wird sie die Chance haben, einen großen Umkreis um sich herum zu erforschen und zu erleben. Sie soll in einer weitgehend unverdorbenen Umgebung aufwachsen, um mit der Natur und mit sich selbst einen gewissen Einklang zu finden, sie zu genießen, aber auch mit ihr zu leben und Verantwortung für sie zu übernehmen.

Außerhalb der Großstädte gelingt das den Menschen besser, das jedenfalls ist mein Eindruck, wenn ich mir unsere Nachbarn, Bekannten und Freunde in Tirol anschaue, mit denen ich seit nunmehr bald zwei Jahrzehnten einen wunderbar offenen und herzlichen Umgang pflege. Der Ort ist überdies so klein, dass fast jeder jeden kennt. Für die Menschen dort ist es ganz normal, dass ich da bin und dass sie mich kennen. Und für sie war ich vor achtzehn Jahren wahrscheinlich genau so ein Dussel oder netter Kerl, wie ich es für sie heute bin. Ich weiß: Wenn ich ein Problem habe – und das kam, als es mit Margret zu Ende ging, sehr häufig vor –, kann ich auch mitten in der Nacht jemanden anrufen und sicher sein, dass derjenige entweder selbst hilft oder jemanden weiß, der helfen kann. Gemeinschaftsgeist und Hilfsbereitschaft sind hier, ähnlich wie in Amerika, viel selbstverständlicher und viel ausgeprägter als in Deutschland, wo leider die Maschendrahtzaun-Mentalität immer stärker wird.

Das Leben wird für unsere Kinder nicht einfacher werden in dieser Welt. Es wird nicht leichter werden, die richtige Berufswahl zu treffen. Es wird nicht leichter werden, einen vernünftigen Job zu finden. Es wird nicht leichter werden, sich an Werten zu orientieren in einer Welt, die immer virtueller wird. Und es wird für sie nicht leichter werden zu lernen, mit anderen Menschen gut umzugehen. Warum sonst müssten schon Sechsjährige wie meine kleine Enkelin Jana einen von der Schule empfohlenen Anti-Mobbing-Kurs besuchen, in dem sie beigebracht bekommen, wie sie sich zu verhalten haben, wenn Mitschüler sie zwiebeln?

All das sind Dinge, die mir durchaus Sorge bereiten, und in vielen Bereichen sehe ich uns auch erst im Anfangsstadium einer negativen Entwicklung.

Was uns in Deutschland dramatisch fehlt, ist eine kreative Ausbildung. Die Tatsache, dass Kunst- und Musikunterricht an den Schulen kaum oder gar nicht mehr stattfindet, wird uns irgendwann noch schmerzlich auf die Füße fallen. Denn wo keine Kreativität vorhanden ist, kann auch nichts Neues entstehen. Und dass unsere Kinder die meiste Zeit des Tages freiwillig vor dem Computer sitzen, statt zwischendurch rauszugehen, Freunde zu treffen, zu spielen und Sport zu machen, ist ihrer geistigen und körperlichen Fitness auf Dauer auch nicht nur zuträglich.

Schon richtig: Auch Kreativität kann anstrengend sein – nicht umsonst hat August Everding einmal gesagt, dass das Erlernen eines neuen Instruments wie das Erlernen einer neuen Sprache sei –, und die Kinder haben mit dem normalen schulischen Pensum durchaus genügend zu kämpfen. Doch Kreativität setzt Kräfte frei, die sonst verkümmern und ungenutzt bleiben würden. Und diese Kräfte brauchen wir alle, um die Herausforderungen der Zukunft zu meistern.

Jede Zeit hat ihre Ereignisse, jede Zeit nimmt man im Rückblick anders wahr. Heute, nach sechs intensiv gelebten und erfüllten Jahrzehnten, fühle ich mich immer noch fit wie ein Turnschuh und stecke bis zum Hals in den Startlöchern, bereit für den nächsten Spurt. Die Dinge, die ich mache, mache ich aus Spaß und Überzeugung, ohne den Druck eines Konzerns im Nacken. Die »Ultimative Chartshow« gehört zweifellos dazu, und das Zusammenspiel mit meinem »Gastgeber« Oliver Geissen dort gibt mir jedes Mal wieder einen positiven Kick. Außerdem haben Olli und seine Frau einen kleinen Sohn, der gerade mal einen Monat älter ist als Amelie. Wenn wir keine Lust mehr haben, uns über Musik zu unterhalten, können wir problemlos auf Windeln und die ersten Zähne umschwenken.

Wenn ich auf mein bisheriges Leben zurückblicke, so stelle ich ein wenig überrascht vor allem eines fest: Ich bin heute nicht anders als vor vierzig oder fünfzig Jahren. Ich habe vieles dazugelernt, aber ich habe mich nicht grundlegend verbogen oder verändert. Und wenn ich heute behaupte, ich hätte inzwischen so eine Art »Altersmilde«, lachen sich meine Freunde und die, die mich gut kennen, halb tot, denn ich sage nach wie vor ziemlich deutlich meine Meinung, wenn ich es für richtig halte, und die hat vielen Menschen in der Vergangenheit nicht immer nur gefallen. Möglich allerdings, dass ich das heute in anderer, überlegterer Form tue als mit zwanzig, dreißig oder vierzig.

Die Aggressivität, die, bedingt durch meinen Vater, in meinem Elternhaus herrschte, hat sich in meiner Kindheit und Jugend zweifellos auf mich übertragen und begleitete mich mein ganzes Berufsleben hindurch. Ich will nicht sagen, dass mir das nur zum Nachteil gereicht hätte, vieles hätte ich vielleicht nicht erreicht, wenn ich geschäftliche Dinge mit weniger kompromissloser Geradlinigkeit verfolgt hätte.

Möglich, dass ich diese Geradlinigkeit auch deshalb so unbeirrt ausleben konnte, weil ich nie Angst hatte vor irgendwelchen für mich negativen Konsequenzen. Ich weiß, was es heißt, kein Geld zu haben und damit auch noch irgendwie über die Runden zu kommen. Ich habe buchstäblich mit nichts angefangen und bin durch meine beiden Scheidungen zwei Mal abgebrannt. Das dritte Mal brannte ich ab durch die Krankheit meiner beiden Frauen, denn die medizinischen Behandlungen haben mich einen Großteil meines Vermögens gekostet. Doch das war es wert, jeden einzelnen Cent.

Geld hat mir nie Sorge bereitet, und es bereitet mir auch für die Zukunft keine Sorge. Und wenn es doch wieder einmal eng werden sollte, was ich natürlich nicht hoffe, dann weiß ich: Ich habe kein Problem damit, noch einmal von vorn anzufangen und etwas aufzubauen. Ich kann mich morgen in einen Laden stellen und Zeitungen verkaufen oder mich in ein Taxi setzen und Taxi fahren, solange ich noch einigermaßen den Weg weiß.

Es bereitet mir auch deshalb keine Sorge, weil ich letzten Endes immer noch bescheiden leben kann. Natürlich gönne ich mir gerne etwas. Aber eines muss man doch ganz klar sehen: Ich kann am Tag nur ein Schnitzel essen. Ich kann nur eine Uhr am Handgelenk tragen, ich kann auch nur jeweils ein Auto fahren. Ich muss nicht jeden Tag Champagner trinken oder Kaviar essen, und ich muss mich auch nicht jeden Tag bedienen lassen. Wofür habe ich schließlich zwei Hände? Das ganz große Problem entsteht ja erst dann, wenn bestimmte Erwartungshaltungen und vermeintlich unverzichtbare Gewohnheiten durch die wirtschaftlichen Gegebenheiten nicht mehr zu erfüllen sind.

So kann ich sagen, dass ich rückblickend nichts grundlegend anders gemacht hätte und dass es keinen Lebenstraum gibt, der sich für mich nicht erfüllt hätte. Alles, was ich gemacht habe, habe ich mit einer großen Portion Spaß gemacht. Und ich weiß, dass ich das, was ich getan habe, richtig gemacht habe, angefangen damit, dass ich es akzeptierte, mit neunzehn Jahren Vater zu werden und Verantwortung zu übernehmen. Denn hätte ich das nicht getan, wäre ich womöglich heute bestenfalls Hauptabteilungsleiter bei einem mittelständischen Einzelhändler in Stuttgart, vielleicht auch nur Abteilungsleiter.

Zwischendurch war mein Leben zweifellos auch weniger spaßig, doch es ist nie so weit gekommen, dass ich morgens aufwachte und mir sagte: Aua, was geht es mir heute aber wieder schlecht. Vielleicht ging es mir mal schlecht, weil ich am Abend vorher zu viel getrunken hatte. Aber bestimmt nicht, weil ich mich über mein Leben beklagt hätte.

Gegen Ende meiner Lehrzeit bei Ehapa sagte mein damaliger Vorgesetzter irgendwann zu mir: »Thomas, wenn du so weitermachst, wirst du noch weit kommen, das verspreche ich dir. Du hast das Zeug dazu.« Da war ich siebzehn und konnte mir nicht so richtig vorstellen, was das denn konkret sein könnte. Für mich war zu der Zeit vor allem wichtig, dass ich am Ende des Monats pünktlich meine Lohntüte in Händen hielt. Später, wenn es beruflich mal etwas kerniger wurde und mich leise Zweifel beschlichen, ob das eigentlich alles so richtig war, was ich da praktizierte, hat mir seine Prophezeiung allerdings immer wieder geholfen, mich zu motivieren und meinen Weg unbeirrt weiterzugehen.

So muss ich heute häufig, wenn ich meine jüngste Tochter ansehe, daran denken, welche glücklichen, komischen, traurigen und tragischen Ereignisse und Wendungen in meinem Leben schließlich dazu geführt haben, dass ich nun hier stehe, an Amelies Kinderbett, und mir für sie und für alle kleinen Kinder nichts mehr wünsche als eine friedliche Zukunft. Sie möge für sie mindestens so viele großartige Chancen bereithalten, wie sich mir geboten haben. Was Amelie daraus macht, wird dann allerdings ganz allein in ihrer Hand liegen.

Für meine Mädels

All die Geschichten, die mich über die letzten sechzig Jahre begleitet haben, waren nur möglich, weil viele Menschen bereit waren, mich zu ertragen. Einige sind genannt, noch mehr sind nicht genannt. Dennoch sind sie nicht vergessen.

Aber in besonderem Maße gebührt ein Dank meinen Mädels. Denn sie waren es, die mich motiviert haben, die mich geleitet haben, die mich teilweise geprägt haben und die sich meiner Liebe immer gewiss sein können.

Daher: Danke, liebe Mutter, Ulrike und Tante Reni. Danke, Joyce und Daniela. Danke, Waltraud und Alana. Danke, Margret. Und vor allem: Danke für die kommende Zeit – danke, Conny. Du hast mir geholfen, nach meinem Gang durch einen unbeleuchteten Tunnel nicht nur ein Licht am Ende zu sehen, sondern auch wieder an die Schönheit des Lebens zu glauben. Und danke, Amelie. Auch wenn du es heute noch nicht weißt: Kinder wie dich und deine großen Schwestern zu haben ist etwas ganz Besonderes. Ich liebe euch.

Dank

Herzlichen Dank an Anke Lütkenhorst und Stefan Lübbe. Ohne Dein und Ihr Vertrauen hätte ich den Mut nicht gefasst, »Gesagt, getan« in Angriff zu nehmen.

Liebe Sibylle Auer, unzählige Stunden und tolle Gespräche haben dieses Buch Wirklichkeit werden lassen.

Besonderen Dank an Sabine Cramer, Barbara Fischer und die Kollegen von Vertrieb und Marketing, ohne die kein Buch zur Verkaufstheke finden würde.

Last but not least Dir, lieber Jürgen Grethler: Pass bitte auf dich auf.

Thomas Stein, im Juli 2009